典范读本

新时代
中国人权故事

张永和 ◎ 主　编　　　李超群　　
　　　　　　　　　　郑若瀚 ◎ 副主编

图书在版编目 (CIP) 数据

新时代中国人权故事 / 张永和主编；李超群，郑若瀚副主编. —北京：中央编译出版社，2023.4（2024.5 重印）
ISBN 978-7-5117-4360-2

Ⅰ.①新… Ⅱ.①张… ②李… ③郑… Ⅲ.①人权 – 研究 – 中国 Ⅳ.① D621.5

中国国家版本馆 CIP 数据核字 (2023) 第 032033 号

新时代中国人权故事

图书策划	张远航
责任编辑	哈　曼
责任印制	刘　慧
出版发行	中央编译出版社
地　　址	北京市海淀区北四环西路 69 号（100080）
电　　话	（010）55627391（总编室）　（010）55625174（编辑室）
	（010）55627320（发行部）　（010）55627377（新技术部）
经　　销	全国新华书店
印　　刷	北京盛通印刷股份有限公司
开　　本	787 毫米 × 1092 毫米　1/16
字　　数	245 千字
印　　张	21.25
版　　次	2023 年 4 月第 1 版
印　　次	2024 年 5 月第 3 次印刷
定　　价	78.00 元

新浪微博：@ 中央编译出版社　　　　微　　信：中央编译出版社（ID：cctphome）
淘宝店铺：中央编译出版社直销店（http: //shop108367160.taobao.com）（010）55627331

本社常年法律顾问：北京市吴栾赵阎律师事务所律师　闫军　梁勤
凡有印装质量问题，本社负责调换，电话：（010）55627320

目 录

你知道什么是人权吗（代序） 001

凭我无穷志，绝壁逢生向康庄
　　——精准扶贫的故事 001

从劳务工到全国人大代表
　　——邮件接发员柴闪闪和全过程人民民主的故事 019

如果必须作选择，那一定是生命至上
　　——2020年武汉抗疫故事 036

风雨难料，谁为病患撑起希望之伞
　　——"药神"与医保改革的故事 055

快时代下的"慢情怀"
　　——大凉山"慢火车"和民生权利的故事 073

栉风沐雨几十载，一部法典为民生
　　——《中华人民共和国民法典》的故事 089

生命的天平上，没有孰轻孰重
　　——"同命同价"的故事 107

让阳光照进法庭的每一个角落
　　——庭审实质化改革与公正审判的故事 118

家庭暴力绝非法外之地
　　——"反家暴"法治实践的故事 137

爱在指尖，做无声世界的"代言人"
　　——手语律师唐帅与残疾人诉讼权利保障的故事 　151

人生有味，不止于生计和盈亏
　　——"渡娘"与人的全面发展故事 　167

夜间街市里的成长与希望
　　——夜间经济与美好生活的故事 　182

数字生活不能让任何一个人"掉线"
　　——科技与人权的故事 　192

刷脸时代的信息自决
　　——"人脸识别第一案"与个人信息权益的故事 　207

翻译神器解难题，司法审判"加克斯"
　　——"智慧援疆"保障少数民族诉讼权利故事 　224

为了雪域高原上的美丽世界
　　——西藏自治区的环保故事 　238

"组团"赴高原，守护雪域百姓健康
　　——医疗援藏的故事 　256

青山一道同云雨，明月何曾是两乡
　　——中国援非抗击埃博拉的故事 　271

人权教育与研究，大有可为
　　——国家人权教育与培训基地的故事 　294

实现人权，我们是有计划的
　　——中国的人权发展计划 　310

后　记 　327

你知道什么是人权吗（代序）

人人得享人权，是人类今天最大的道德期盼。这个伟大的名词成了最具鼓舞人心的精神力量，让我们可在她的光芒下沐浴祥和、安宁、友爱，并笃定值得我们为之奋斗，为之努力。但严酷的事实是，由于动荡的国际格局，战争、贫穷、歧视，严重影响了人权的实现，从而人权时常仅作为口号存在，甚至成为干涉他国内政的意识形态工具。在人权概念诞生以后，西方人为其设置了理论和实践的桎梏，将其定义在非常狭窄的范围，傲慢地认为，人权的存在形式只能是他们格式化的西方模式，而无视不同国家经济社会文化间的差异。

其实，在世界的东方，中国有一套以"人"为核心要义的"人本"观念思想体系。"己所不欲，勿施于人""以道观之，物无贵贱""有教无类""爱无厚薄"，这些给予人以无尽关切的温文尔雅的表达，如果仔细品味，毫不逊于"自由""平等""博爱""天赋人权"等被奉为"人权圣经"的口号。

尊重和保障人权是中国共产党人的不懈追求。中国共产党在百年历史中，始终在为中国人民争取人权、发展人权而不懈努力；尊重人权、保障人权成了党在各时期工作的关键所在。在中国特色社会主义现代化建设进程中，中国共产党仍然坚持中国是一个发展中国家，主张对中国人权事业发展必须理性把握，坚持将马克思主义人权理论中国化，走适合中国人权发展的道路，将生存权和发展权放在首位，推进其他各项权利的均衡发展，同时也将人权发展为一个具有开放性的概念和一套具有实践性的理论。

作为一个"活"的概念和关于人的理论，人权不仅活在理论之中，更活在大众的日常生活里。在这里，才有关于"人之为人"最现实的理解与表达。这其实也在提醒我们，在沉湎于种种抽象理论和宏大叙事之时，总需要关注具体的人和具体的生活；在力求精确、科学的表达之余，也总需要一种隐晦的、留白的美感；在渴望和追求理性之外，人也需要不时回归感性与激情。除了理论，我们还需要故事。事实上，我们的全部过往都是故事的集合，关于人的学问和理论的根本依据也不外乎人的故事。历史哲学也曾有这样的说法，"世界是以故事的形式向感知呈现自身的"。

相较于理论，大众也更需要故事。人权的概念虽然早已走入中国大众的视线，但那种陌生感和距离感却未曾彻底消散。让大众走近人权概念，只能用大众熟悉的方式。我们并不意在区分阳春白雪和下里巴人，而是尝试一种融合：白雪何不入下里，巴人亦可乐阳春。

因此，我们想讲述中国人自己的人权故事。

过去十数载，中国解决了许多长期想解决而没有解决的人权难题，实现了许多过去期望实现而未能实现的人权愿景。在奔腾的时代洪流里，发生了太多值得记录的人权故事。我们无法一一讲述，只好选取其中 20 个具有代表性的故事，尝试从不同侧面呈现在人权的议题里个

你知道什么是人权吗（代序）

人、家庭、村庄、城镇与国家相互交织的命运。

在此，我们邀请读者通过 20 个故事，跟我们走大江南北、上雪域高原、跨天山戈壁，来一趟真切的中国人权之旅。

我们会乘坐"快时代"里的"慢火车"，探访天山脚下的人民法庭，雪域高原的现代医院，川渝黔深山绝壁上的新家园。

我们会去往 2022 年的雅鲁藏布江以南，寻访夏尔巴人和黑颈鹤；也会走进 2020 年初的武汉，回首那时人们是如何作出艰难选择。

在这一场时代之旅中，我们将对话时代，见证民法典、脱贫攻坚、司法改革、医保改革……

我们也对话时代里的小人物，在大山深处遇见几位村干部，在邮局里探访一位接发员，然后前往一间客栈稍作停歇，在"清欢渡"里与老板畅聊她的人生苦乐。

待到夜晚，就让节奏慢下来，体味市井里的烟火气，从山城到海滨。

走出喧嚣，我们跟着一位手语律师去感知无声世界里的铿锵之音。

沿途中，其实有每一个人的剪影，老年人的数字生活，以及刷脸时代的你我。

一路上，我们关心司法中的同命同价，也关心"反家暴法"如何保护"她"。地球村里命运与共，我们还将跋涉埃博拉肆虐的几内亚。

我们的旅程还有特殊的一站：国家人权教育与培训基地。在那里，写故事的人们，也有着自己的故事。

对了，这场旅行，还有一本指南，叫做《国家人权行动计划》。

或许，你已等不及出发，但出行前，请先看一眼下面这一则出行提示：

这场旅行不会包含关于人权问题的所有答案，我们更希望它带给你一种不同的体验，留白处或是意犹未尽处，你可以书写自己关于人权的故事。

张永和

2022 年世界人权日

凭我无穷志，绝壁逢生向康庄
——精准扶贫的故事

2013年起，一项名为"精准扶贫"的行动开始实施。一个又一个家庭和村庄的命运在数年间发生巨变，由此缔造了无数个关于生存与命运的传奇，而它们又汇聚成一项奇迹：中国的脱贫攻坚战取得了全面胜利，现行标准下9899万农村贫困人口全部脱贫，832个贫困县全部摘帽，12.8万个贫困村全部出列，区域性整体贫困得到解决，完成了消除绝对贫困的艰巨任务。

一、藏在绝壁之上的致命贫困

下庄村，四面环山，合围于绝壁之中，海拔垂直落差1100多米。出村只有一条挂在绝壁上的羊肠小道，到县城要走3天。当地流传一句俗语，生动而无奈："下庄像口井，井有万丈深，来回走一趟，眼花头又昏。"

麻怀村，峰丛环伺。村外的那条公路和村子的直线距离其实不足一公里，但大山犹如囚牢之门，阻隔了通往外面世界的路。村外的大事，只能靠口口相传。要建房子，材料运输堪比登天。如果生大病，便只有在家听天由命。

阿土列尔村,是悬崖上的村子,藏入云端,也隐遁于世。常人行走用双脚,悬崖村的村民进出村庄只能四肢并用,攀爬落差800米的悬崖。因为缺少电,村民家里几乎没有用过家用电器。

无论是下庄村、麻怀村,还是阿土列尔村,都有一个共同的特点,那就是"山高路远坑深",专业点说,就是喀斯特地貌。中国的极端贫困大多有地理环境因素,喀斯特式贫困是最典型的一类贫困。那些贫困村,不过千峰万岭到不了,过了千峰万岭能不能找到,得看天。这些地方其实不少都是路不拾遗、夜不闭户的"世外桃源"。据称,下庄村已经很久很久没有发生过刑事案件了,上次被抢劫时大清还没亡。清光绪三年(1877年),一群土匪到下庄村抢劫,钱是没有的,只能抢粮、抢牛羊,但后来发现自己草率了,因为行路难,根本背不出去。白走一遭的匪帮,无辜被抢的老乡,还有被抛在半路的羊,三败俱伤。

这些"世外桃源"也很美,毕竟"无限风光在险峰"。但这种美丽,长久以来却更多是一种凄美。

1999年,有记者去下庄村采访,发现那些年,摔伤的60人,摔残的15人,摔死的23人。进村和出村,都可能摔死,上山砍柴,更容易摔死。连上厕所都有可能丢命,因为台地褊狭,不少厕所只能挖在猪牛圈的外侧,临着悬崖。

1993年的3月,麻怀村的邓迎香迎来了第一个孩子。一天夜里,孩子高烧不退,邓迎香和丈夫背着孩子往医院跑,可终究山太高、路太远,还没有翻过山,3个月大的孩子就停止了呼吸。

前些年,拉博的嫂子难产大出血,疼了一夜,村里20多个青壮年赶过来,准备轮流把人背到山下医院。这也是没办法的高风险办法,毕竟村里已经有10个人因为踩空摔下悬崖没了性命。可拉博的嫂子终究没坚持到医院，路爬到一半，人就没了。

绝壁之上的贫困会致命，自然环境也会让生活变得艰辛。村民翻山越岭卖粮卖菜，却很难卖上价钱。一来，路上辗转波折，出了村的菜难保新鲜；二来，买菜人深知卖菜人难以将剩下的菜再背回家，总是拼命压价。因此，绝壁上的庄稼人种地换来的收入实在少得可怜，大抵只能糊口，那种勤劳并没有带来富裕。至少对于现代人而言，"活命"顶多是最低需求状态下的"过日子"，听天由命式的"活命"很难算得上真正意义上的"生活"。

可能有人会问了，既然这里生活这么困难，为什么村民不搬出去住呢？当然有人想过要走，阿土列尔村的某色伍哈在年轻时出村闯荡，外面的世界对语言不通、没有文化的他来说，没有精彩，只有无奈，伍哈不得不黯然回乡。而对村里的老人来说，即使不便，悬崖村也是他们已经生活了一辈子的家乡，更何况，他们早已没有体力爬下悬崖。因此，要依靠村民个人的力量离开故土的想法很难行得通。

二、修路难，难于上青天

可能又有人会问了，既然走不了，为什么不修路呢？"要想富，先修路"这六个字近乎成为人人都懂的脱贫公式、脱贫定理。道理很简单，而现实，却很现实。通俗易懂的道理是用巨大代价换来的，它抽掉了其中所有的复杂因素、舍掉了其中所有的困难过程。最简单的道理实践起来也绝不容易，这也是一个简单的道理。绝壁之上修路的难度，怎么说呢？懂的都懂，但真懂的人恐怕并不是多数。其实早在 2007 年，凉山彝族自治州昭觉县政府就想为阿土列尔村修路，但据评估，修一条通往悬崖村的路，大概需要 4000 万元资金。问题是，昭觉县一年的财政收入才1亿元，而整个县不通路的村庄还有33个。

下庄村和麻怀村的修路难度要小些，但也只是相对而言。于是，在政府尚无力全面介入的情况下，村民们先自行修路了。

出去的路，该怎么修？这是个问题。

用村支书毛相林自己的话讲，"下庄的路，不能修，只能抠"。1997年的冬天，毛相林和乡亲们下定决心开山掘路。没有钻机，没有挖掘机，就用双手刨，吃住在山洞里，晚上睡在洞口的人还得在腰上绑根绳子，以免一翻身掉下悬崖就再也翻不了身了。然而，不幸还是发生了。26岁的村民沈庆富，在修路时被一块巨石砸中，滚下几百米深的山谷。安葬沈庆富没多久，36岁的村民黄会元，也被滚落的石头砸中，他是毛相林用三封信从外地喊回来的。

人活一辈子，难的是和命较劲。以命为代价来修路为的是啥嘞？在这种情况下，放弃是划算的、明智的，换了谁也都可以理解和尊重这种选择。毛相林也确实想过放弃。但令人没想到的，是黄会元父亲黄益坤的笃定。他在儿子葬礼上说了这么一句朴实但又充满力量的话："下庄很苦寒，我还是希望大家努把力，路通了就摆脱贫困了。"黄益坤第一个举手表态希望继续修路，随后现场村民举手表态："修，必须修！"面对这样的决心，没有谁不会动容。政府提供了能够提供的各种支持，修路物资和资金逐渐涌向下庄村。乡亲们用了7年，终于在峭壁上凿出一条宽2米、长8公里的"天路"。"愚公们"之所以能成功，或许就在于"愚"，"愚"得天真赤诚，"愚"得心无旁骛，"愚"得果敢决绝。当初2米宽的石子路，如今已变成了标准的山区公路。从下庄村到巫山县城，车程只要一个半小时左右。2022年的春节前夕，毛相林摆上6把椅子，还在椅子上置放了新鲜的柑橘。他想告诉这些因修路而逝去的兄弟们："多想你们能看看，咱们的下庄村现在有多好。"

1999年，国家电网建设，麻怀村却是一个连独轮车都不进来的村子。遗憾之余，村副主任李德龙提议将西南部的溶洞凿出一个通往外界的洞，这听起来是个异想天开的想法。但这世间多少奇迹都源于当初的不可思议！外出务工的邓迎香带头支持，和丈夫赶回了老家。村民们为了修路自筹1350块钱，买蜡烛，买煤油，买凿山的锤子和锄头。村民们从山的两侧顺着溶洞水流方向，一锄一铲地往里凿，石头也一块一块地传运出来。"DIY"从不是一件易事，更何况是一条隧道。2001年正月二十九日凌晨两点，洞内一声炮响送来了两侧同志的胜利会师，两侧的村民们刨开最后一层土，这一边的杨红和另一边的杨方才抓住了对方的手，那是历史性的一刻，历史性的一握。尽管当时这216米的隧道"初极狭，才通人"，必须弯着腰才能勉强走过去，但终究打开了通向外面世界的大门，让村民们豁然开朗。终于，麻怀村通上了电，房子也由木屋翻修成了砖瓦房。隧洞又继续扩建，2004年时已能勉强通过摩托车和马车。2010年，由于种种不甘相交织，邓迎香决定再一次扩建。镇政府支持了3万块，邓迎香自家垫付1万块，乡亲们添置了一些设备，从洞两头同时开工。2011年的夏天，一条长达216米、高4米、宽4米的"麻怀隧道"终于建成，汽车第一次开进了麻怀村。

2016年，悬崖之上的阿土列尔村也终于决定要修路了。当年7月，凉山州和昭觉县两级政府，筹措100万元资金，打算把悬崖村的木梯改造成相对坚固、安全的钢梯。但问题是，谁来修？哪个施工队愿意冒险来赚这100万？显然，这修天梯的"天梯赛"难度是噩梦级的。别无他法，负责修路的干部只能从州府西昌市区请来两个经验丰富的"顶流"工人来指导"新手村"的村民们自行施工。6000多根、总重120多吨的钢管，全靠村民们一根根背上悬崖。历时一年，2556级钢梯于2017年8月建成。当然，尽管钢梯更稳固易行，但攀爬仍是体力活。熟练的话，2小时就（才）能爬上去。体力好的"驴友"或许也做得到，但前提是足够勇敢，毕竟最陡峭的地方垂直度高达90度，一些猛男见了也难免落泪。

对于贫困地区而言，路是一切其他可能的前提。近十年来，我国下大力气为农村修路，特别是为贫困地区修路。官方数据显示，中央在农村公路领域累计投入车购税资金7433亿元，其中用于贫困地区的投资就达5068亿元，累计新改建农村公路约253万公里，解决了1040个乡镇、10.5万个建制村通硬化路的难题。我国的农村公路的总里程从2011年底的356.4万公里增加到2021年底的446.6万公里，十年净增了90多万公里。446.6万公里，这数字是个什么概念呢？这么说吧，地球周长是40075公里，所以就是说，我国农村公路大体可以绕地球111圈。

三、无穷路里觅出路

没有路，就没有出路。有了路，就有了"无穷"的机会，但这不意味着可以在路上"躺平"。只有发展了合适的产业，才真正有机会摆脱贫困。这是每一个贫困村都要解决的问题。

下庄村找到了属于自己的出路，他们因地制宜选择种植一种神奇的热带、亚热带常绿果树，其果实富含维生素C，据说中国作为原产地已经有4000多年的栽培历史，又据说这奇物在德国等国家被称为"中国苹果"。而在中国，它可不是苹果，咱们大概、或许、可能是出于某种尊敬和对它的喜爱，在其名称后加了一个"子"，称其为"橘子"。因为气候适宜，2013年，下庄村成为巫山县发展柑橘产业的试点村庄之一，种植了500亩柑橘。2020年，在乡政府的扶持下，下庄村又购买了6500根柑橘树苗。2021年，下庄村实现柑橘销售收入90余万元。到2022年年中，下庄村柑橘产业已经扩大至1000亩，成为乡亲们增收的重要渠道。下庄村不只种柑橘，而是选择了"多条腿"走路，特别是利用电商平台——中国特产·巫山助农馆，洋气地卖起了土特产，下庄村集体还专门注册打造了一个品牌。从此，江湖上多了一个字号——"下庄天路"，名下几十款农特产品：有农家自制烟熏、带有地道家乡味的麻辣香肠、五花腊肉，精挑细选的干香菇、干笋子、干木耳、洋芋果果等山珍……嗯，已经有味道了。这个字号，给山外面的人带来了美味，给山里人带来了实惠。

我们再来看看麻怀村的出路。2017年，麻怀村党支部在原迎贵专业合作社的基础上，成立了贵州迎香生态农业发展有限公司，采取公司投资引领、农户参股分红方式等发展模式，夯实村集体经济，优化产业种植结构。公司发展鹌鹑养殖18万羽、黑毛猪养殖1200头、香菇种植12.8万棒、黑皮鸡菌种植15万棒、羊肚菌种植2.8亩、中药材种植270亩。总之，画面感十足，公司潜力也十足。2018年，麻怀村引进贵阳市农业农垦投资发展集团有限公司，按照"龙头企业＋基地＋村集体＋贫困户"的模式，发展食用菌产业；采取土地所有权、土地使用权、土地经营权三级分红和群众劳务分红的方式，与当地群众建立利益联结机制。这个机制在咱们的脱贫攻坚中并不少见，因为好用，所以流行。通俗点讲，龙头企业出资、出销路、出现代管理经验，村里头出人、出地、出产品，大家各取所需，共同富裕。据说，麻怀村全村153户人家有93部小轿车。

要说到阿土列尔村的出路，那可令人大为震撼。阿土列尔村虽然修了钢梯，但是生活仍然极为不便。2020年5月，悬崖村迎来历史性的一刻——大搬家。昭觉县启动了四川省最大的易地扶贫搬迁项目，悬崖村的84户贫困户搬迁到县城安置点。新家是什么样？我们一起来感受感受村民某色伍哈一家人的新家：100平方米，三室两厅，南北通透，家具齐备，水电气三通，电视机、洗衣机、热水器一应俱全。那么问题来了，住这种房子要钱不？天下没有免费的午餐，但有时会有定制款的特惠"秒杀"，还有"百亿补贴"：某色伍哈一家只支付了1万元，其余部分由政府补贴[①]。另外，社区配备也相当齐全，有学校、商店、就业中心、留守儿童家园、妇幼保健中心、法律咨询室和其他基础设施。村民们在新家园如何谋生呢？周边的产业园已经动工了……某色伍哈在家附近的沐恩邸服装厂做保安，包吃住，月薪3000元。对了，悬崖村山脚的脐橙、油橄榄也卖得红火。其实，阿土列尔村还有个更红火的产业，下一小节咱们接着说。这里容我补充说两句：阿土列尔村只是全国易地扶贫搬迁的一个缩影。据统计，在"十三五"期间，已经有960多万搬迁群众搬离了原先的地方住进了新房内，通过易地扶贫搬迁扫除了致富路上的各种阻碍，还在当地政府的帮助下寻找到了合适的工作。

---

① 据悉，根据当地政府对阿土列尔村村民在县城所住新房的补贴政策，每位村民为25平方米的住房支付仅约3000元。新房最大面积为100平方米，是给四口之家或四口以上的家庭使用的，入住者支付上限仅为1万元。阿土列尔村村民入住在县城的新房，每户还可获得近2000元资助购买家居用品。当地居民说，该县类似楼盘的平均价格约为每平方米4000元，可见政府对阿土列尔村村民的支持力度很大。

四、乡村正在成为一种时尚

现代化，将人们带进了钢筋混凝土的世界，享受着城市的便利和时尚。不过，中国人骨子里还是有"山水田园"情结的。再者说，为什么时尚一定要由城市和城里人来定义？脱贫攻坚和乡村振兴，正让乡村成为一种时尚。

引领时尚，首先要改变环境，告别传统社会生活中不那么宜人的一面。麻怀村不只修路，还修路灯，夜晚的麻怀在路灯的映衬下，有了别样的风致。不只盖楼，还修厕所，"小康不小康，厕所算一桩"，现代卫生观念已经融入了乡村生活。麻怀村还有个3000平方米的文化广场，不用看照片，看这个数字就知道超级大。说到文化广场，咱就接着提一句文化。麻怀村乡土气息里的文化气息也确实随着访客的增多而开始浓郁起来，村里那片种着荷花的洼地，不再叫"荷花池"了，而是取了充满古韵的四字名字——"荷池洞天"。下庄村的环境变化也是喜人的，其他无需多言，"重庆市美丽宜居乡村"的称号就已"铁证如山"。事实上，脱贫攻坚开始后，特别是实施乡村振兴战略以来，人居环境的改善得到了普遍重视，全国95%以上的村庄开展了清洁行动，还有一系列支持政策和专项行动也已经广泛实施了。

环境好了，村子的"颜值"高了，关注度就高了，城里人到乡村旅游的热情也高了。无论是麻怀村，还是下庄村，都成为乡村旅游"打卡地"。当然，作为乡村旅游"打卡地"的阿土列尔村恐怕是现象级的。这个著名悬崖村的热度不仅和媒体报道有关，也和时尚村民的网络直播有关。2017年初，闭塞的悬崖村开通了网络。拉博爱上了网上"冲浪"，短视频他能看上一整天。后来他有了冲动：博主UP主宁有种乎？于是说干就干,"悬崖村"的日出与云海、吹唢呐的彝族老人、彝族火把节,以及村民上下钢梯搬运生活用品都成了他的拍摄素材,这位15分钟就跑完了从山上到山脚的2556级钢梯的小伙子在网上很快就红了。身边的其他村民也开始跟上时代步伐。吉克九里也是其中一位,他和很多村民一样在初学时面临很多困难,"刚开始直播时,我不太会说普通话,也不认识字,边直播边跟着粉丝学"。融入时尚,再引领时尚,这样的过程本身就很时尚。如今,在某视频平台上,冠以"悬崖村"的社交账号多达几十个,粉丝数多者可达几十万。2019年,吸引了国内超10万游客,2021年,乡村旅游收入突破百万元大关。

不可否认,乡村旅游的兴起离不开对城市现代元素的引入,但真正让乡村成为一种具有独特韵味的时尚的,是乡村本身的环境和魅力,脱贫攻坚和乡村振兴重新焕发了乡村的魅力,也在潜移默化地塑造一种关于美的认知,矫正关于美的偏见。乡村的自然环境,连同人们鲜活的生活方式,正在共同成为一种新的时尚体验。

五、像她这样的人,这世上还有多少

摆脱贫困的故事,令人倍感欣慰的不只是无数村庄、家庭命运的改变。一些闪光的个体及其代表的群体所汇聚成的鲜活群像,也给人以特殊的力量和希望。这样的群体有很多,比如奋战在最前线的"村两委"、第一书记,还有驻村工作队;他们的故事也有很多,在某种意义上讲,一个村庄的脱贫故事,也是"村两委"、第一书记、驻村工作队的故事。下庄村、麻怀村和阿土列尔村正是如此。因此,我们不再重述这些可敬、可爱的人的故事,而是换一个视角关注另一个特殊的群体——女性。

从国际范围来看，贫困问题本身带有某些"性别"烙印，一位叫戴安娜·皮尔斯的学者提出了"贫困女性化"现象。健康状况不佳、文化程度低、就业率低、家庭及社会资源少，以及承担沉重的家庭劳动，被普遍认为是妇女贫困的主要原因。咱们中国的反贫困政策实践一直带有性别关切，而且女性不只作为被帮扶的对象，同时也成为施与帮扶的主体，彼此共同成长。

邓迎香的故事是麻怀村党支部书记带领贫困群众脱贫致富的故事，但同时也是一位大山深处普通女主人公的成长日记，简称"大女主成长记"。

少女时代不顾家长反对，为了爱情嫁到了麻怀村。

初为人母，却因山路阻隔就医之路而失去了孩子。

为了生活，和万千农村女性一样外出打工。

因为一腔热血，也因幼子夭折的心结，毅然返乡开凿隧道。

丈夫意外离世，心灰意冷但仍要坚强。

重组家庭，但并不甘于"留守"家庭，更以事业为重。

甘作孤独修路的"愚公"，感动众人而共同成就了奇迹。

被民主推选为村主任，成为小小共同体里不可或缺的真心英雄……

重要的不只是她自己的蝶变和整个村庄的"逆袭"，还有在这个过程中她自身以及这个社会的积极变化也为许多平凡女性带来的希望和改变。用一种比较学术的说法来讲，在农村，不少留守女性之所以选择"留守"，既源于其受教育程度偏低缺少市场竞争力，也在于其受制于传统的家庭分工，在"家庭-市场"的关系中长期偏向家庭，没有接触市场的机会。脱贫攻坚和乡村振兴的实施为这些女性提供了新的机会，使得她们可以在不离开家庭的条件下就近务工，从而兼顾家庭和工作。麻怀村的刘清珍和不少姐妹都享受到了这一红利,她说:"基地就在我们家的旁边,在这里务工,走路四五分钟就到了。一天能打10来筐菌菇就可以挣到100多块钱,一个月可以得到两千多块钱。"当然,清珍大姐的收入并不只是工资,还有土地流转的租金,时髦的话讲就是"资产性收益"。特别让人欣喜的是,像邓迎香、刘清珍一样的女性不再是个例。草原绣娘白晶莹筹划建立国内最大的蒙古族刺绣扶贫车间,带动了科右中旗2.6万名妇女参与蒙古族刺绣产业。惹巴妹谭艳林返乡创业,成立公司,带着残疾人和留守姐妹用民族传统手工编织来实现自身价值。凡此种种,这样的女性到底有多少人呢?难以计数,有统计说,全国范围内单是妇女创办领办的家庭农场和各类农业合作社就有30多万个。数字固然重要,但更重要的是这些曾经处于社会边缘的贫困女性实现了自我价值,变得更从容自信,她们乘风破浪,灿若繁星。

六、从贫困到振兴,希望寄予新一代

从摆脱贫困到乡村振兴,国家还有很长的路要铺,乡亲们还有很长的路要走。千头万绪中,最重要的是要有人;重中之重,则是村里的孩子能学成走出去,成才的孩子愿意再回来。

2016年6月6日早上7点,天光乍现。城市里的学生还在赖床,阿土列尔村的吉巴火布三兄妹已经在爸爸的带领下开始顺着悬崖爬藤梯。由藤条、木棍和绳子搭建而成的藤梯共17段,难行、危险,却是大多数村民下山时的选择。比起需要走上6个多小时的另一条山路,只需要两个半小时的藤梯几乎可以被称为"捷径"。吉巴火布还能清楚地回忆起自己第一次走藤梯的经历:爸爸先将绳子绑在腰间,再用另一头牢牢拴住他,以防没有经验的他失足跌落。这也是阿土列尔村所有孩子的共同回忆。因为太过危险，这里的孩子基本上都是到了10岁甚至11岁时，才开始到山下的小学读书。

其他的选择当然也有，很多家长"宁愿走远，也不愿意学生走不安全的路"。选择了另一条路的学生不必再面对陡峭的藤梯，但也并不是绝对的安全。滑坡、隧洞、河谷、废桥……组建起十余公里的山路，植被茂盛的林间随时会有小兽与蛇带来心惊胆战的会晤，累饿交错的6个小时和路上紧张的水源让求学路上的孩子们苦不堪言，眼泪却只能往肚子里咽。

对阿土列尔村的孩子们来说，这一天难熬，却不算特殊，他们每隔10—15天就要重走一次这样的旅程。曾有学者向凉山政府建议，在孩子们就读的勒尔小学开展全日制寄宿。听起来不错，可现实问题摆在眼前：学校的经费并不充盈，最多能承担学生20天的饮食。贫困与失学是一对相互作用力，而读书是走出贫困的最好出路。求学路是青云梯，这是谁都明白的道理。但对路险、家贫的阿土列尔村人来说，"青云"的另一层含义是缥缈。

中午12点，艰难跋涉6个小时的孩子们个个疲惫不堪，不停询问还有多远，带队家长陈古吉安慰孩子们："快了，快了，马上就不用走路了。"彼时的陈古吉没有想到，他无意间的允诺即将变成现实。2017年8月，钢梯的完工使得村民走一趟钢梯能比原来的藤梯节约半个多小时的时间，更重要的是，孩子们的安全有了保障。在搭建钢梯的同时，当地政府还投入教育专项资金和社会资金共1300多万，对阿土列尔村的学校进行重建。在钢梯竣工后的第四个月，山下的勒尔小学扩建完成，开始实行全封闭的寄宿制管理。孩子们有了新的教室、新的宿舍，不仅能免费读书，还能享受生活补助，全村适龄儿童已经无人辍学。

钢梯不是终点。虽然通往山下的求学路已经打通,但和城市里丰富多彩的课业相比,勒尔小学开设的三门课程还是显得单薄。2020 年,受益于易地扶贫搬迁政策,阿土列尔村 84 户贫困户全部搬下山崖,在县城安置点拥有了新房。新家距离学校只有七八分钟的脚程,村里的大多数孩子都搬去了县城读书,和城市的孩子享受着同样的教育资源。在整个昭觉县,小学入学率已经达到 99.88%,初中入学率达到 99.86%,30222 名曾经的贫困家庭子女全部入学就读。

有时,比路更重要的,是引路的人。

张泽燕生在下庄,长在下庄,16 岁时,他接过父亲的教鞭,走上下庄村教学点的讲台,至今已有 43 年。下庄修路的故事广为人知,而在路修通之前,每逢新学期开学,张泽燕都要翻山越岭,走上三天才能给孩子们搬来新教材。不只是教育不便,张泽燕的妻子在生病时由于山路阻隔,没有得到及时救治,不幸身亡。悲痛没有击垮张泽燕,反而成了他教书的动力,"我要把村上的每一个学生都送出大山!"在下庄村天路修通的那一年,张泽燕在学校的黑板上写下遒劲有力的一行大字:大人流血修路为我们,我们读书为下庄明天!在张泽燕的努力下,下庄村有 132 人外出上中学,29 人考上了大学,没有一个孩子辍学。在 1500 公里以外的云南丽江华坪县,还有一位 65 岁的"燃灯校长"张桂梅,40 余年来一直扎根在云南贫困山区一线,拖着病体创办了全国第一所全免费女子高中。"我生来就是高山而非溪流,我欲于群峰之巅俯视平庸的沟壑。我生来就是人杰而非草芥,我站在伟人之肩藐视卑微的懦夫!"只要听过就不会有人忘记华坪女高这句振聋发聩的誓词。12 年里,张桂梅一共将 1804 名女孩送入大学。

为孩子引路,不只是教会知识,也需要陪伴和教会他们天真、快乐地成长，绽放天性，保持他们对世界的探索欲和对快乐的感知力。归根结底，教育是要让人成为更好的自己。平凡而伟大的乡村教师们总是如此。"凉都"贵州省六盘水市是一个被夏天遗忘的城市，高耸入云的山地与丰富的喀斯特地貌带来的不只有凉爽舒适的气候，还有极度的贫困。顾亚老师刚刚来到六盘水市海嘎小学时，这里的孩子和其他山里的孩子并没有什么不同。高原赐予了脸上特有的红晕，天然透露出一股腼腆。"贫困"二字不仅表现在物质条件上，也烙印在孩子们的心里。他们的目光里有着不符年龄的消沉，脊梁似乎都比外面的孩子短上几寸。顾老师一度苦恼于沉闷的课堂气氛，直到他发现孩子们会眼睛亮亮地趴在办公室的窗口偷看他弹琴。

顾亚决定让孩子们尝试自己喜欢的事情，在朋友的帮助下，他成立了海嘎小学的第一支乐队。乐队成员是五个女孩，顾亚想给乐队取名"五朵金花"，逐渐自信、开朗起来的孩子们毫不留情地嘲笑着他的老土。孩子们告诉顾亚，她们已经想好乐队的名字，"遇"，意思是"很感谢能遇到这么一群老师愿意为我们付出"。一年之后，顾亚组建了第二支乐队"未知少年"。随后，中国一支知名的摇滚乐队——痛仰乐队奔赴贵州，与孩子们共同上演了一场独属于海嘎少年的音乐会。

"这一天之后，当这里的孩子再聊起梦想，他们还会有劲。只要你努力，没有什么事情是不可能的"。当33岁的顾亚谈起梦想、摇滚与未来时，仍然意气风发得像个少年。

像张泽燕、张桂梅和顾亚这样扎根基层的乡村教师，中国共有300万。他们用一代人或几代人的坚守，点燃纯粹而永恒的希望之火。在无尽的时间里，跨越过去、现在与未来，照亮了静谧无声的夜色和无人知晓的深山。这世上总有一些路，看似荆棘满地，但踏上之后就能发现，你永远不曾孤身一人。

对于村里人而言，村里的孩子经过努力走出深山固然值得欣慰，倘若他们能在历练和成长之后回到家乡、建设家乡，则更是意义非凡。

27岁的彭淦是土生土长的下庄人，在这里，他上了6年学，靠着自己的努力终于走出了大山。彭淦从成都西华大学毕业后，进了成都一家金融公司工作，每个月能拿到六七千的工资。如今，他却选择回来从教。教课之余，彭淦也配合做些村里的工作，他喜欢找村主任毛相林交流村里产业发展的规划。大学生回来了，越来越多的人也选择留下，如今，下庄村的留村人员增加了一倍。

2010年，麻怀村考出了第一个大学生。此后的11年间，又陆续有43名大学生从这里走出了深山。2014年，村集体出资成立草根助学基金会，专门资助有志于学业的优秀学生。曹太敏是被资助的第一批学生，2017年从遵义师范学院毕业之后，她便毅然回到家乡执教。其实，麻怀村不只迎来了回村教书的青年，也迎来了返乡创业的青年，袁端胜回到麻怀村办起了养殖场。2018年，袁端胜养殖的1000多头生猪实现创收100多万元，解决了10多户群众的务工问题。袁端胜还被选举为麻怀村副主任。

某色布且作为阿土列尔村少数几个高中生，是一个"见过世面"的小大人。谈起山里山外，他想起小时候看到村里人有矛盾都要靠自己解决，长大后才知道法律才是处理某些事的正确方式。布且想在大学里学法律，将来回到家乡给乡亲们普法。邻居某色拉作考进了昭觉中学，她的目标是在大学毕业之后回到家乡，当一名语文老师，帮助更多的孩子走好读书这条路。27岁的小伙子某色苏不惹也回到悬崖村，负责油橄榄树的日常养护，平日里也会直播带货，还和其他年轻人一起谋划建起了民宿。他说:"原来的土房子冬暖夏凉,打扫干净,就是个民宿。相信'悬崖村'越来越多的年轻人都会回来的。"对于村子的未来,他很有信心:"只要年轻一代还在奋斗,村庄就永远都不会消失,一定会越来越好。"

七、结语

因为有了通往外面的路,因为有了路上的逐梦者,也因为有了帮逐梦者圆梦的磅礴力量,那些曾经鲜有人知、亦少有人至的远方才有了属于自己的诗。或是雄奇飘逸,或是平白如话,又或是婉约细腻,它们各有各的才情与风致。诗里的故事和音画徐徐展开,起承转合间已渐至高潮,酣畅淋漓处却也未完待续。

主要参考文献和素材来源

1. 韩振、周文冲:《当代"愚公"敢向绝壁要"天路"》,载《新华每日电讯》,2020年11月17日,第4版。

2. 吕慎、柳路:《打开一条通往光明的隧道——当代女"愚公"邓迎香带领群众脱贫致富纪实(上)》,载《光明日报》,2016年2月29日,第4版。

3. 吕慎、柳路:《让家家都种下"富裕树"——当代女"愚公"邓迎香带领群众脱贫致富纪实(下)》,载《光明日报》,2016年3月1日,第4版。

4. 罗伟章:《下庄村的道路——全国脱贫攻坚楷模毛相林和他的父老乡亲》,载《人民文学》,2021年第6期,第47—68页。

5. 宋豪新:《阿土列尔村民搬迁记》,载《人民日报》,2020年8月

8日,第4版。

6. 陈杰、曹晓波:《荒野徒步六小时艰难上学路》,载《新京报》,2016年6月7日,第A14版。

7. 康宸玮:《〈大山里的摇滚梦〉:痛仰乐队与山区摇滚少年的云端演唱会》,https://www.thepaper.cn/newsDetail_forward_8724126(访问日期:2023年1月31日)。

8. 江宏景:《"悬崖村"的年轻人回来了》,载《人民日报(海外版)》,2021年1月9日,第8版。

从劳务工到全国人大代表

——邮件接发员柴闪闪和全过程人民民主的故事

民主与人权息息相关。民主政治是人权得以实现的前提和保障；民主，其自身作为一项权利，更是人权体系中不可或缺的重要组成部分。2019年底，习近平总书记在上海考察期间，首次提出"人民民主是一种全过程的民主"。2021年，在庆祝中国共产党成立100周年大会上，习近平同志首次提出要发展"全过程人民民主"。全过程人民民主作为人民当家作主的生动实践和必由之路，应当体现在社会主义建设的各个方面。今天，就让我们来到"全过程人民民主"的首提地——上海，循着邮件接发员柴闪闪的成长轨迹，看看一名身处一线的邮政工人是如何通过自己的努力走进人民大会堂，并履职尽责、积极建言的。

一、离乡

18年前，刚到上海，还未体会过大城市繁华的柴闪闪大概不会想到自己有一天能走进人民大会堂，用自己的声音为身边的基层劳动者们发声建言。

1985年1月，柴闪闪出生在湖北襄阳老河口的一户普通农民家庭。老河口因地处汉江故道口而得名，与中西部地区大部分因河而兴的城市一样，因河运地位的下降，老河口在时代的浪潮下渐渐褪去了往日的繁华。小时候的柴闪闪就是在这样一个水资源丰富的地方慢慢长大的。由于自己的叔叔、堂哥、堂嫂都是老师，那时的柴闪闪一直有一个梦想，就是成为一名光荣的人民教师，能站在讲台上给台下的学生传授知识。但人生往往不能遂人意，因为家里的经济原因，柴闪闪不得不离开校园，放弃自己的教师梦，选择离开家乡去外乡打工。

那时候，农村的青壮年往往会选择背井离乡去大城市打拼。从中西部地区始发的列车承载着年轻人的梦想以及家里人的不舍，一路向东、向南，抵达祖国的东部、南部沿海。和大部分外出打拼的湖北老乡一样，2004年，带着对大城市的向往，19岁的柴闪闪中专毕业后带着两件衬衫和一件外套便从家乡的汉江一路向东，来到了黄浦江畔的城市——上海。

在上海，同那时很多进城务工的农民工一样，柴闪闪走的也是劳务派遣这条路。经由劳务公司的派遣，柴闪闪分到了一个在火车站台工作的活儿——在站台专门负责装卸邮局的邮包。那时邮政的机械化程度并没有像现在这么高，来自全国各地的邮包以及从上海发至全国各地的邮包如山堆般堆积在火车站台上，这些邮包只能靠像柴闪闪这样刚从家乡走出来的年轻人搬运。那些年，这些年轻人如蚂蚁搬家般，在火车站台上一袋一袋地对邮包进行装卸。

"那时候，我每天差不多要装卸3000多袋邮包。"柴闪闪说道。夏天，柴闪闪需要顶着近50℃的高温，在火车车厢里奋战；而到了冬天，四处透风的站台又冻得让人浑身发抖。对大城市繁华的向往与又累又脏的工作环境形成了鲜明的反差，这让年轻的柴闪闪打起了退堂鼓：到底该不该留在上海，做这份工资不高、还这么辛苦的活儿？好在当时的单位工会,还有单位的老同志给了刚出校园的柴闪闪很多照顾,在经过了一段时间的适应和磨合后,柴闪闪凭着老家人那股与生俱来的韧劲儿以及年轻人的那份学习劲头,很快地就在自己的工作岗位上发光出彩,并逐渐赢得了大家的认可。

这样聪明又肯下苦功的小伙儿怎么会得不到单位领导的欣赏呢?就这样,单位给了柴闪闪更多的锻炼机会。"柴闪闪这个人,话不多,踏实。"这是柴闪闪所在班组的老班长葛洪川对他的评价。正是因为看中了柴闪闪的这份踏实,葛班长开始培养起这个小伙子。起先,是让他加入转运团队,虽然仅是简短的"转运"二字,但柴闪闪所承担的工作并不简单。作为转运员,柴闪闪不仅需要对邮包进行装卸,还需要将装卸后的邮包进行勾核以及堆码。勾核时,他需要确保邮件实物与邮件上所贴的邮件信息相符,堆码也不是随便将邮包堆在一处即可,应当确保邮件与堆位相符,码放的堆位规格也要符合要求。靠着自己的努力以及同事们的帮助,柴闪闪很快便熟悉了邮包的运转工作。在能熟练从事邮包运转工作后,单位给这个能干的年轻人分配了新的工作岗位——邮件分拣岗位,对火车站转运中心的邮件进行分拣。

二、夺冠

机会总是留给有准备的人。2009年前后,邮政公司内的一些管理岗位向更多的人开放,技能成为考察的主要因素,户籍、学历等不再是硬性条件。2011年,上海市邮政分公司面向所有员工举行了业务练兵大赛,这是一个给邮政工作人员展示自己技能的好机会。在新的分拣岗位上干了好几年的柴闪闪通过海选,代表上海站邮件处理分中心参加了此次比赛。

2011年时的国家邮政系统与柴闪闪刚入行时已经有了很大的不同。首先是自2007年起实施了邮政体制改革，实行政企分开。自此，邮政行业实现了跨越式发展，技术层次明显提高，建成了邮区中心局和邮运调度两个子系统，全国邮区中心局实现了总包信息全网互联互通。现代化的分拣技术简化了邮件接发员的工作繁杂程度，邮件是否安排了合适的路线以及邮件转运的快慢不再单纯取决于接发员。但在分拣过程中如遇到疑难件，仍然需要接发员的人工干预，因此接发员能否熟知全国各地的地名，仍是考察接发员技能的重要参考因素。

为了在大赛中取得好成绩，柴闪闪在繁重的分拣工作之余，自制了学习卡片，每天都放在衣兜里，以方便熟记全国2600多个地名并背熟厚达5厘米的理论知识材料。在只有1平方米的分拣中心，柴闪闪记住了全国所有的地名，并且能在地图上标出对应的位置。得益于多年的工作积累还有比赛前的充足准备，柴闪闪在决赛中取得了五项全能总分第一的好成绩。这次技能大赛的出色发挥让柴闪闪有了更多展现自己的机会，单位开始给这个普通的邮政小哥更多的机会和资源，让他有空间实现自己的抱负。2012年，在取得了高级工证书后，柴闪闪被调任到邮件接发员岗位，这个岗位相当于整个邮件处理分中心的指挥大脑。具体地说就是，作为接发员的柴闪闪不仅要负责与交接方办理邮件的交接手续，还需要在网运生产作业系统中从事信息处理工作。柴闪闪需要在严格执行邮件发运计划，并服从调度指挥的前提下，根据掌握的邮件数据安排合理的路线，保证以最优的资源配置方式，最快、最好地进行配送。在邮件接发员这一岗位上，柴闪闪先后获得"上海邮政公司先进生产（工作）者""上海市优秀青年突击队员""上海市先进农民工"等荣誉称号。

三、求学

在邮政系统工作了近十年后，已经在邮局接发员这个工作岗位上获得了多项荣誉的柴闪闪并没有停滞不前。一方面，他深感自己的中专学历已经不能适应新的工作岗位发展的需要，柴闪闪深知要做好这一工作，仅仅依靠精湛的业务技能是远远不够的，要想让邮件转运得更快、更优，就必须学会分析问题、解决问题，要有人员管理、人员分配的能力；另一方面，当初因为家里经济原因而未能圆的大学梦时常让柴闪闪感到不甘。

正当柴闪闪为继续深造一事感到发愁之际，我国在继续教育和成人教育领域进行了新的尝试。2010年，党中央、国务院召开21世纪以来第一次全国教育工作会议，颁布了《国家中长期教育改革和发展规划纲要（2010—2020年）》，明确提出，"大力发展现代远程教育""创新网络教学模式，开展高质量高水平远程学历教育""办好开放大学"。2012年7月31日，国家开放大学、北京开放大学、上海开放大学在人民大会堂正式揭牌成立。一所面向人人，没有围墙，超越时空，学历与非学历继续教育并重，信息技术与教育融合，优质教育资源集聚与共享的新型大学展现在了世人面前。随后，其他各省、自治区、直辖市的电视大学也纷纷改建，成立本地区的开放大学。开放大学给了没有机会在普通高等院校继续深造的成人提升自我的机会。这类大学与普通高等院校一起，在我国形成了一个立体全面覆盖的高等教育体系，为构建服务全民终身学习的教育体系，推动全体公民发展权的实现提供了坚实的基础。

正是在这样一种全民终身学习的大背景下，2013年，时年28岁的柴闪闪重新进入校园，成为上海开放大学行政管理专业的一名学生。在上海开放大学，柴闪闪拿起久违的课本，开始了如饥似渴的学习。除了要做好本职工作外，柴闪闪每周还需要去学校上两节课，从晚上6点一直上到晚上9点多。每次，他都要急急忙忙脱下工作服换上自己的服装，奔跑着向地铁口赶去上课。2016年，在顺利拿到了专科毕业证书，完成专科学业后，柴闪闪又接着读了行政管理专业的本科，并已顺利毕业，圆了儿时的大学梦。

四、当选

"人民代表大会制度是实现我国全过程人民民主的重要制度载体"，这是习近平总书记在中央人大工作会议上给我们指明的方向。唯有坚持人民代表大会制度，才能有效地实现全过程人民民主。而在全过程人民民主这一重大政治理念提出之前，人民代表大会制度作为国家的根本政治制度，一直是国家社会主义建设坚实的制度基础。

人民代表大会制度作为一项重要的政治制度以及体现人民当家作主的重要形式，自新中国成立之初便受到了党和国家领导人的重视。1953年，中央人民政府颁布了《中华人民共和国全国人民代表大会及地方各级人民代表大会选举法（以下简称《选举法》）》。此后，基层人大代表的选举在各地展开，并依据《选举法》选举了第一届全国人民代表大会代表。这届人大共选出了1226名代表，并且大多数的人大代表都是来自工农兵三个领域的底层人民。随后，我国的人大制度经历了一段时期的波折，直到1978年党的十一届三中全会召开后，人民代表大会制度进入新的历史发展时期。

对于一项如此重要的政治制度，我们何以能确保各级人民代表大会制度顺利运转,并实现人民当家作主?各级人大代表作为人大事务的主要参与者,是其中的关键。依据《选举法》,经由民主选举产生的各级代表,是各级国家权力机关的组成人员。自人大选举制度施行以来,我国的选举制度不断完善,从之前的城乡按不同比例选举人大代表到2012年之后的"同票同权",人民的政治权利得到了进一步保障。

除了"同票同权"外,为了落实全过程人民民主的要求,体现人民当家作主,《选举法》还对代表的结构作了相应规定,"全国人民代表大会和地方各级人民代表大会的代表应当具有广泛的代表性,应当有适当数量的基层代表,特别是工人、农民和知识分子代表;应当有适当数量的妇女代表,并逐步提高妇女代表的比例"。为此,每届"全国人民代表大会代表名额和选举问题的决定"都会对基层代表的数量提出要求,"要比上一届有所上升,农民工代表人数要比上届有所增加"。

正是得益于国家对基层代表的重视,像柴闪闪这样从农村到城市打拼的农民工代表才能走进最高国家权力机关,顺利地当选第十三届全国人大代表,为他身边的工人兄弟发声建言。

说起来,柴闪闪能当选全国人大代表有一定的偶然因素,但也有其必然性。之所以说偶然,是因为柴闪闪在2018年当选全国人大代表之时才33岁,是当时上海代表团的59名代表中最年轻的一位。而根据2018年国家统计局的数据显示,该年长三角地区共有5400多万农民工。能从这么多的进城务工人员中当选全国人大代表,并且是最年轻的一个,可以想象其难度之大。因此,才会有人说柴闪闪能当选为全国人大代表是一件具有偶然性因素的事情。

但当我们了解过柴闪闪从离乡到夺冠再到求学的经历后,又会产生这样的一种感慨:柴闪闪能当选全国人大代表其实是必然的事情。诺贝尔文学奖获得者，作家罗曼·罗兰说过："与其花许多时间和精力去凿许多浅井，不如花同样多的时间和精力去凿一口深井。"柴闪闪成功的秘诀也在于他能专注于本职工作。由于在本职工作中表现出色，2014年8月，柴闪闪光荣地加入了中国共产党，成为一名共产党员。2017年夏，柴闪闪和工友们代表上海邮政一道参加了第五届全国邮政通信特有职业技能竞赛，此次比赛让他总结出了"闪闪工作法"，即班前沟通，提前准备，为当班工作人员提供邮件配发计划；班中协作，了解工作进度，及时更改邮件配发计划，保证邮件快进快出；班后移交，移交数据，备注新老账，列出建议配发计划，方便接手人员快速上手。正是由于柴闪闪在邮政接发岗位上的优异成绩，2017年底，他当选为上海市人大代表；2018年1月，经上海市人民代表大会选举，柴闪闪光荣当选全国人大代表。

五、履职

成功当选全国人大代表，既是一份荣誉，同时也是一份责任。全国人民代表大会作为国家最高权力机关，由民主选举产生，对人民负责，受人民监督。为了让全国人大代表能顺利履职，我国宪法赋予了全国人大代表多项权利：全国人大代表能提出议案、并对议案进行表决；在开会期间能向各国家机关提出质询案；而全国人大代表在会议上的发言和表决也不会受到法律的追究。在保障全国人大代表依法履职的同时，为了让全国人大代表真正地体现人民的心声、代表人民，宪法还对全国人大代表与人民的关系作了规定："全国人民代表大会代表应当同原选举单位和人民保持密切的联系，听取和反映人民的意见和要求，努力为人民服务。"

从上面的要求来看，人大代表，特别是全国人大代表并不是那么好当的。作为人大代表，他（她）不仅需要做好本职工作，并履行代表职责，还要和人民群众保持密切联系，真正地做到从群众中来，到群众中去。那么，第一次当选上海市和全国人大代表的柴闪闪能按照宪法和相关法律的要求，履行人大代表的相关职责吗？能做到不脱离群众吗？对此，我们可以对柴闪闪当选人大代表后的履职情况做个梳理，看看他是不是一个合格的人大代表。

柴闪闪的人大代表之路是从上海市人大代表开始的。他的第一份市人大代表建议便和农民工有密切关系。近些年来，随着在大城市生活成本的日益增长，"逃离北上广"的说法在互联网上广为流传。从老家小城考到大城市上学的年轻人毕业后大多选择在一线城市打拼，但以北京、上海为代表的一线城市的生活压力一点都不小。可能有些本地人会说，好像生活成本也不太高啊。比如咱们国家的各大城市公共交通都很发达：地面上的公交线路能抵达城市的各个区域；地面下的地铁线路也是四通八达。除了交通便利外，咱们国家的民生设施也是数一数二的便宜。吃饭的话，可以点外卖参与满减，各街区的菜市场、大卖场的东西也是物美价廉。至于衣物还有各类家电的购置，那更是便捷，而且还全国一个价，特别是在大城市，好多东西如果是线上购买的话都能实现当日达或次日达。但这种算法漏算了一项大开销，那就是租房成本。以柴闪闪工作生活的上海为例，依据一份2018年发布的《中国住房租赁报告》数据显示，上海房租租赁价格每月在4500元以上的占比最大，达到了27.1%。

当然，你还是可以说，这上面统计的数据所覆盖的范围都是白领一族，咱农民工兄弟怎么可能花这么多钱去租房呢，而且还有不少企业包住宿呢，就住在企业宿舍里。诚然，大部分的农民工朋友们不舍得租这么贵的房子。但住在宿舍也有宿舍的不便，多少农民工的小孩儿自小由爷爷奶奶照顾，成了留守儿童！如果不能解决进城务工人员的住房问题，便一直会有年幼的子女得不到父母的关爱，年迈的父母身边也缺少子女的陪伴。柴闪闪当选为上海市人大代表后，想到的第一件事便是自己身边的农民工兄弟。他懂得农民工那种进城务工为了赚钱，舍不得吃舍不得穿，更舍不得住的苦衷。为此，在经过了大量的走访以及和身边的工友进行交流后，他提交了一份代表建议，呼吁人大关注农民工兄弟的住宿问题，建议政府能推出一些促进措施，这样就能让企业更有动力去解决员工的住宿问题了。

在当选上海市人大代表不长的时间后，柴闪闪又被选为全国人大代表。这不仅是上海市民对他的信任，更是全国的农民工兄弟对柴闪闪的一份期望。刚当上全国人大代表的柴闪闪会提什么样的代表建议呢？会不会继续关心自己身边的工友，还是说作为从上海选出来的人大代表，所以他会将更多的目光聚焦在上海？

随着柴闪闪参加全国人大会议并公布了自己的代表建议，这个问题的答案变得显而易见：他一共提了两条具体的建议，都是和他的工作与广大农民工兄弟密切相关的。第一条建议不仅和他的工作有关，其实还和看这本书的朋友的日常生活密切相关。我们都知道，柴闪闪是上海邮政的接收员，可别小看这一接一收，里面的学问可大着呢！为什么现在的快递速度会这么及时高效？这其中啊，就有柴闪闪和他的工友们的功劳。

"双十一"是一年一度的"剁手日"，大部分人都会在这一天买买买，很多朋友可能对于一两天就接收到了所购买的商品这件事没什么感觉，觉得是理所应当的。但其实，为了让咱们能快点收到快递，快递行业的工作人员在背后付出了大量的辛勤劳动。柴闪闪的工作环境其实还是挺现代化的，只见他熟练地操作着邮局的电脑，通过这么多年的经验，他已经可以飞快地判断该怎么样将刚到转运中心的货物又尽快地送出去了。2017年"双十一"的时候，那时还不是人大代表的柴闪闪接受了记者的采访。根据这次采访的报道，在一批刚从浙江金华转运过来的货到达转运中心后，柴闪闪迅速地将这些货装车运往山西太原。在场的记者特意看了下时间，晚上8点刚过，这批货刚到转运中心，9点一刻不到，这批货中的一部分就已经被装上了火车，开始接下来的旅途。正是因为对工作的熟悉，所以柴闪闪在提建议的时候才会这么快地意识到投递的"最后一公里"问题，也就是大部分人白天上班，没法接收邮政快递的问题。针对该问题，柴闪闪提了这么一份代表建议：加快普及邮政投递末端的便民服务设施建设，尽快完善普及快递包裹柜这样的基础服务设施，让咱们辛苦的"打工人"不会因为不在家而收不到快递。要知道，这条信息是柴闪闪在2018年首次当选全国人大代表时提出的，在时隔四年多之后，我们生活的小区里已经大多普及了各类快递柜了。

柴闪闪的第二条建议是给自己身边的农民工伙伴们发声建言的。除了继续发声，呼吁国家关注农民工在城市的住房问题外，柴闪闪还根据自己从转运中心的转运员到分拣员再到接发员，从当初离乡时的中专毕业到在上海开放大学获得了本科学位的亲身经历，建议国家在政策上继续全面加大对入职农民工的技能提升力度。通过前期的调研，柴闪闪在2018年的全国人大会议上将新时期农民工兄弟的心声说了出来："目前来沪的外来务工人员中，'70后''80后'占比较大，他们已经成长为各个企业基层的中坚力量,在城市和企业的帮助下,也愿意与企业共同成长。在新技术、新服务的工作新要求下,他们也希望通过学习提高自己来胜任更好的工作,但城市生活成本与学习投入的生活压力,也影响了他们的进一步提升。"国家也听到了农民工兄弟的呼吁,在职业工人的技能培训上有了不少的政策倾斜。譬如人力资源和社会保障部在2019年1月印发了《新生代农民工职业技能提升计划(2019—2022年)》。根据该提升计划的要求,到2022年底,要努力实现新生代农民工职业技能培训"普遍、普及、普惠",即普遍组织新生代农民工参加职业技能培训,提高培训覆盖率;普及职业技能培训课程资源,提高培训可及性;普惠性补贴政策全面落实,提高各方主动参与培训积极性。除了关于技能提升方面的建议外,柴闪闪还将自己在上海市人大会上所提的建议也带来了。他要代表全国的农民工兄弟说一句话:"让农民工在工作中获得尊严感,在人口净流入比较高的城镇适当增加农民工廉租房配比,或支持企业创造条件多渠道地解决农民工住房问题。"

2019年3月,柴闪闪如期参加第十二届全国人大二次会议。在这次会议上,柴闪闪提出的建议和他的老本行密切相关。这是一份"关于大力推进快递包装绿色化"的建议。可能现在正在读这本书的你也有这么一个困扰,那就是目前快递的包装有过度化的倾向,不仅难拆,而且收拾起来也是一堆的纸盒、塑料。而这些问题对于柴闪闪来说也是日常工作中常碰到的。于是,柴闪闪针对这一问题进行了调研。通过调研,他了解到,在快递业高速发展的今天,面对天量的包装垃圾处理,远不是一两个城市、一两家企业努力就可以做到的,亟须在国家层面大力倡导绿色发展,推进快递包装绿色化。柴闪闪和其他代表的建议很快就受到了国家机关的重视,由国家多部门联合制定的《关于加快推进快递包装绿色转型的意见》出台,并提出了到2025年快递包装基本实现绿色转型的目标。

2020年的全国两会因为一场疫情而延期召开。疫情期间,柴闪闪完全没有停下来。他来自湖北这个疫情最先开始暴发的省份。身在沪上,心系家乡的柴闪闪只能将这份对家乡的牵挂放在对湖北的物资支援工作中去。那年2月份,有大半个月的时间里,柴闪闪天天夜班,从晚上7点干到早上5点。他干的就是自己刚来上海时干的活,把一箱箱的物资寄往同一个方向——湖北。在物资的包装上,看着这些目的地:武汉、松滋、黄冈……这是柴闪闪熟背的那2600多个地名中的几个,既熟悉,又多了份别样的情感;这是来自他家乡的城市,而此刻这些城市正遭受病毒的侵袭。除了参加青年突击队,搬运物资外,柴闪闪这一年来还在思考另外一个问题,那就是对基础性技能后备人才的培养。我们的社会既需要像领头雁一般的创新型高端人才,也需要雁群,正是所有大雁在迁徙途中的互相扶持才能让每一次的旅途都顺利平安。柴闪闪认为,经济与科技发展需求的改变必将产生技能型人才的结构性变革,增强高技能人才有效供给能力成为当前企业发展与转型升级不可回避的问题。而在我们现实生产中,企业真正需要的高技能人才基本都是从生产一线的基础性技能人才中一步步成长起来的。可以看出,在经过了两年多人大代表的历练后,柴闪闪的履职水平越来越强了,他不再只关注眼前,还关注未来的发展趋势。

2021年全国人大会议期间,柴闪闪带来了一份影响深远的代表建议。这份建议源自他参与的一次纠纷调解。2020年,有个外卖小哥撞伤了路人,被撞者家属要求小哥进行赔偿,但赔偿数额显然超出了外卖小哥的承受能力，因而外卖小哥急得直掉眼泪。柴闪闪望着这个才20出头的外卖小哥，不禁思绪万千，想起了刚来上海时的自己：那时的他和外卖小哥差不多的年纪，也是为了证明自己能养活自己，所以才拼命地干活挣钱。外卖小哥每天风里来雨里去，特别是在疫情期间，他们是一座静止下来的城市能有效运转的重要因素。

这次的调解让柴闪闪印象深刻。他有了一个想法，这群新就业形态的劳动者保障了我们城市的运转，可谁又能保障他们的权利不受侵害呢？为此，柴闪闪开始了自己的调研。他来到上海街头，正好有一群外卖小哥在这里等单。"我想问一下，你们知不知道工伤险？"柴闪闪问道。"我们只有每天3块钱的意外险。"在等单的外卖小哥回答道。"那如果让平台作为主体缴费责任人，然后你们自己也缴纳一部分，你们愿意吗？"柴闪闪继续问道。就是在这样的一问一答中，一个代表建议的雏形出现在了柴闪闪的脑海中。在经过了长时间对灵活就业劳动者群体的关注观察和调研分析后，柴闪闪在2021年第十三届全国人大四次会议上提出了《关于完善新业态中灵活就业劳动者社会保障的建议》。这份建议很快得到了全国人大的重视，并被列为重点督办建议。随后，柴闪闪被邀请到国家人社部就建议内容作进一步的探讨，外卖平台总部的领导们也很重视柴闪闪的代表建议，邀请他就骑手保障相关内容进行了对话。在全国人大的重视和代表们的持续努力下，2021年7月，人社部等八个部门共同印发了《关于维护新就业形态劳动者劳动保障权益的指导意见》。2022年初，多地推出相关政策，开展职业伤害保障试点，这其中就包括了柴闪闪的工作地——上海。

2022年3月，已经是第五次到人民大会堂参加全国人民代表大会的柴闪闪被邀请到了"代表通道"这个采访活动中。这时的他更为从容、坚毅。他介绍道："大家好，我叫柴闪闪，闪闪发光的闪……"这次他的建议还是和广大的农民工兄弟紧密相关的——规范外包类用工模式，全面提升就业质量。这份建议也是柴闪闪依据近几年来在日常与农民工兄弟的接触以及调研时的心得总结而来的。柴闪闪深知在外包类用工这类模式中，我国现有的法规对外包劳动者权利的保障所覆盖的范围并不完善。

可能很多读者并不能想到，对于外包劳动者而言，他们也有着35岁这个年龄上的坎儿，很有可能会在35岁就因为年龄问题而失业。为此，柴闪闪想到应当从三个方面来完善对外包劳动者权利的保障。第一就是法律在这方面还不太完善，对外包劳动者这种新就业形态工作者的权利保障具有滞后性。为此，需要健全这方面的法规，不能让企业把外包劳动者当作廉价的生产"工具"，用完就丢。应当把这些企业规范起来，保障外包劳动者的权利。第二就是在企业和外包劳动者产生纠纷矛盾之后要有畅通的解决渠道。除了去劳动仲裁部门或者法院进行仲裁或裁决这类传统的解决方案外，柴闪闪认为还应当加强行业工会的力量，把农民工兄弟们团结起来，督促和引导业务发包方和承包方自觉维护劳动者的合法权益。最后，柴闪闪还认为应当强化监管责任落实，只有将保障劳动者权利列为相关部门考核的重要指标，政府部门才会有更大的动力去保障劳动者的权利。

六、结语

邮政接发员柴闪闪的故事讲到这里也差不多该结束了。我们用了一半的篇幅介绍了柴闪闪在当全国人大代表之前的经历，又差不多用了一半的篇幅对柴闪闪的全国人大代表履职经历作了回顾。倘若我们抛开柴闪闪的全国人大代表身份，便会发现他其实就是咱们身边的普通人，他可能在疫情期间给你送过快递，也可能是你上下班途中那趟公交车上的司机师傅，当然，他还可能其实就是你自己。柴闪闪的成长之路是一个从农村出来打拼并有所成就的中国小伙儿的故事。这个故事的特殊性在于，并非每个人都能以人大代表的身份，替自己以及身边的人发声建言；但是，这个故事又是一个具有普遍意义的故事：它告诉我们，在全过程人民民主这种新型民主制度下，人民始终是国家的主人，未来，也会有越来越多从我们身边走出来的人大代表。这些人大代表因为其在各自工作岗位上的优秀而被委以重任，寄予厚望。在人大会议召开期间，他们是我们的传话筒，是我们权利的代言人；而我们的声音也切实地透过他们传到了国家各部门，让每一个平凡的人，都能被看见、被听到，都能实现自己的价值。

主要参考文献和素材来源

1. 中华人民共和国国务院新闻办公室：《中国的民主》，载《人民日报》，2021年12月5日，第5版。

2. 刘增辉：《全国人大代表柴闪闪：上海开放大学改变了我的人生》，载《在线学习》，2020年第8期，第47—48页。

3. 王闲乐：《他是今年上海团最年轻的人大代表，继上海人代会后又一次为这个群体发声》，https://www.jfdaily.com/news/detail.do?id=81935（访问日期：2023年2月1日）。

4. 孝金波、张继航：《柴闪闪代表：传达基层劳动者声音 让人生"闪闪发光"》，http://lianghui.people.com.cn/2022npc/n1/2022/0305/c442100-32366887.html（访问日期：2023年2月1日）。

5. 祁留金:《邮政行业》,http：//www.gov.cn/test/2012-04/10/content_2110125.htm（访问日期：2023年2月1日）。

6. 何欣、谢青:《柴闪闪代表：见证15年"闪闪发光"的中国快递业期待追梦的"快递小哥"更好融入城市》,https：//china.chinadaily.com.cn/a/201903/12/WS5c872ae2a31010568bdcef9d.html（访问日期：2023年2月1日）。

7. 赵阳:《这个快递小哥把自己"寄"到了人民大会堂》,http：//www.xinhuanet.com/politics/2019lh/2019-03/04/c_1210072338.htm（访问日期：2023年2月1日）。

8. 甘暂:《扎根基层为劳动者发声——全国人大代表柴闪闪履职记》,https：//www.workercn.cn/c/2022-03-02/6954673.shtml（访问日期：2023年2月1日）。

9. 朱宁宁:《柴闪闪代表建议：规范外包用工模式全面提升就业质量》,载《法治日报》,2022年3月15日,第6版。

如果必须作选择，那一定是生命至上

——2020年武汉抗疫故事

新型冠状病毒感染是近百年来全人类遭遇的最严重的全球性大流行病，直接威胁着每一个人的生命健康乃至全人类的生存，是全人类面对的严重人权危机。人类与新型冠状病毒之间的战争，也注定是一场艰苦卓绝的人权保卫战。在抗击新型冠状病毒疫情的斗争中，中国政府、全体中国人民始终坚持"以人民为中心"的人权理念，高举"人民至上、生命至上"的旗帜，以坚决果断的勇气和决心，众志成城、勠力同心，采取前所未有科学精准的防控策略和措施，用一个多月的时间初步遏制了疫情蔓延势头，用两个月左右的时间将本土每日新增病例控制在个位数以内，用三个月左右的时间取得了武汉保卫战、湖北保卫战的决定性成果，有力地保障了以生命健康权为优先的各项基本权利，取得抗击新冠疫情这场人权保卫战的重大战略成果，统筹推进疫情防控和经济社会发展工作取得积极成效。

一、这一次人类危机，百年不遇

地球生命，是宇宙的奇迹。人，是地球生命演化史上的奇迹。发生奇迹难，将奇迹维系下去更难。不少现代人，总会觉得人的生存理所当然，一日三餐，上班又下班，一辈子会经历的地球自转大概人均两三万。历史上，人类经历过太多危机和苦难，人类奇迹总与它们相伴生。或者说，正是经历并克服了一次又一次的危机和苦难，人类才成为一种奇迹。新冠疫情并非人类遭遇的第一次重大瘟疫，但此等规模和影响当属百年不遇。

中国抗击新冠疫情的故事，可从 2019 年 12 月谈起。

在人们准备迎接 2020 年到来时，一场超出人们想象的疫情正在袭来。2019 年 12 月 26 日，湖北省中西医结合医院陆续接诊 4 位肺炎患者，其中有一名是武汉华南海鲜市场的商户。这些病人的肺部 CT 表现一样，这个异常现象引起了曾参与过非典救治的呼吸与重症医学科主任张继先的警觉。27 日，张继先将这些可疑病例汇报给医院，医院同日上报给武汉市江汉区疾控中心。同日傍晚，武汉唯一的一家传染病专科医院金银潭医院也接到来自华中科技大学附属同济医院的电话，对方希望转诊一位不明原因肺炎患者，并提示说，这可能是一种新的病毒感染。12 月 29 日，湖北省中西医结合医院再次上报 7 例聚集性不明原因肺炎病例。湖北省、武汉市卫生健康委疾控处接到报告后，指示武汉市疾控中心、金银潭医院和江汉区疾控中心，到湖北省中西医结合医院进行流行病学调查。12 月 30 日，武汉市卫生健康委向辖区医疗机构发布《关于做好不明原因肺炎救治工作的紧急通知》。国家卫生健康委获悉有关信息后立即组织研究，迅速开展行动，连夜组织调度。12 月 31 日凌晨，根据国家卫生健康委的安排部署，国家卫健委前方工作组乘坐第一班北京飞武汉的航班到达，第一批专家组也随后抵汉，指导疫情处置工作，开展现场调查。武汉市卫生健康委也在官方网站发布《关于当前我市肺炎疫情的情况通报》。该通报指出已发现 27 例病例，并提示公众尽量避免到封闭、空气不流通的公众场合和人多集中地方，同时建议外出佩戴口罩。

2020年元旦，国家卫生健康委成立疫情应对处置领导小组。一大批专家开始争分夺秒地进行病毒溯源，研究病毒传播方式、传染性和毒力强弱等，研判疫情形势。专家组首先对武汉华南海鲜市场的515份样本进行检测、分析。基于初步调查结果，武汉华南海鲜批发市场关闭。

1月3日，武汉市卫生健康委在官方网站发布《关于不明原因的病毒性肺炎情况通报》，国家卫生健康委会同湖北省卫生健康委制定了《不明原因的病毒性肺炎诊疗方案（试行）》等9个文件。同日，中国疾控中心、中国医学科学院、中科院武汉病毒所、军事医学科学院四大顶尖科研机构开展了对病例样本的实验室平行检测。1月4日，国家卫生健康委会同湖北省卫生健康部门制定《不明原因的病毒性肺炎医疗救治工作手册》。

尽管此时对病毒还有许多未知，但中国第一时间向世界发出警示。1月3日起，中国有关方面便开始定期向世界卫生组织、有关国家和地区组织，以及中国港澳台地区及时主动通报疫情信息。1月4日，中国疾控中心负责人与美国疾控中心负责人通电话，介绍疫情有关情况，双方同意就信息沟通和技术协作保持密切联系。1月5日，世界卫生组织首次就中国武汉出现的不明原因肺炎病例进行通报。在全球流感共享数据库和美国国家生物技术信息中心建立的DNA序列数据库中，中国科学家也第一时间上传了病毒基因序列。此后一周之内，中国又相继将病毒核酸检测引物探针、病毒基因组序列信息通报给世卫组织。

1月7日，中国疾控中心成功分离首株新冠病毒毒株；次日，国家卫生健康委专家评估组初步确认新冠病毒为疫情病原。1月9日，国家卫生健康委专家评估组对外发布武汉市不明原因的病毒性肺炎病原信息，病原体初步判断为新型冠状病毒，这一关键信息也在第一时间通报给世界卫生组织。此次疫情的"真凶"终于确定，而这仅仅用了8天的时间！世界卫生组织官方网站当日评价道："在如此短时间内初步鉴定出病毒是一项显著成就。"从此时起，"新型冠状病毒"，这个原本陌生的词汇开始走入全人类的生活之中。

二、一个事关重大的选择题

这场疫情阻击战最初的"敌暗我明"状态得到扭转，而在随后的几日，人们也不断地认识到病毒的狡猾与可怕，起病隐匿、潜伏期较长、无症状感染者，等等，都让防控变得异常困难。尤其是，新冠病毒有人传人现象！

1月18日，84岁的钟南山院士登上了开往武汉的列车。钟南山是国家医疗与防控高级别专家组组长，同车的成员还有国家传染病重点学科带头人李兰娟等6位院士专家，他们临危受命、亲赴疫情最前线研判疫情形势。

1月19日上午，6位专家参加疫情研讨会后，立刻前往武汉金银潭医院和武汉疾控中心实地调研，调研后继续开会研讨，中途没有半点休息，傍晚便登上飞往北京的航班，赶往国家卫健委开会，回到酒店休息时，已是次日凌晨。1月20日一早，6位专家走进中南海，直接向决策层汇报疫情研判意见。当天的国务院常务会议也专门加设疫情防控部署一项议程，钟南山、李兰娟应邀列席，并就疫情防控与救治等提出具体建议。当日下午，国家卫健委组织高级别专家组召开记者会，钟南山面色凝重地发言："现在可以说，肯定的，有人传人现象。"

在认识到新冠病毒具有"人传人"属性时，已临近春运，九省通衢的武汉是全国高铁和高速公路枢纽，若任由被感染群体四处流动，后果不堪设想。与此同时，全国新增确诊病例也在不断地快速增加，防控形势异常严峻，新冠疫情的凶险程度，超出了所有人的预料。

1月20日，习近平总书记对新型冠状病毒感染的疫情作出重要指示，强调要把人民群众生命安全和身体健康放在第一位，坚决遏制疫情蔓延势头。同日，国务院根据《传染病防治法》将新冠病毒感染纳入乙类传染病，采取甲类传染病管理措施，并纳入《国境卫生检疫法》规定的检疫传染病管理。

疫情防控，当断则断。1月22日，中共中央总书记、国家主席、中央军委主席习近平作出重要指示，要求立即对湖北省、武汉市人员流动和对外通道实行严格封闭的交通管控。1月23日凌晨2时，武汉市疫情防控指挥部发布1号通告，23日10时起机场、火车站离汉通道暂时关闭。交通运输部发出紧急通知，全国暂停进入武汉市道路水路客运班线发班。同日起，全国30个省区市也相继启动"重大突发公共卫生事件Ⅰ级响应"；春节假期延长，学校延迟开学，全国"两会"推迟召开……最全面、最严格、最彻底的全国疫情防控正式展开。

采取历史上规模最大的隔离检疫是一个艰难的重大决定，也是阻断病毒传播的关键一招。习近平总书记说："作出这一决策，需要巨大政治勇气，但该出手时必须出手，否则当断不断、反受其乱。"由此开始，这场疫情阻击战迎来了局势根本性变化的转折点。

三、岂曰无衣，白衣执甲渡楚河

突然按下"暂停键"，一座千万人口的城市，头一回不见车水马龙、熙攘人群。原本阖家欢聚的春节，也被彻底改变。求医问药、囤积生活必需品代替了购置年货，"身体健康"代替了"春节快乐"。

"隔离病毒，但绝不会隔离爱。"武汉"封城"，绝不意味着武汉成为孤城！

在这不寻常的除夕夜，一架架飞机却带着"最美逆行者"来到武汉，3 支军队医疗队、450 名勇士先期抵达武汉，第一时间批量接收患者，第一时间进入隔离病区，第一时间诊治危重病人。从 2 月开始，李兰娟、王辰、黄璐琦、张伯礼、陈薇、乔杰、仝小林等多位院士专家，带领精锐团队从八方齐聚武汉。来自十余个省份的综合医院重症医学科骨干团队，整建制接管新病区，并带来呼吸机、监护仪、ECMO 等医疗设备。自 1 月 24 日除夕至 3 月 8 日，全国共调集 346 支国家医疗队、4.26 万名医务人员、900 多名公共卫生人员驰援湖北。19 个省份以对口支援、以省包市的方式支援湖北省除武汉市以外 16 个地市，各省在发生疫情、防控救治任务十分繁重的情况下，集中优质医疗资源支援湖北省和武汉市。这场驰援湖北的生命大救援，是 2008 年汶川特大地震后全国最大的一次灾难救援行动，也是新中国成立以来规模最大的医疗支援行动。

春节的阖家团圆骤变为紧急出击，白衣天使瞬间成为无畏的战士。农历正月初一，江苏省中医院副主任医师王谦接到电话，接受出征湖北的任务。他毫不犹豫地迎接自己的使命，从放下电话到登上前往武汉的高铁，前后不到 3 个小时。当到达武汉时，他却发现，上海医疗队的 136 名同行已先行抵达，并开始在金银潭医院附近培训。四川援鄂医疗队医生赵英明，在即将出发时，她的丈夫蒋昊峻隔窗大喊："赵英明，你平安回来，我包一年家务！"这句被网友誉为 2020 年"最美情话"，不仅仅表达了夫妻情感，更饱含着对医护人员的全力支持、对疫区群众的深情关怀。

从四面八方汇聚武汉、湖北的4.26万医护人员，有经验丰富的医护工作者、年富力强的中青年医护人员、资深望重的院士。全国最优秀的医疗队伍、最优质的医疗资源向武汉市的集中投入，其秉持的信念，正是贯穿于中国抗击新冠疫情始终的根本理念——"人民至上、生命至上"。

四、没有先例？那就创造一个

"在重大疫情面前，我们一开始就鲜明提出把人民生命安全和身体健康放在第一位。在全国范围调集最优秀的医生、最先进的设备、最急需的资源，全力以赴投入疫病救治，救治费用全部由国家承担。人民至上、生命至上，保护人民生命安全和身体健康可以不惜一切代价"。2020年全国两会期间，习近平总书记在参加内蒙古代表团审议时指出了精准的表述。

面对突发疫情侵袭，中国坚持统筹疫情防控和医疗救治，集中全国之力在防控和救治两个战场协同作战。这首先得益于统一高效的疫情防治指挥体系的建立。在以习近平同志为核心的中共中央坚强领导下，我国建立起了中央统一指挥、统一协调、统一调度，各地方各方面各负其责、协调配合，集中统一、上下协同、运行高效的指挥体系，为打赢疫情防控的人民战争、总体战、阻击战提供了有力保证。

"疫情就是命令，防控就是责任。"1月25日农历正月初一，习近平总书记主持召开中共中央政治局常务委员会会议，专门听取新型冠状病毒感染的疫情防控工作汇报。会上，习近平总书记强调，把人民群众生命安全和身体健康放在第一位,把疫情防控工作作为当前最重要的工作来抓。会议决定,中共中央成立应对疫情工作领导小组,在中央政治局常务委员会领导下开展工作;中共中央向湖北等疫情严重地区派出指导组,推动有关地方全面加强防控一线工作。1月27日,中共中央政治局常委、国务院总理、中央应对疫情工作领导小组组长李克强赴武汉市考察指导疫情防控工作。同日,中央指导组进驻武汉市,全面加强对一线疫情防控的指导督导。

打赢疫情防控阻击战,关键是切断源头。除了通过"封城"在第一时间切断病毒传播链之外,构建联防联控、群防群控防控体系,实施分级、分类、动态精准防控,亦是遏制疫情扩散的关键之举。

2月16日,武汉部署开展为期3天的集中拉网式大排查,从一个患者,到一个家庭,到一个小区,再到一个片区……对全市421万户居民集中开展两轮拉网式排查。随着网越拉越大、越织越密,共排查出确诊和疑似患者9037人,以及大量密切接触者。在这一过程中,4.45万名党员干部职工,下沉到13800多个网格参与排查工作;1.9万名民警加强值守,成为防控前沿的尖兵。青山区工人村街道青和居社区党总支书记、居委会主任桂小妹每天都至少忙到晚上10点多。5235户居民,60岁以上老人占25%,其中独居、空巢、80岁以上老人占近七成……桂小妹眼中满是血丝,换来了排查工作的及时完成。

生命至上,必须与时间赛跑、与病魔较量,全力救治患者。应收尽收、应治尽治,刻不容缓!然而,新增病例不断攀升,医疗机构床位不足、医疗资源面临挤兑,却是摆在人们眼前的难题。针对这一情况,坚持集中患者、集中专家、集中资源、集中救治"四集中"原则,实施分类救治、分级管理。对重症患者,集中优势资源全力救治,对轻症患者，及早干预治疗。

在"封城"的第二天，全国调集了 4 万名建设者和几千台机械设备，仅用 10 天建成有 1000 张病床的火神山医院，仅用 12 天建成有 1600 张病床的雷神山医院。4 万名建设者日夜奋战，数千台挖掘机、推土机"停人不停机"，只为巩固"生命防线"，用实际行动诠释了"中国速度"。亿万中国人通过"云监工"，见证了这场中国抗疫建设的奇迹！除此之外，武汉市还改扩建一批定点医院，改造一批综合医院，使重症床位从 1000 张左右迅速增加至 9100 多张，解决了重症患者大规模收治难题。

针对患者数量急剧增长、80% 左右是轻症的情况，中央指导组从全国调集 22 支国家紧急医学救援队，在武汉市建设方舱医院。短短 10 多天建成 16 座方舱医院，共有 1.4 万余张床位。这 16 家方舱医院累计收治患者 1.2 万余人，累计治愈出院 8000 余人、转院 3500 余人，实现"零感染、零死亡、零回头"。方舱医院是阻击重大传染病的重大创新，使"应收尽收""床位等人"成为现实，有力扭转了防控形势。英国《柳叶刀》社论认为，"中国建造的方舱庇护医院对于缓解医疗卫生系统所承受的巨大压力有着至关重要的作用"。

"当前，打赢疫情防控人民战争、总体战、阻击战还需要付出艰苦努力。越是面对这种情况，越要坚持向科学要答案、要方法"。2020 年 3 月 2 日，习近平总书记在军事医学研究院、清华大学医学院考察新冠病毒感染防控科研攻关工作时专门强调。

中国坚持边实践、边研究、边探索、边总结、边完善，及时总结推广行之有效的诊疗方案。从 1 月 16 日发布第一版国家诊疗方案，到 50 天内诊疗方案迭代升级到第七版；3 次制修订重症患者诊疗方案。无症状感染者可能具有传染性、康复者恢复期血浆治疗等一系列新发现，都及时写入了新修订版本中，新冠病毒感染医疗救治水平不断提高。第七版诊疗方案已被多个国家借鉴和采用。

针对超过 80% 的重症患者合并严重基础性疾病情况，实行"一人一策"，建立感染、呼吸、重症、心脏、肾脏等多学科会诊制度，并制定重症、危重症护理规范。在这一过程中，高流量吸氧、无创和有创机械通气、俯卧位通气等措施相继被探索出来，成为扭转病人病情的关键做法。专家们发现，救治重症病人的关键是插管的时机，在武汉同济医院中法新城院区，还专门组建了"插管突击队"和"特战尖刀连"，包括护心队、保肾队、护肝队、护脑队等，与来自上海、青岛等地的 17 支医疗队协同作战，救治危重症患者。

一项项探索临床应用，一个个生命得以挽回。截至 2020 年 5 月底，我国共成功治愈 3000 余名 80 岁以上新冠病毒感染患者，上至年过百岁的老人，下至出生不久的婴儿，总体治愈率超过 94%。

五、所有付出，终究不会被辜负

2020 年 4 月 4 日，又逢一年清明节。这一日，国旗低垂，汽笛长鸣，全国哀悼，14 亿中国人民深切悼念抗击疫情斗争牺牲烈士和逝世同胞，为没有等来春天的生命默哀，向所有用生命守护生命的英雄致敬。以国家之名和最高仪式祭奠逝者，是对每一个个体尊严与生命的尊重与敬畏。

一批医务人员、干部职工、社区工作者因公殉职，江学庆、刘智明、李文亮、夏思思、彭银华……他们以生命践行使命，人们不会忘记他们！一切的牺牲终会换来回报！

历经百日的奋斗与牺牲、隐忍与等待，曙光终于显现。从 3 月初起，一连串鼓舞人心的消息不断振奋着每一个中国人的心。

3 月 6 日，全国新增本土确诊病例数降至 100 例以下，11 日降至个位数！

3 月 10 日，武汉 16 家方舱医院全部休舱！

3 月 18 日，全国新增本土确诊病例首次实现零报告；3 月 19 日，湖北省以外省份连续 7 日无新增本土确诊病例；以武汉市为主战场的全国本土疫情传播基本阻断！

4 月 8 日，武汉解封！

4 月 14 日，雷神山医院患者清零；15 日，雷神山、火神山医院休舱！

4 月 24 日，湖北重症和危重症患者清零；4 月 26 日，武汉在院新冠病毒感染患者清零！

一条条公交线路恢复营运，一家家店铺重新开张，一条条生产线马力重开，一个个市民走向街头，迎接久违的春光……

武汉，这座英雄的城市，这座付出了重大牺牲的城市，为全人类的抗疫之战带来了胜利的希望！

自 3 月 17 日起，为武汉抗疫作出了极大贡献的各支援鄂医疗队载满荣耀逐步撤离。87 岁新冠病毒感染患者王欣老人，和 27 岁援鄂医疗队刘凯医生的"看夕阳"合影，感动了无数网友。4 月 6 日，已经康复的王欣，又一次站在夕阳下，用小提琴为即将离开的援鄂医疗队员演奏一曲《送别》。

六、"问人间英雄何处",人民江山尽英雄

以习近平同志为核心的党中央坚持以人民为中心的人权理念,果断部署、积极施策,举全国之力,快速有效调动全国资源和力量,不惜一切代价维护人民生命安全和身体健康。从 2019 年 12 月 26 日发现最初病例,到 2020 年 4 月 26 日武汉市所有住院病例清零,在这 129 天中,中国以世所罕见的规模和效率,取得了抗击新冠病毒感染疫情的重大阶段性胜利,展现出惊人的中国速度、中国规模、中国效率。这正是中国集中力量办大事制度特点和优势的真实写照。"中国制度的优越性是有效应对疫情的重要原因"。英国剑桥大学高级研究员、中国问题专家马丁·雅克说,"这一制度所具有的战略性、全局性、前瞻性和对全国资源的调动能力,是其他制度无法比拟的"。

举全国之力,归根结底,则是举全体人民之合力。人民是历史的创造者。人民,以及每一个鲜活的个人,不仅仅是人权成果的根本享有者,更是人权事业的根本推动力量。从一开始,中国党和政府就将这场疫情阻击战定位为"人民战争",把夺取抗疫胜利的基点置于人民的力量之上,把依靠群众,充分调动群众的积极性、创造性作为战胜疫情的关键之策。习近平总书记指出:"打赢疫情防控人民战争要紧紧依靠人民。要做好深入细致的群众工作,把群众发动起来,构筑起群防群控的人民防线。"

一方有难,八方支援!战"疫"初期,全国各地防控物资都处于紧张状态,一些地方频频告急,但是,优先保障武汉、保障湖北,是不容置疑的举国共识。中央确定全国 19 个省份对口支援湖北省除武汉市以外各市州,各路精兵强将星夜集结,奔赴前线时也带来了大量的

紧缺物资。

2020年1月28日,"中国蔬菜之乡"寿光就往湖北运了350吨蔬菜;到2月12日,整个山东已经给湖北送了2500多吨蔬菜。东北是中国粮仓,黑龙江一出手就是3000吨粮食,稻花香、长粒香,捐赠的都是新米。内蒙古的土豆,四川的莴笋、折耳根,广东的水产品、小青柑,广西的沃柑、螺蛳粉,新疆的皮牙子、阿克苏苹果,海南的瓜菜,西藏的牦牛肉……一趟趟运往武汉、运往湖北。

自疫情开始起,城乡居民、企业、社会组织等纷纷捐款捐物,献出爱心。截至2020年5月31日,累计接受社会捐赠资金约389.3亿元、物资约9.9亿件,累计拨付捐赠资金约328.3亿元、物资约9.4亿件。

云南宣威市盘龙村的何积仁、余祥祯夫妇,一个有着71年党龄,一个有着68年党龄,两人捐款14万元;湖南桂东县人民医院内一科护士长李春来,将获得的全县"首届劳动模范和先进个人"奖金全部捐了出去……

14亿中国人民,守望相助!在疫情防控的人民战争中,14亿中国人民,不分男女老幼,不论岗位分工,都自觉投入抗击疫情的人民战争,坚韧团结、和衷共济,凝聚起抗击疫情的磅礴力量。人流,物流,资金流,顺着抗疫进程的时间轴,在决战武汉、决战湖北的日子里,汇聚成滚滚洪流,带着民族情感的体温,凝结成中华民族越是经历艰难险阻越是同仇敌忾团结向前的精神力量。

支撑起一个看似按下"暂停键"大国的,是灾难中逆行的医生、护士,也是无数普通的货车司机、社区工作者、志愿者、快递员、清洁工、建筑工人……

1月26日,河南洛阳永丰李村,50岁的建筑工人孙铮亮刚同家人相聚团圆，便默默收拾上锅碗瓢盆、睡袋和工具，自驾前往武汉火神山工地。关于薪资，他说："无所谓的，义务的也行，都是为了抵抗疫情，搞完了再回家。"

疫情暴发之后，一个中国男子从印度搭乘三轮车，将49箱医疗物资送到机场，运回中国，其中包括3000个口罩和3000只护目镜。这个人叫陆勇，《我不是药神》的原型。他在微博中说道："愿这是电影，而不是生活；愿三轮车里不是抗疫物资，而是苹果。"

在这场阻击疫情的人民战争中，我们可以看到一个个平凡之人的伟大奉献。无数的平凡人挺身而出，迸发出最耀眼的光芒。"我亲眼看到他们身上一种巨大的责任感，要保护好自己的家庭、自己的社区、甚至全世界远离疾病侵害。那些连续几周宅在家里的人，也是疫情中的英雄"。中国—世界卫生组织新冠病毒感染联合专家考察组外方组长布鲁斯·艾尔沃德动情地说。

七、一切决断的元问题：生命，抑或其他？

湖北武汉2020年抗击新冠病毒感染疫情的故事讲到这里，我们已经能够发现这次疫情阻击战的许多成功举措。其中，实施最全面最严格最彻底的防控措施，正是我们得以有效阻断病毒传播链条最为突出的一项举措。无论是根据我们对抗击新冠病毒感染疫情的艰辛历程的宏观梳理，还是从我们每一个人对新冠疫情防控的切身体验出发，都会感受到这种积极的防疫措施，是一种应对非常之事的非常之举。当然，在武汉防疫过程中，我们也不时地会听到一些关于人权问题的争论。甚至有风趣机智的网友造了一个在互联网上流传甚广的"谐音梗"进行"回怼"："隔离，人权没了；不隔离，人全没了。"这风趣地说出了每一个对于疫情防控有亲身经验的人都应知道的"常识"。

不过,在此首先需要澄清的是,这位热心网友的善意表达,其实也误解了人权的含义。因为,这种论断实际上是隐蔽地设置了一个伪问题作为前提——"要人权,还是要活命",仿佛在新冠病毒感染疫情这场重大危机中,人们只能在人权和生命之间"二选一",而那位善意的热心网友似乎也不自觉地落入到这个话语陷阱中了。正确的答案必须以提出正确的问题为前提,在回答问题之前,我们首先需要检验问题本身是否正确。

那么,生命和人权是否处于非此即彼的对立关系之中呢?显然不是。人权,无论是就最根本的理念而言,还是从当代既有的理论、实践和制度上来说,都应该是一个丰富且全面的内容体系,应当将每一个人对于自身生存和良好生活的方方面面需要皆包含在内。人固然是必有一死的生物,但同时也是努力对抗死亡、追求自身生命存续的生物。"活着"而且是"健康地活着"是每一个人的基本需要;生命健康权是每一个人的最基本权利。由此可见,在人权和生命之间进行"二选一"的假设,不过是一种"白马非马"式的诡辩。

当然,这种错误,其实也是出于对人权的错误理解,将人权片面地理解为"个人自由"。人权是一个内容丰富的多元化体系,包含其中的各项权利都有着相同的个性。这样,多种具有不同特性的权利之间,在逻辑上必然存在着相互冲突的可能性,而这种冲突的可能性,也会因为具体的时空条件而集中地爆发在某些特定事件之中,迫使人们必须作出果断抉择,在各项相互冲突的权利中,选取其中的一项加以优先保障和实现。

那么,在内容丰富的人权体系中,应当选取哪一类权利加以优先实现呢？诚然，对于这一问题，无论是个人，还是一个民族，都可能基于自身生活的现实境况或精神追求，而作出不同的选择。"生命重于泰山"。在疫情防控的关键时期，中国明确地树立起"生命至上"的理念，果断地将生命健康权作为优先保障的人权，正是抗疫中人权保障重要的中国经验。

"生命至上"的理念、优先保障生命健康权的果敢抉择，在根本上决定了这场抗疫斗争的正确走向，在其背后，也有着理论和制度的坚实基础。首先，在人权的体系中，生命健康权具有最基础性的地位，发挥着"母体性"或"基座性"的功能。一个人只有在保证自身生命存续的情况下，才有可能去追求其他的一切权利的实现。没有生命，就没有人本身，更谈不上拥有人权。因此，生命自然是孕育出一切人权的母体，生命健康权也必然是其他一切人权的基座。没有生命，无论是人身自由、政治权利还是经济权利，抑或其他人权均将无以依存。其次，生命健康权本身也是当代国际人权法体系所明文规定的一项权利，具有坚实的规范基础。《联合国宪章》第一条宣称，"维持国际和平及安全"是"联合国之宗旨"。维持和平的根本出发点和目标正是在于避免战争带来的死亡威胁，保障人的生命存续。生命健康权的法定性，不仅可以体现在上述这种隐含逻辑的揭示中，甚至还有明确的规范基础。《世界人权宣言》第三条明确规定，"人人有权享有生命、自由和人身安全"。对生命健康构成威胁的绝不仅仅是战争，新型冠状病毒感染这一近百年来全人类遭遇的最严重的全球性大流行病，直接威胁着每一个人的生命健康乃至全人类的生存。再次，就中国自身的人权道路而言，着重保障生命健康权正是长期以来中国特色人权道路的实践要求。中国始终坚持将生存权和发展权作为首要人权，1991年第一部人权白皮书便明确提出"生存权是首要人权"这一重要命题。生存权,既涉及全民族、全体人民的共同生存,也指向每一个个体的生存。从个体生存这个意义上来说,生命健康权当然是生存权的题中应有之义,甚至可以作为生存权的同义表述。

当然,优先保障生命健康权并不意味着彻底地放弃其他一切权利。中国在优先保障生命健康权的同时,也始终将人权作为一个由各项权利相互关联的系统,对其他权利的保障进行了合理的兼顾。

采取前所未有的最严格最彻底的防疫措施,使得经济被迫按下"暂停键",但是,较长时间的停产停工以及不开展商业活动,会影响公众各项人权保障,尤其会伤及基本生活水准权和工作权利。解题的关键,在于因时因势,精准施策。"中国在遏制新冠病毒的同时还要推动经济发展,他们在解决一个平衡难题",英国《卫报》这样评价。对此,在毫不放松加强疫情防控的同时,中国政府一方面充分调集相关资源,食品、药品、能源、基础工业品、基本公共服务等关系国计民生的重点行业有序运转;另一方面稳妥有序放开经济和社会活动,有序推动复工复产,为企业特别是中小企业和个体工商户减负纾困,帮助劳动者就业返岗,并提供针对性强的就业技能培训。

须知,疫情突然到来的2020年,同时也是全面建成小康社会、打赢脱贫攻坚战的决胜之年。2月3日,在疫情防控最吃劲时,习近平总书记主持召开中央政治局常委会会议便强调指出:"疫情特别严重的地区要集中精力抓好疫情防控工作,其他地区要在做好防控工作的同时统筹抓好改革发展稳定各项工作,特别是要抓好涉及决胜全面建成小康社会、决战脱贫攻坚的重点任务,不能有缓一缓、等一等的思想。"2月21日,在疫情蔓延势头初步遏制时,习近平总书记主持召开中央政治局会议。会议提出，要建立与疫情防控相适应的经济社会运行秩序，制定明确的疫情分区分级标准。2月23日，习近平总书记出席统筹推进新冠疫情防控和经济社会发展工作部署会议，通过视频直接面向全国17万名干部进行动员部署。这次会议明确强调"低风险地区要尽快将防控策略调整到外防输入上来，全面恢复生产生活秩序。中风险地区要依据防控形势有序复工复产。高风险地区要继续集中精力抓好疫情防控工作"。截至2020年4月底，全国规模以上工业企业复工率超过99%，中小微企业复工率达到88.4%，重大项目复工率超过95%；湖北全省规模以上工业企业复工率、员工到岗率分别达到98.2%、92.1%……这一连串的数据显现出，中国经济正在走出疫情的阴霾，开始复苏。2020年7月16日，中国经济半年报显示，二季度中国经济同比增长3.2%，比一季度增速提升了10个百分点，中国经济增长率转正！统筹疫情防控和经济社会发展工作取得重要成果，经历疫情大考的中国经济稳步恢复，经济运行逐月好转，也为世界经济注入信心和动力。

八、结语

新冠病毒感染疫情深刻地影响了人类文明发展进程。时至今日，中国乃至全世界的新冠病毒感染疫情已经进入到一个新阶段，中国的防疫政策亦针对不断变化的疫情发展态势作出了进一步优化。但是，新冠病毒感染疫情及其造成的次生灾害，给全人类带来的直接或间接的威胁仍未彻底退去，但全人类对美好生活的向往和追求没有改变，人民至上、生命至上的人权理念仍须坚持。掘井九韧不及泉，犹为弃井；胜利在望未全功，仍须努力。同舟共济，命运与共，在这场人权保卫战中，人类终将胜利！

主要参考文献和素材来源

1. 中华人民共和国国务院新闻办公室：《抗击新冠肺炎疫情的中国行动》，载《人民日报》，2020年6月8日，第10版。

2. 《众志成城——2020中国抗击新冠肺炎疫情纪实》，载《经济日报》，2020年1月1日，第1版。

3. 陈芳、安蓓、白洁、屈婷、胡喆、侯文坤：《同舟共济战"疫"记——中国抗击新冠肺炎疫情全纪实》，载《新华月报》，2020年第19期，第27—40页。

4. 贺雪峰、杨华：《武汉抗疫一线扫描：每个人都是战士》，http：//www.banyuetan.org/jk/detail/20200305/1000200033136241583390434470912140_1.html（访问日期：2023年1月31日）。

风雨难料，谁为病患撑起希望之伞

——"药神"与医保改革的故事

2018年夏天，改编自慢粒白血病患者陆勇真实事迹的电影《我不是药神》以极高的票房和空前的口碑横空出世，这部电影连同其背后的真实故事，也引起了社会的广泛讨论和诸多人的共鸣。电影从一群市井人物入手，鲜活地刻画了白血病患者的群像，也向社会抛出一个个艰难的选择题。

每一个人都有追求生的权利。电影中的"药神"、现实中的陆勇，他们的故事深刻地展现出，在个人和家庭突然面临重大疾病时，平凡的人如何坚韧地寻求着渺茫的一线生机，如何努力地为风雨中的同行者撑起一把伞，人性的光辉如何在这样的艰难时刻依然闪烁。当然，为生命撑伞，不仅仅是个体的道义选择，更是整个国家和社会应有的担当。其实，在光影世界背后的现实里，陆勇并非"孤勇者"，因为始终有一个强大的力量在推动制度改革，为更多人撑起一把更大的希望之伞。

一、光影与现实

《我不是药神》讲述的是一个正遭遇危机的普通中年男人的故事。主人公程勇经营着一家小小的印度保健品店，生意惨淡，然而房东催促着交租，老父重病等着做手术，前妻离异后提出要带着儿子移民美国，这些亟待钱来解决的问题交织在一起，五花大绑一样捆住了这个困顿的中年男人，让他身陷泥淖。

某一天，白血病患者吕受益突然闯入小店，打破了程勇的困顿生活。吕受益告诉程勇，白血病患者需要一种叫"格列宁"的药维持生命，瑞士生产的正版格列宁4万元一瓶，价格超出了很多病人的经济承受能力，而印度生产的一种仿制药要便宜很多，据说药效是一样的，建议程勇通过自己的进货渠道购买这种药回国转卖。程勇并没有马上接受这个建议，吕受益厚着脸皮给程勇留下一张纸条，上面写着他的联络方式和一个嘴角咧到耳根的微笑，笔触中却不是笑的模样。

没多久程勇因拖欠房租，小店遭遇了房东强制关门，只想赚点钱的他想起了吕受益的建议，决定铤而走险，从印度买回了100瓶格列宁，每瓶进货价格500元，标售价格5000元，售卖范围仅限本省。然而，程勇和吕受益拿着药推销了好几天，一瓶也没卖出去。沮丧之下，吕受益想到一个人——病友群的群主刘思慧。找到刘思慧的时候，程勇看到了夜店舞台上火辣的钢管舞女郎。作为一个女儿患了白血病的单亲妈妈，她不惜委身风尘挣钱为女儿治病。刘思慧召集各群主到程勇这里买药，成为程勇展开贩药渠道的关键。程勇给病友群的患者打折出售自己手中的格列宁仿制药。

但就算这个价格，也超出了很多病人的承受能力，黄毛是其中之一。他是一个贫困的农村少年，在一个四处流着肮脏血水的猪肉铺打工。黄毛不知从哪里听闻了药的事，直接从程勇处抢了3瓶药夺路而逃，程勇追上他一顿胖揍。当程勇和吕受益在黄毛租住的昏暗、混乱的出租屋里把东一粒西一粒的格列宁装进瓶子后，却深深感觉到了他活下去需要承受的压力,他们没有带走这些药,而是又扔回了黄毛怀里。虽然穷困潦倒,黄毛抢药却不全是为了自己活命,还分给了别的病友,在这样艰难的情况下传递着一点点生的希望。聊天之中,黄毛说起,生病后他没再回过家,怕拖累父母,家人以为他早死了。故作轻松的一句话,暴露了在穷苦的现实面前,人性本就经不住考验,穷人家的孩子生了病,这条命却没那么值钱,甚至因为没钱,很容易会被至亲所放弃。

大赚了一笔的程勇,专门请了同为白血病病友的教堂刘牧师做英文翻译,一鼓作气拿下了印度格列宁在中国销售的代理权。刘牧师在剧中代表的是善良而富有人性关怀的信仰的力量,然而信仰也逃不过病魔缠身的厄运,他也身患疾病,天天忧心着下一次的药钱,忧心着能不能继续活下去。病魔面前人人平等,人能信仰的唯有现代医学的进步。

影片中有一幕是程勇、老吕、刘思慧、黄毛、刘牧师笑逐颜开地走出神油店,一字排在街边上,像电影《古惑仔》的主角那样神气地扬起下巴,目视前方。差别在于,《古惑仔》中的主角五人组,展现的是"人类生活的极端处境在极端的暴力与欲望场域里全面绽放";从程勇的"卖药五人组"身上,我们看到的却是,绝症患者在艰难的生存困境中,理直气壮地诠释"为了救人可以不顾一切"。

卖药之路也并非一帆风顺,有人哭闹着找上门,说老母亲吃了程勇他们卖的仿制药引起不良反应,要讨个说法。在程勇他们的追问下,才知道患者同时吃了从别处购买的药,从而牵出假药贩子张长林,他售卖的德国格列宁,2000元一瓶,比印度格列宁还便宜,但疗效存疑。卖仿制药的和卖假药的扭打在一起,"正义的力量"战胜邪恶的力量,张长林落荒而逃。但这场仗远没有结束,受到张长林的报警威胁,害怕坐牢的程勇决定"金盆洗手",全身而退。张长林接手印度格列宁的销售代理后，提高药价，被患者举报，再一次落荒而逃。吕受益因为没药吃，绝望到自杀，好在发现及时，被抢救了过来，但是病情已经严重恶化。

听着吕受益化疗时的哀号，程勇如坐针毡，只好再一次到印度买药。在这趟旅程中，在喷洒消毒剂的印度街头，尘土飞扬，看不清路，程勇拿出手帕捂住了嘴，随后他听见了清脆的铃铛声，若隐若现中看到有人搬运两尊佛像从他身旁经过。佛像分别是湿婆和迦梨，在印度教文化中代表着毁灭与重生。程勇曾经代购低价药，给了患者生的希望，后来亲手毁了这个希望。目睹了吕受益忍受病痛的非人折磨，看到两尊佛像，程勇结束了挣扎，作出了与之前不一样的决定。

但当程勇买药回来，吕受益已经跳楼自杀。他为了能看到儿子出生而苦苦坚持，却也为了不拖累妻子和幼小的儿子而走上绝路，从窗口纵身而下之前，他最后一眼看的，仍是心心念念的妻儿。

这一次，印度格列宁每瓶进价 500 元，标售 500 元。低价药流入市场，引起瑞士格列宁医药公司的注意。程勇的前小舅子、警察曹斌负责追查瑞士格列宁代理商委托的印度仿制药案件，但在追查案件过程中，听了不得不买印度格列宁的老奶奶哭诉："谁家能不遇上个病人，你就能保证你这一辈子不生病吗？你把他抓走了，我们都得等死。我不想死，我想活着。行吗？"

身为警察的曹斌也受到了道德的拷问，甚至怀疑之前的决定是否正义。他想放弃追查此案，在面对上级领导严厉的质问时，他坦然直陈："所有的处分我都接受，这案子我真的办不了。"

同一时间，出于药厂的压力，印度政府查封了仿制格列宁的药厂，程勇在厂商那拿不到药了，短期内只能在药店里买零售的，每瓶进价

2000元，程勇这次标售500元，剩下的钱由他自己补贴，并且让刘思慧联系外省有没有患者要买。从这时候开始，程勇由最初受利益驱使的逐利小人物，开始了个人认同和思想升华的转变。他像一束光，给了患者光明的希望，患者渴望追逐着这束光活下去。黄毛也听了程勇的话，剪去了黄头发，买了车票，准备卖完这批药就回老家看看。警察的到来，让这个表面沉默暴戾，实际重情重义的少年，生命永远地停留在了20岁。程勇质问曹斌："他只是想要活着，犯了什么罪？"

影片的后半部分浸透着浓浓的悲剧色彩，吕受益、黄毛以及更多不知名的患者的死，应了"有病没有药是天灾，有药买不起是人祸"这句经典台词。影片结尾，众多患者站满了长长的一条街，目送"囚犯"程勇。站在被告席上的他冷静地陈词："看着这些病人，我心里难过，他们吃不起进口的天价药，他们就只能等死，甚至自杀。不过，我相信今后会越来越好的，希望这一天能早一点到来。""愿世界变好，不是因为救世主，而是因为追光者。"

这样的一群小人物对生命的争取，与命运对抗的故事，娓娓道来，却生出一种荡气回肠的感觉。剧中金句频出，主人公程勇的呐喊："他只是想要活着，犯了什么罪？"假药贩子张长林所言："世界上只有一种病，就是穷病！"这部片子从"国人生不起病""吃不起高价治癌药"的现实困境为切入点，展现了"等药救命"的患者突破"一粒药"的生存困境，在利益诱惑下的药贩选择行善或作恶的道德困境，以及"代购仿制药"引发的法律与伦理之间的矛盾冲突。在生命面前，人性从来都不是非黑即白。

《我不是药神》这部电影改编自慢粒白血病患者陆勇代购抗癌药的真实事迹。主人公程勇的原型名叫陆勇，他并不是剧中主角一般的旁观者，而是一名慢粒白血病患者。他的人生故事在影片爆火后，逐渐为更多公众所熟知。

陆勇于 1968 年出生于江苏无锡市，家境殷实，于新千年之际投身创业大潮，人生顺遂而平常。与电影中的人物的贫困潦倒不同，现实里的陆勇年轻有为，不到 30 岁就已经是当地有名的进出口纺织厂老板，生意非常兴旺。但 2002 年 8 月，陆勇却遭遇了晴天霹雳，他被确诊了慢性粒细胞白血病。

所谓"慢性粒细胞白血病"，指的是"一种影响血液及骨髓的恶性肿瘤，它的特点是产生大量不成熟的白细胞，这些白细胞在骨髓内聚集，抑制骨髓的正常造血；并且能够通过血液在全身扩散，导致病人出现贫血、容易出血、感染及器官浸润等"。这种病分为三个阶段，慢性期、加速期和急变期。在慢性期还可以通过使用羟基脲、干扰素或格列卫等药物维持生命。但在加速期和急变期，这些药物已经无力回天，此时需要更加强有力的方案，要么通过骨髓移植，要么就清除白血病恶性细胞，恢复骨髓造血功能或回到慢性期，也就是通过化疗来暂时延缓病情。

正如电影里所描述的一般，对陆勇这样早期就被发现的患者来说，这种病只要坚持服用昂贵的特效药，就不会马上遭遇生命危险。为了续命，患者需要服用一种名叫格列卫的靶向抗癌药品。在故事发生的 2000 年前后，国内的特效药极其缺乏，价格也高到离谱，在那个北京的房价每平方米不到一万元的年代，一盒国外进口的特效药格列卫可以卖到两万元以上，而这种每盒售价两万余元的药，仅可服用一个月，相当于每天睁眼就要花掉八百元。

无数患病者的家庭因为格列卫的高昂药价而泥足深陷，支付不起药价的很多人则病急乱投医,去相信那些所谓的神仙假药,结果反倒令患者痛不欲生。《我不是药神》中就描述了类似的故事,假药贩子张长林打着"格列宁"(片中虚构的类似格列卫的药物名)的名号,兜售比程勇售卖得更加便宜的真正假药,骗取那些买不起正版"格列宁"患者的钱。剧中虽然最终被程勇所搅场,但现实中,还有千千万万个像张长林这样的人在卖着这样的黑心假药,还有千千万万的患者家庭为高价靶向药而愁云惨淡。

正如现实中的陆勇,他当时生意不错,颇有家资,但即便如此,高昂的药费仍让他喘不过气。每个月就要吃掉几万块的积蓄,不到两年时间,陆勇的公司就已经濒临破产。一次在和一位外国客人聊天时,陆勇听闻印度有一款格列卫的仿制药,这款药与格列卫药性相似度很高,但两者之间的价格可谓是天差地别,印度仿制药一瓶只需数百元。存在价格差距的原因在于,印度"格列卫"是通过印度政府启用的"强制许可制度"为穷人所制造的仿制药,直接绕过专利权环节,并未得到原公司的专利授权。

为了延续生命,陆勇开始利用自己公司的进出口业务便利,从印度购买这种仿制药。在服用印度"格列卫"一两个月、确认无副作用后,他通过病友们的 QQ 群分享了关于自己服用印度"格列卫"仿制药的经历,并在其中详细介绍自己如何买药的过程,引发了病友们的关注。有不少患者因为不熟识英语而找上陆勇,寻求他的帮助,替人买药便渐渐成了陆勇的副职。

《我不是药神》中,为了制造戏剧冲突,一开始程勇在替人买药的同时还赚取暴利,直到后来才被病友们追求生命的执着所打动,放弃了逐利。但在现实中,陆勇并没有这样做。陆勇知道自己的家境还算是殷实，但还是差点被慢性粒细胞白血病所压垮，世上不知还有多少更加穷苦的人为了不拖累家人而放弃生的希望。

正是因为见识了无数病人的生离死别，见识了无数家庭的家破人亡，深受病痛和天价药折磨的陆勇，对同病相怜人的代购请求欣然应允，他开始为病友"代购"仿制药。当承诺累积到一定数量时，就会变成责任。从 2002 年开始，陆勇多次拜访印度的仿制药生产厂，通过几次谈判，他终于和药厂签订了团购合同，并以每盒 200 元的价格进行稳定药品供应。在支援病友的过程中，陆勇从未赚过一次差价，反而因担心药品质量而多次自费到印度药厂考察。

他后来接受记者采访时曾由衷地说："说实话，我家里条件比较好，自己也开厂，不需要靠这个牟利。所以做这件事，完全是为了帮助病友。"在他的帮助下，成百上千位慢性粒细胞白血病患者的病情得到了控制，而在这数年间他也慢慢积攒出名气，被诸多病友尊称为"药神"。

为了支付代购药品的费用，陆勇自费购买了几张信用卡，用作资金转运。可让他没想到的是，陆勇购买的这几张信用卡，是被非法贩卖的。2013 年，国内警察在抓捕到一批非法贩卖团伙后，顺藤摸瓜查到了购买者陆勇，并了解到他贩卖药品涉嫌构成犯罪的事实。2014 年 7 月，沅江市检察院以"妨碍信用卡管理"和"销售假药"的罪名对陆勇提起公诉。

陆勇被提起公诉一事在众多慢性粒细胞白血病患者及其家属中间产生了巨大反响，无数因他的行为而受益的患者们为此焦虑不安。一封有着 1002 名病友签名的联名求情信就在这时被递交到了检察院，就像电影最后那一排排护送程勇离开的病人一样，点燃了生命之光。由于千余名白血病病友为陆勇求情，因此最终检察院对此案件决定"不予起诉"。

陆勇从"药神"，到涉嫌犯罪、不予起诉，再到声名鹊起，不过十数年时间，但他的故事却真实地感染了无数人。也有人把它理解为普罗米修斯传递火种的故事，但从生活的本质来说，并没有这么多古希腊式的悲剧冲突，这只是一个普通人对抗疾病和命运的故事，它可能会发生在任何一个人的身边。

二、争议与困境

陆勇的案件公开后，引起了社会的广泛讨论。

从陆勇个人来看，他的行为从道德上不仅无可指责，甚至感人至深，因为这仅仅是普通的小人物为争取生存权而作出的挣扎与努力。

正版的抗癌药价格高昂，让大部分患者倾家荡产，家财散尽之后只能绝望地等待死亡，逼仄灰暗的现实令人窒息。电影也通过艺术的手法让观众对这种窒息感有着感同身受的体验。男主角程勇从印度走私的盗版抗癌药进价仅500元，而且疗效与正版药一模一样，即便程勇在国内每瓶卖5000元仍然只有正版药价格的八分之一，5000元一瓶的价格即便放在当下也不便宜，但依然让患者们看到了活下去的希望。

如果从生命之重的角度来看，转卖盗版抗癌药的程勇和陆勇，无疑是拯救生命的"神"。然而，如果从保护知识产权的角度来看，这种行为也确实涉嫌违法。不少观点认为，销售高价正版抗癌药的企业唯利是图、丧尽天良；可是，法律也必须通过严格的知识产权制度来保护创新、鼓励创造，毕竟研发新药品需要大量的人财物投入，如果放任盗版侵权谁还愿意投入巨大的精力去研发新产品，盗版侵权会导致研发人血本无归，科学技术也将失去继续前进的基本动力。《我不是药神》不仅把这些矛盾展示给人看，让观众纠结其中，还呼吁在保护知识产权和保障生命权之间寻求平衡。影片中也并没有刻意美化主人公行为，而是真实展示了这一切。

两种权利之间的冲突，背后则是社会基本价值之间的冲突。在法律面对价值冲突时，在更高的价值面前，在人性尊严面前，司法机关必须充分运用实践智慧，作出合理的抉择。必须承认，无论是根据我国宪法规定，还是站在人类文明共识的高度，生存权、生命权都是最基础、最核心的人权，保障公民的生命权是一个现代国家最基本的国家义务。

关于现实中的陆勇涉嫌构成的"妨碍信用卡管理"和"销售假药"两项罪名，沅江市检察院在《关于对陆某某妨害信用卡管理和销售假药案决定不起诉的释法说理书》中指出："陆某某的行为不是销售行为。全面系统分析该案的全部事实，陆某某的行为是买方行为，并且是白血病患者群体购买药品整体行为中的组成行为，寻求的是印度赛诺公司抗癌药品的使用价值。"从检察机关的释法说理中，我们能够看到一个以"尊重和保障人权"为圭臬的现代法治精神。

检察院认为，如果认定陆勇的行为构成犯罪，将与司法为民的价值观、司法的人文关怀相悖。本案中，陆勇及其病友作为白血病群体，也是弱势群体，陆勇的上述违反药品管理法和妨害信用卡管理的行为发生在自己和同病患者为维持生命而进行的寻医求药过程中，并且一方面这些行为发生在其难以购买合法药品的情形下，另一方面这些行为给相关方面并未带来多少实际危害，如果对这种弱势群体自救行为中的轻微违法行为以犯罪对待，显然有悖于刑事司法应有的人文关怀。随着国家尊重和保障人权的宪法原则载入修改后的刑诉法，保障人权成为刑诉法的基本任务之一，与惩治犯罪共同构成刑事诉讼的价值目标。从保障人权出发转变刑事司法理念，就是要重视刑事法治，慎用刑事手段，规范刑事司法权运行。既要强调刑法谦抑原则，真正把刑法作为调整社会关系的最后的手段，不得已才运用的手段；又要严格规范执法，坚持程序与实体并重，严守法定程序，准确适用实体法律，坚持理性、平和、文明执法。因此，如果不顾白血病患者群体的生命权和健康权，对陆勇的行为运用刑法来评价，并轻易动用刑事手段，是不符合刑事司法理念要求的。

陆勇案的法律困境也让国家立法机关看到了问题所在。2019年8月26日上午，新修订的《中华人民共和国药品管理法》（以下简称《药品管理法》）经十三届全国人大常委会第十二次会议表决通过，并于2019年12月1日正式施行。其中，重新界定了假药劣药的范围，同时将原先"以假药论处""以劣药论处"的情形作相应的调整纳入假药劣药的认定条款中。更值得关注的是，原《药品管理法》规定的"依照该法必须批准而未经批准生产、进口即销售的药品"按假药论处的条款被删除了，这意味着今后代购未经批准进口的境外合法药品行为将不构成销售假药罪，可谓是中国法治建设路上的一块里程碑。此次《药品管理法》的修订算是正式回应了生产、销售假药罪在法理上的争议，消弭了刑法与前置法之间的隔阂，统一了刑法与前置法之间关于假药的违法性判断。

三、关键之举：医保改革

陆勇的故事之所以能引发大家最深切的恐惧和焦虑，正是因为任何一个家庭面临着突如其来的重大疾病时都可能不堪一击。在一个以尊重和保障人权为价值准则的现代国家,要保证每一个想活下去的人都能拥有生的希望,保证每一个家庭在面对这样的抉择的时候不至于捉襟见肘,最终必须由国家承担保证生命健康权的"托底"义务和责任。

比起期待普通人成为"英雄",实现关键药品纳入医保名录,减少流通环节、进口零关税,支持加快药品研发,等等,这些举措才是降低"救命药"价格、保障公民生命权的关键之举。实际上,在《我不是药神》上映之前,国家的医保改革正在持续深化推进,并取得了突出成就。电影所反映的社会问题已得到越来越好的解决。

在此,我们可以对这些成就做一个简要盘点。

成就之一:全国范围内的公共卫生服务体系基本形成,医疗卫生服务体系不断健全

截至2021年,公共卫生服务体系基本形成。全国医疗卫生机构(包含医院、基层医疗机构、专业公共卫生机构)由1978年的17万个大幅增长到2020年的102.3万个。包括疾病预防控制、健康教育、妇幼保健、精神卫生防治、应急救治、采供血、卫生监督等各种专业机构在内的公共卫生服务体系基本形成。公共卫生服务范围不断扩大。城乡居民免费享受的基本公共卫生服务项目由2010年的9类扩展到2020年的12类,项目内容覆盖居民生命的全过程。持续实施脑卒中、心血管疾病高危筛查、口腔疾病综合干预、癌症早诊早治等项目,慢性病防控效果显著增强。主要传染性疾病得到有效遏制。通过提升免疫规划疫苗接种率,中国在2000年消灭了脊髓灰质炎,在2012年消除了新生儿破伤风,在2020年消除了疟疾,2021年被世界卫生组织认证为无疟疾国家。艾滋病整体疫情控制在低流行水平，结核病成功治疗率保持在90%以上。

医疗卫生服务体系不断健全。中国致力于建立优质高效的整合型医疗卫生服务体系，改善医疗卫生资源的可及性和便利性，提高医疗服务质量和效率，居民就医感受明显改善。合理配置医疗资源，构建"基层首诊、双向转诊、急慢分治、上下联动"的分级诊疗服务体系。取消以药补医机制，建立基本药物制度，各级各类公立医疗机构全面配备优先使用基本药物，实行零差率销售。

成就之二：通过社会保障制度的完善，有效保障贫困人口的基本医疗问题

从总体上看，只有通过国家社会保障制度的完善，而非个体的努力，才能真正解决全社会的，尤其是贫困人口的医疗困境。截至2019年3月，全国包括职工基本医疗保险、城乡居民基本医疗保险在内的基本医疗保险覆盖超过13亿人，基本实现全民医保。为提高农村贫困人口医疗保障水平，缓解因病致贫因病返贫问题，国家持续完善县乡村三级医疗卫生服务体系。截至2021年，基本实现了把贫困人口全部纳入基本医疗保险、大病保险、医疗救助三重制度保障范围，贫困人口基本医疗保险参保率稳定在99.9%以上。实施大病集中救治、慢病签约管理、重病兜底保障等措施，农村贫困人口大病专项救治病种数量增加到30种，包括儿童先心病、儿童白血病、胃癌、食道癌、结肠癌、重性精神疾病等。2000多万贫困患者得到分类救治，曾经被病魔困扰的家庭挺起了生活的脊梁。

成就之三：关注罕见病，支持罕见药研发，开展高价药医保准入谈判

除加强整体性的医疗保障之外，国家还着力关怀罕见病患者、需要高价救命药的患者。近年来，取消药品加成、两票制等药价改革新政不断出台，各地大病保险保障水平的不断提高，"看病贵"问题正在得到全面纾解。目前，随着部分高价药纳入医保，以及慈善捐赠的辅助，一些救命药的价格也已经降了下来。从目前取得的初步改革成果观察，国家医保目录准入谈判已经成为解决"高价救命药"问题的关键。医保药品谈判背后体现了以价换量的市场逻辑——即药品降价、销量增长。近年来频频刷爆网络的医保"灵魂砍价"，正是这一制度的实践运用。

2015年，国务院办公厅发布《关于完善公立医院药品集中采购工作的指导意见》，提出对部分专利药、独家药建立药品价格谈判机制。随后，原国家卫计委启动首次国家药品价格谈判。2016年以来，原国家卫生计生委、人力资源和社会保障部分别组织开展了国家药品价格谈判和国家医保目录谈判，39个谈判品种平均降价50%以上，处于全球低价位水平，这些药物已全部纳入医保支付范围。其中15个通过谈判纳入医保的抗癌药物，在半年时间里已为患者减少支出约29亿元。2017年2月，也就是《我不是药神》正式上映的前一年，格列卫成功纳入《国家基本医疗保险、工伤保险和生育保险药品目录（2017年版）》乙类目录，支付范围为"限有慢性髓性白血病诊断并有费城染色体阳性的检验证据"和"胃肠道间质瘤"的患者，其报销比例达80%左右，大大减轻了患者的治疗负担。2018年3月，新一轮国务院机构改革决定组建国家医保局，负责拟订医疗保险、生育保险、医疗救助等医疗保障制度的政策、规划、标准。同年7月8日,国家医保局表示将推动抗癌药加快降价,对医保目录外的抗癌药,开展准入谈判,与企业协商确定合理的价格后纳入医保目录。

相较于慢粒白血病,还有许多罕见病患者在国内引发的关注更低,用得上药、用得起药的人也更少。例如,前些年在社交媒体引发热议的"渐冻症",知名度低、患者群体小,患者和家属所承受的压力和可以寻求的帮助也更少,而国家医疗改革并未忽略这部分人。在通过医疗改革保障公民生命健康权的道路上,不能让任何一个人掉队。

2017年7月19日,国家通过药品谈判将36种药物纳入了医保目录,其中就有两种罕见药,这释放出了国家对高价罕见药的关注。2018年6月8日,国家卫生健康委员会等五部委联合制定的《第一批罕见病目录》正式发布,共有121种疾病被收录其中。2018年6月20日,国务院常务会议确定,加快已在境外上市新药审批、落实抗癌药降价措施,强化短缺药供应保障,对治疗罕见病的药品和防治严重危及生命疾病的部分药品简化上市要求。目前,一些省市在罕见病难题上已有突破。

成就之四:推进一致性评价,提高仿制药质量

仿制药是影片和陆勇案的争议焦点,也是导致高价原研药价格下跌的重要因素。专利药依法享受20年的专利保护期,保护期过后,专利药垄断地位被新上市的仿制药打破,价格会出现断崖式下跌,这被称为"价格悬崖"。但"价格悬崖"很少在中国出现,原因是过去我们批准上市的仿制药并没有与原专利药一致性评价的强制要求,所以国内仿制药在疗效方面与原研药存在差距,患者倾向于使用疗效确切的原研药。如格列卫，在中国的专利保护于2013年到期，三种国产仿制药紧随其后上市，价格仅为格列卫的十分之一。但统计数据显示，格列卫市场份额依然占绝对优势。

为提高国产仿制药质量，2015年，原国家食品药品监督管理总局在全国范围内启动"仿制药质量一致性评价"，并将最后期限设定在2018年年底。仿制药只有通过临床数据证明与原研药在质量和疗效方面效果等同，才可以继续生产销售。通过评价的药品，将在外包装盒加印醒目的蓝色对号标识，未通过的药品将被药监部门收回生产批文，退出市场。

为解决审评审批效率低、仿制药重复建设严重、临床急需新药的上市审批时间长等问题，2015年8月，国务院印发《关于改革药品医疗器械审批制度的意见》，明确了改革的12项任务，包括提高药品审批标准，推进仿制药质量一致性评价，加快创新药审评审批等。截至2018年7月6日，已有4批41个品规的仿制药通过一致性评价。随后，格列卫国产仿制药"昕维"通过评价。工信部办公厅印发《2018年消费品工业"三品"专项行动重点工作安排》，表示要指导地方培育小品种药（短缺药）集中生产基地，新增10个小品种药，稳定生产供应，支持医药企业开展仿制药质量和疗效一致性评价，全面提升仿制药质量水平。

四、结语

陆勇在获释后，成立了一家慈善救援会，专门为慢粒白血病患者服务。对于如潮水般涌来的赞美与肯定，陆勇并没有迷失。他说："没有我陆勇，也有程勇、李勇对不对？这本身是一个矛盾，所以它早晚会爆发出来的。我的价值倒不在于说帮了一个群体，我没有那么大能量，更大的在于是一个契机，引起社会的关注，然后医改往前走了很大一步。"陆勇深信，自己所作所为能够改变一些东西。事实上，他也真的做到了。正如《我不是药神》片尾所言："此案引起政府部门高度重视，程勇获得减刑并提前释放，政府持续推动医疗体制改革，大批慢粒白血病病人陆续得到有效救助。"如今，国家医保改革稳步进行，一轮又一轮的"医保谈判""灵魂砍价"，一项又一项的政策正惠及每一个普通公民，保障着每个人的生命健康权。2019年，陆勇接受记者采访时说，"现在来找我买药的人，几乎没有了"，守护生命的光亮已真切地照进了现实。

主要参考文献和素材来源

1. 中华人民共和国国务院新闻办公室：《全面建成小康社会：中国人权事业发展的光辉篇章》，载《人民日报》，2021年8月13日，第10版。

2. 中华人民共和国国务院新闻办公室：《为人民谋幸福：新中国人权事业发展70年》，载《人民日报》，2019年9月23日，第14版。

3. 陆勇妨害信用卡管理、销售假药撤诉案，湖南省沅江市人民检察院不起诉决定书，沅检公刑不诉（2015）1号。

4. 《对陆勇决定不起诉的释法说理书》，https：//www.hn.jcy.gov.cn/xwfb/qwfb/gg/201502/1464909172041580547.html（访问日期：2023年2月1日）。

5. 《人民法治》综合整理：《中国仿制药的现在与未来》，载《人民法治》，2018年第15期，第12—13页。

6.《人民法治》综合整理:《政府在行动:破解高价药困局实现降价保供》,载《人民法治》,2018年第15期,第27—31页。

7.新锐:《用现实敲击心灵——〈我不是药神〉影评》,https://www.sohu.com/a/243342332_99940398(访问日期:2023年2月1日)。

快时代下的"慢情怀"

——大凉山"慢火车"和民生权利的故事

数字化时代,不管愿意与否,人们难免被快节奏的工作、生活裹挟前行。但追求快速、标准化的时代也一样不能缺少"慢情怀",这些情怀可以是行驶在崇山峻岭中完全匹配沿线能找到的村庄而设置的停靠站点,可以是几十年不上调的票价,也可以是为了满足山村卖货人家禽农副产品方便上车的车厢改造。这些特殊的情怀造就了"慢火车"。

从四川普雄至攀枝花南的5633/5634次火车,已经运营半个世纪,全程票价26.5元,最低仅2元,从1970年运行至今从未变过。"慢火车"穿行大凉山,是大凉山人民谋生的"希望之车",见证岁月的"生命之车",也是孩子们的"追梦之车"。快时代下的"慢火车"有其独特的意义,它慢的是速度,带来的是温暖和幸福。"慢火车"的"慢情怀"背后,是一笔笔民生"大账",诠释着共同富裕的情怀与温度,演绎着"小康路上不让一个人掉队"的中国温情和人权理念。

一、大凉山"慢火车"

"慢火车"的所指之一,是特指中国经济市场化背景下中国铁路大提速而没有提速的火车,一般带有扶贫性质,车型老(绿皮车)、停站多、速度慢而票价低，一般指扶贫列车。"慢火车"停靠途经的每个县乡小站，为沿线的菜农、果农、居民、铁路职工和学生提供交通服务，因票价便宜，又被称为"扶贫公益慢火车"。为适应老少边穷地区发展需要，铁路部门将"慢火车"打造成列车"乡村集贸市场"，开办车站"扶贫专柜"，助力贫困地区群众脱贫致富。为此，中国国家铁路集团打造出一批具有地方特色的"慢火车"服务品牌，如"彝族情""牧民之家""富民号""民族团结一家亲号"等。就是这样一趟趟"慢火车"，以其特有的慢节奏，穿行在崇山峻岭间，串联起大山内外的两个世界，成为老乡们的"赶集车""上学车""通勤车"。

目前，全国常态化开行公益性"慢火车"81对，覆盖21个省份，经停530个车站，途经吉林延边、内蒙古东部、湘西地区、云贵地区、凉山藏区、南疆地区等35个少数民族地区。如甘肃延长在天兰线上开行66年的7504/3次公益性"慢火车"区段，按照"一线一策略""一车一品牌"原则，打造具有地方特色的"慢火车、优生活"服务品牌，开行甘肃境内兰州至武威南、长征至白银西、嘉峪关至敦煌、陇西至青林等方向11对公益性"慢火车"。又如在湖南西部山区，仍有4趟没有空调、没有餐车、没有卧铺的绿皮"慢火车"，每天载着沿线群众，穿行在脱贫攻坚武陵山片区。这些"慢火车"每年运送沿线群众1200万人次，票价最低仅1元，每公里票价不到6分钱，平均时速不到40公里，成为便利群众出行的"公交列车"。"慢火车"是铁路部门对人民群众最漫长的告白，书写着温情，为山区百姓构建着通往幸福生活的致富之路。

1970年，在30万筑路大军的卓绝努力下，连接川滇两省的钢铁大动脉——成昆铁路全线竣工运营，纵贯大凉山全境。1993至2000年，这条铁路完成了电气化改造。2013年，新成昆铁路——成昆铁路扩能改造工程动工，设计时速160公里。然而，西南一隅的大凉山，依然穿行着平均时速不到40公里的"慢火车"。从四川普雄至攀枝花南的5633/5634次火车，全程376公里，历时9个多小时，穿行于大凉山彝族地区，途经27个站点，列车平均每10多分钟停靠到站一次，已经运营半个世纪，是四川境内最后的"慢火车"之一。

群峰嵯峨，四时多寒，是为凉山。凉山曾是中国最边远、最落后、最艰苦的深度贫困地区之一。"出行靠走，过河靠溜"是对凉山的真实写照。"慢火车"沿线多为矗立在悬崖边的高山小站，周边群众乘车需要走山间的羊肠小道。雨季来临，洪水没过便桥，人们去车站不得不绕行四五公里。2019年，一条条通站公路动工修建。因为地质情况复杂，还要应对当地多变的气候，材料运输成本巨大，通站公路的施工难度远非普通的农村公路可比。这巨大的"不划算"的投入换来的是村民们不用再"人背马驮"，而是骑电动车就能把货物拉到车站。

可能有人要问，高铁时代，特别是"复兴号"动车组已经开进大凉山的情况下，平均时速不到40公里的"慢火车"真的还有必要继续开行吗？的确，开行"慢火车"并不符合市场规律，但群众利益无小事，一枝一叶总关情。"慢火车"关乎学生上学，关乎村民买卖，关乎人员外出务工，关乎大家看病就医……关系着老百姓日常生活的点点滴滴。

老乡们通过"慢火车"运输农副产品，家畜家禽亦可赶上车。为了方便运输沿线老乡们的牲畜，"慢火车"还特意改装了行李车厢。于是，牲畜成群结队"赶""慢火车"已司空见惯。每到周日，这又成为学生娃们结伴上学的"校车"，他们在车厢内讨论家庭作业，分享彼此的小秘密。"慢火车"就像细小的"毛细血管"，为大凉山提供着营养，承载着民生情怀,温暖着老乡们的出行路。

在这片曾被认为是"中国最穷的地方","慢火车"是大凉山连接外面世界最主要的途径,是大凉山人民谋生的"希望之车",见证岁月的"生命之车",也是孩子们的"追梦之车"。

二、撑起生活的"希望之车"

5633/5634次火车行驶的大凉山,是中国最大的彝族聚居区,也是国家级扶贫县最集中的地区之一。半个世纪以来,绿皮"慢火车"风雨兼程,冰雪无阻地为当地人们服务。大凉山的老乡们愿意借助"慢火车"跑买卖,因为"慢火车"费用低廉,行驶在高山深谷间安全平稳,车站就在家门口,上下车方便。对于居住在大凉山的老乡来说,这趟列车是他们走出大山,维持生计最便利、最优性价比的交通工具。

"慢火车"穿越茫茫大凉山,将曾经闭塞的土地与外界连通,沿线诞生了许多"火车拉来的城镇",冕山便是其中之一。来自四川凉山彝族自治州喜德县冕山镇75岁的拉衣阿呷还记得,火车第一次开进冕山火车站那天,她和丈夫抱着不足周岁的儿子,走了7公里多山路,只为看一眼火车。那时,拉衣阿呷新婚不久。在此之前,她卖掉了房子,退掉了从小订下的"娃娃亲",赔给对方300元钱,嫁给了一无所有、自由恋爱的丈夫。两斤酒、一碗豆花和一把玉米面就是他们的婚宴。日子虽然艰辛,却充满幸福。后来,丈夫因病去世,留下3个年幼的儿子。多年来,拉衣阿呷一个人苦苦支撑着家。

拉衣阿呷在冕山镇开着一家小商店,卖些发卡、头绳、帽子、袜子之类的小商品。每周头几天,她都会从冕山火车站坐火车去西昌的批发市场进货。每周六便带着大包小包的商品坐火车去喜德县的尼波镇,等待去周日准时开办的集市上占个好位置。冕山镇距离西昌72公里,"慢火车"要行驶一个半小时,火车票只需5元。如果乘汽车,途中需要转一次车,花费约40元。一个来回"慢火车"帮拉衣阿呷省下的70块钱是小店一天的纯利润。"慢火车"已经融入拉衣阿呷的生活,虽然看上去既过时又缓慢,却是许多像拉衣阿呷这样的彝族百姓依赖的"生命线",是为他们撑起生活的"希望之车"。

"慢火车"速度虽慢,但功能齐全,发挥的作用大。"慢火车"设施简陋,没有餐车,没有卧铺,没有空调。为了方便群众,这组列车的车厢专门作了改造——将14号车厢的座位全部拆除,改装为大型牲畜专用车厢,避免人畜同乘,使1—13号车厢能保持干净整洁的卫生环境;在1—13号车厢首尾两端各拆除一排座位,留出空间用于存放大件货物。从此,老乡们带的鸡鸭鹅猪羊有了"专座",行李车成了一个流动的"动物园"。

老乡们借助"慢火车",将山里的农产品带出去销售。为了更加便利老乡们的农产品销售,当地铁路部门"想群众之所想,急群众之所急",以"慢火车"为载体,将"大集"搬到车厢里,允许村民在车上进行农副产品交易。越来越多的老乡借用"慢火车"这个"小市场",直接做起了买卖。另外,列车还用彝汉双语提供乘务信息、用工广告、农产品市场价格变化、天气预报等实用信息,切实便民、助民、惠民。

漫步车厢,如同踏入一座热闹的村庄。

车厢里卖着香椿、折耳根、蕨菜,甚至首饰,老乡们互相买卖水果蔬菜,交换所需。

年长的阿妈拿出针线,给孩子们缝制鞋垫、头巾;年轻人聊着外面的世界,互相帮忙给家中亲人带些生活用品。

一筐子鸡被主人装成一朵花的形状，嘎嘎叫的鸭子使劲从口袋里探出脑袋。

挣脱的小白猪一阵乱窜，在主人和列车员的围追堵截下乖乖回到了专门为它开辟的"动物园"车厢。

红樱桃小土豆、咩咩叫的羊羔、肥胖胖的猪……

在这里，黄牛、山羊甚至马都是常客。

照看这些"活宝贝"可不容易。为了加强通风，当地铁路部门专门给车厢开了好几个天窗；为了让老乡们的"宝贝"安全到站，加装了拴挂牲畜的栏杆；为了做好卫生工作，工作人员带来雨靴、加长水管和消毒水，定时清理消毒。好多人说这一趟趟的"慢火车"有味，确实是有味，是人间烟火味和人情味！

"慢火车"不仅改善了大凉山山区的交通条件，还为彝族同胞的物质脱贫和精神脱贫发挥了积极作用。曾经羞于经商的彝族人民有了脱贫致富意识，依靠"慢火车"做起生意的人越来越多，人们的日子一天天好了起来，一点点走出了贫困，走向了新生活。2020 年 11 月，四川省政府批准凉山彝族自治州普格县、布拖县、金阳县、昭觉县、喜德县、越西县、美姑县 7 个国家级贫困县脱贫"摘帽"。凉山州实现脱贫目标，"慢火车"助力脱贫攻坚，带着老乡们奔向共同富裕。

连通山区经济发展的"慢火车"与高铁、高速公路相辅相成，相映成趣，共同织就现代化交通网络，助力乡村振兴国家战略，引领千千万万老乡满怀信心，赶上"共同富裕列车"。在奔向共同富裕道路上，一个地区都不能落下，一个老乡都不能掉队。一列列"慢火车"满载着物资，承载着沿途老乡对未来的期望，穿行往返，犹如舞动的针线，编织出山区群众同心奋斗奔赴美好生活的画卷。

三、见证岁月的"生命之车"

一节车厢，或者一段铁轨，必定藏着一个故事。不管是鸡毛蒜皮的小事，还是柴米油盐的琐事，抑或是随着"慢火车"开出开回的日常，一个群体、一代人的命运沉浮都会镌刻其中。

刘伟是5633/5634次列车的列车长，他已经在"慢火车"上值乘了29年。这个能写出充满诗意文字的汉子，将骨子里的浪漫归因于"慢火车"和他一起长大的小站。刘伟出生在大凉山的喜德县，从小时候起，他便经常坐着"慢火车"，跟母亲一起外出卖苹果、土豆、核桃。从技校毕业后，刘伟来到"慢火车"上工作至今。这些年，他见证了火车上的座位从木头硬板凳变成了硬座，见证了沿途老乡衣服越穿越好，楼房越盖越高，笑容越来越多。

1968年，刘伟的父亲从西藏部队转业被分配到成昆铁路上。1976年，线路因泥石流塌方中断，刘伟父亲被派往铁西站支援，后来便留在了那里。站上有着当时方圆几十里唯一的卫生所，他父亲是唯一的医生。小站的时光太孤独了。对于生活在站上的职工、家属、孩子来说，每天最重要的事就是吃完饭去站台上等"慢火车"到来。刘伟说，只有进站的汽笛声能划破孤单，唤醒昏昏欲睡的人。"慢火车"如同一剂良药，疗愈着闭塞山村的枯燥乏味，带来外面的故事，也带来新鲜的面孔。

年少的刘伟每天坐火车去普雄镇上学，在车厢里听乘客议论国家大事，看小贩们讨价还价，还悄悄观察列车员。列车员的那身制服，是他眼里最帅气的衣服。刘伟的母亲总是背着土豆、苹果，坐着火车去甘洛县等地售卖。他一直盼望着长大，帮母亲背起沉重的货物，不时会站到车厢的身高标线尺边去量身高。这一量，就从1.2米量到了1.7米。18

岁那年，他如愿穿上了那身他认为最帅的制服。

刘伟的父亲在铁西站一直干到退休，各种荣誉证书装了满满一抽屉。刘伟不敢懈怠。他在列车上调解纠纷，帮老乡联系农产品销路，督促学生写作业，遇到身背沉重货物的老人，总是尽可能将货票价格收得便宜些。一位阿妈曾经每天在普雄站上车，将从老乡那里收来的土豆背上火车，运到甘洛去卖，有时一次要背400多斤。她每天从站台同样的位置上车，坐同样的车厢、同样的位置。一坐就是七八年。日子久了，刘伟常和她聊聊天。原来她丈夫早年去世，她独自拉扯四个孩子。孩子们一天天长大，离开大山，70多岁的老阿妈依然日复一日背着土豆，风雨无阻。突然有一天，她没有上车，过了几日依然不见，刘伟向乘客打听后才知道，人已经去了。虽然到最后都不知道老人的名字，但她的离去却让刘伟觉得像失去了一位亲人。

有生命老去，也有生命降临。这些年，出生在刘伟值乘的火车上的孩子已有七八个，一些彝族老乡干脆把孩子起名为"慢车"。阿诺慢车、吉差慢车……都是5633/5634次列车上的常客。有一年，一名男婴一出生就被遗弃在火车的厕所里，被列车上一位好心的老阿妈收养。五年以后，那位阿妈带着当年那个在厕所里捡到的娃娃上了列车。男孩长得眉清目秀，眉毛又浓又黑。那一刻，刘伟忽然觉得这趟火车就是"生命之车"。

"生命之车"还在见证命运的转变。

"慢火车"默认"例外"——不同于其他快车严格的到点就发，如果发车时间到了，还有群众和货物没有上车，"慢火车"会等他们上车后再发车。对于刘伟来说，慢火车，它"慢"在不是它的速度，是"慢"在站站为老乡停下来服务的时间，所以"慢"是温度。"慢火车"

不仅耐心等待还没上车的乘客，也在快速发展的时代里，等着大山深处的百姓，一同出发。这慢下来的等一等，更是对每个生命的尊重，别样的时代温情。

日子越来越好——过去，人们带上火车的货物基本是清一色的土豆、苹果。如今，核桃、花椒、羊肚菌、油橄榄……司空见惯。越来越多的彝族老乡建起新房。车上的货物，建材多了；车下的沿线，土坯房少了。越来越多的年轻人背上行囊离开家乡，回来时笑容满面，神采飞扬。

生活愈发多姿多彩——过去"小慢车"这一路颜色单调枯燥，只有黄色的荒地和绿色的树，这几年，沿途景色慢慢多了起来，有灰色的盘山公路，有新房子红色的屋顶和雪白的墙壁，还有五颜六色的学校。车外的色彩多了，车内的乘客也有了不同。如今刘伟依旧像年少时留意着车内老乡们谈论的内容，以前老乡们在车厢内都是喝酒嬉笑的声音，现在都是为家努力奋斗的声音，老乡们的生活在改变。

29年的坚守，29年的陪伴，刘伟也从青春懵懂的"职场小白"成长为双鬓花白的"职场老手"。"慢火车"伴随着刘伟的成长，同时刘伟也见证着"慢火车"给老乡们带来的命运的转变。这一趟趟在高铁时代不停歇的"慢火车"，不仅改变了一些人的命运，实现了一些人的自我价值，也让沿线民众有了一份对美好生活的期待和一份生命应有的尊严。

四、走出大山的"追梦之车"

走出大山，走出大山，这是大山里孩子的最大梦想。

山区的孩子，读书才能走出大山。大凉山"慢火车"是一趟求学列车。几百个背着书包，穿着校服乘火车的彝族孩子已成为火车上一道独特的风景线。乘坐这趟车去县城读书的孩子一年比一年多。这趟"慢火车"承载着他们对知识的渴望，梦想的追求，驶出大山，助他们走完求学之路。

大凉山"慢火车"普雄至西昌路段各站人流量周一、周四和周六日均约1500人次，而周五和周日则高达4000人次，这些增加的人次大多为家在铁路沿线乡村的学生。以喜德县瓦尔学校为例，该校实行农村寄宿制办学模式，在校学生2000余人，约有三分之二的学生住在铁路沿线。"慢火车"是他们往返学校的主要交通工具，车厢是他们学习、交流、玩耍的重要空间，是这趟"慢火车"让彝族孩子们看到了大山以外的世界，让他们的思想与外界接轨。

阿苏尔史是喜德县瓦尔学校的副校长。自他懂事起，就是数着"慢火车"的车厢长大的。小时候逃学跑到河边，伙伴们最喜欢的游戏便是用小石子做成一列火车的样子。1987年，阿苏尔史与6名来自李子乡中心小学校的小伙伴被选拔到喜德县城关小学读书，每周乘坐"慢火车"上学、放学。装在怀里的煮鸡蛋一上车就被挤成鸡蛋饼，挑出蛋壳，依然吃得津津有味。有小伙伴为了逃票躲到锅炉房，出来时，除了眼珠子和牙齿，满脸黢黑，引得全车人哈哈大笑。在火车上，他们第一次听大人说起成都、重庆，从此觉得，车轮撞击铁轨的声音就像一声声"成都、重庆、成都、重庆……"

当年7个坐火车外出上学的孩子，后来都有了出息。多年后的今天，越来越多的山里娃娃像阿苏尔史一样，乘坐着这趟"专属"校车，看到了外面的世界。阿苏尔史如今执教的喜德县瓦尔学校，每两周都会有700多名学生乘坐5633/5634次"慢火车"回家、返校。每次坐着

"慢火车",在大山的隧道中穿行时,感觉就像是在坐地铁,孩子们说"这是凉山的地铁"。

面孔——座位上,看书的彝族女孩的成绩在班上排名前十,她的目标是一定要考上西昌二中,这是当地一所不错的高中。她母亲一直告诉她们,读书才有出息,即使借钱,也要将孩子们送到好的学校读书。

车厢里,自学外语的女生,在凉山州民族干部学校学习,一年之后,她将去成都继续读大专。除了学习韩语,她还在学习英语,又学习了舞蹈。这趟"慢火车"她坐了7年。她说,教育真的可以改变一切,她的计划是,毕业后回到家乡,当一名乡村小学老师,尽她最大的努力,来改变家乡的面貌。

见证——当地家庭对教育越来越重视。现在,乘坐"慢火车"去上学的彝族孩子一年比一年多。这趟车,为山里的孩子慢下来。在阿苏尔史乘坐"慢火车"上学的年代,车上很少见到女孩。但今天,他的学生中女生占了三分之二。小不点们牵着大人的手去上幼儿园,送亲的队伍里很难再见到十五六岁的新娘。教育,让这里的人们走出了心中的大山,让他们实实在在看到了命运的改变。

变迁——火车上喝酒闹事的少了,乱扔垃圾的少了,老乡们的素质明显提高了。如今列车长再也不担心火车上的治安,过去扒火车的现象已经绝迹,喝酒、打架、闹事的也没了踪影。

等待——每周都要乘坐"慢火车"回家、返校,在热闹的车厢中,始终安静地坐在座位上,沉浸在自己的世界里的小男孩,他的沉默源于多年未见的父母。在他很小的时候父母离了婚,父亲再娶后不久,独自从普雄车站上了火车,从此杳无音信。他家所在的村子曾是一个贫困村,过去几年里,村子脱了贫,村道硬化,新房盖好,他的学业也有了好心人资助。他想把这一切告诉父亲，请他不要再担心家里的担子太重。他盼望着，有一天能在火车上碰见他父亲。这趟火车还是父亲离开时的样子，希望父亲能再坐上它回家。"慢火车"依旧还在，在原地等，终有一天可以再相聚。

很多彝族学生通过火车求学走出了大山。2017年，成都铁路局首批从高校招收了12名彝族学生。6名在车站工作，6名在列车上工作。吉木阿且等6人就被分派到这个客运段，担负从燕岗往返普雄的5619/5620次、普雄到攀枝花往返的5633/5634次4趟"慢火车"上。他们都就读位于攀枝花市的四川机电技术职业学院，是从大山里成长起来的彝族青年。这些乘坐"慢火车"走出大山的彝族学生，又重返大山，反哺带他们看世界的"慢火车"。

近10年来，一批又一批孩子从喜德瓦尔学校毕业，走出大山，到城市就业、成家。学校培养了孩子们的心智、能力，而5633/5634次"慢火车"则最早打开了孩子们的眼界，在他们心中种下了梦想的种子。在这列特别的"校车"上，学生们读书、聊天、玩耍。"慢火车"承载着他们的梦想，带着他们向着未来前行。

五、"慢火车"背后的"慢情怀"

无处不在的追求效率和速度的今天，一列列"慢火车"日复一日咣当咣当地摇曳在山间地头，显得与时代有些"不搭调"，但却是一道独特而别致的风景，犹如"前行中的回顾"，令人感怀，引人"慢下来"思考。风驰电掣的"复兴号"是中国高效率、现代化的代表，而"慢火车"慢的是速度，带来的是温暖和幸福。汽笛声响起，慢火车背后，是一个国家不变的温度和情怀。

"慢火车"演绎着发展的温度，饱含着"小康路上不让一个人掉队"的中国温情。便宜、便捷的"慢火车"，不以短期利益做取舍，为沿途百姓的出行提供着便利，也为沿途村庄的经济发展提供着保障。正是这些普速列车让山里百姓在脱贫路上未曾掉队，一路向着小康奔驰而去。"慢火车"构架起了大凉山老百姓和外面世界沟通的桥梁，是沿线地区居民脱贫致富的强力支撑，是当之无愧的"希望列车""幸福列车"，是山里百姓走向致富的"快车道"。几十年来，慢悠悠的"慢火车"都在等待、承载着大山里的乘客，赶上这个快速发展的时代。这背后，是这个国家托举着每一个苦瘠之地的老百姓摆脱贫困，践行全面小康路上一个也不能少的誓言。

　　"慢火车"承载着老少边穷地区的诗和远方。"慢火车"开行之处，大多属经济欠发达地区，交通较为落后，出行不便，而"慢火车"成了老乡走出山区的最优选择。搭乘着便利性和实惠性兼具的"慢火车"，老乡们得以背上农副产品去县城售卖，买好日常生活用品就能回家，走亲访友、工作往返、求医问诊等也十分便利。他们的孩子，也坐着"慢火车"往返学校，学习知识和文化，凭借学来的本领一步步走出大山，到达更广阔的天地，感悟生命的绚丽与多彩。"慢火车"的悠悠开行既改善了沿途民众的物质生活，又丰富了他们的精神世界。汽笛声声，一趟趟"慢火车"载着老少边穷地区人们对美好生活的向往，翻山越岭，驶出深山老林，驶向充满希望的明天。咣咣当当的"慢火车"，让偏远山区的百姓也有机会共享诗与远方。

　　"慢火车"在大凉山谱写着民族团结的感人乐章。凉山州是我国最大的彝族聚居区，"彝海结盟"的故事曾是红军长征路上的一段佳话。半个多世纪以来，摇曳在大凉山的"慢火车"将沿线的村庄串联起来，实现了山区村落间的互联互通，为各族群众走亲访友、年节相聚、观光旅游提供了便利。"慢火车"把山货送出去，把客人请进来，成为促进各民族交往、交流、交融的"团结车"，不断满足各族人民对美好生活的向往。为将列车打造成方便彝族老乡乘坐的"便民车"，成都客运段将彝族文化与旅客运输工作结合起来，制作宣传卡片和带有民族元素的车内揭示揭挂，同时列车广播还增加彝族语语音播报等服务，给予彝族旅客家一样的温暖。"慢火车"上乡音浓浓、温情满满，民族团结意识早已深入人心。

"慢火车"背后是一笔笔民生"大账"。"慢火车"不仅是铁路部门关切民生的温情见证，也是"人民铁路为人民"的生动诠释。大凉山"慢火车"的票价30多年没有变过，但车上运得最多的土豆，批发价格在过去的30年里已经涨了10倍。几十年不变的票价，让"慢火车"普遍运营亏损。公交般的价格对当地百姓来说是实实在在的福利，但对运输企业来说，却绝对是"赔本的买卖"。在当今物价飞涨的时代，近乎公益的价格，铁路企业承担的成本压力可想而知。在这逐利风气盛行的市场经济环境中，是什么力量驱使铁路部门几十年如一日的坚持开行？是运输企业在经济下行的大环境下让利于民，时刻牵挂小部分人需求的公益情怀。"坚持开行'小慢车'似乎并不符合市场规律，但我们决不能单算'经济账'，而要算背后的民生'大账'"。中国铁路成都局集团有限公司成都客运段党委副书记田小川说。

"慢火车"饱含坚守至"最后一公里"的民生情怀。"慢火车"的开行，实现了"货畅其流""人畅其行"。虽然"慢火车"很方便，最低票价只要2元人民币，但长期以来通往车站的路不太好走，老乡们常常需要爬山过河来坐车。近年来，针对铁路沿线民众出行不便的问题，四川省着力推进凉山州"慢火车"站点通站公路建设，加强沿线站点与相邻路网互联互通，打通衔接站点"最后一公里"。自 2019 年以来，四川省先后投资 1.7 亿元，修建了近 58 公里的通站公路。"慢火车"的开行，从此让山不再高、路不再遥远，所到之处，一片坦途。一列列"慢火车"风雨无阻数十载，以低票价、高成本运行，架起了城乡联系的桥梁，生动诠释着时代温情，体现了可贵的社会担当，彰显着以人为本的理念。

六、结语

崇山峻岭，水深路远，"慢火车"其实并不"慢"，它加速了大山地区与城市的联系，是另一种"快速"的存在。一列"慢火车"，就是一个小集市，热闹、拥挤、生趣盎然。这是生活的原生态，质朴、醇厚、充满人间烟火的市井气息。而这些乘坐火车的牲畜，在老乡的眼里，也不是一头猪、一只羊，而是一个学生的学费、一个家庭的开支。生活的真相，就应当是除掉一层层美颜滤镜，展现出千般滋味。这个时代不仅可以有高效便捷的高铁，还有摇曳在山间的"慢火车"，一快一慢，相得益彰。快，可快出新时代的中国速度；慢，则慢出暖民心的人情味道。无论将来的高铁速度多快，"慢火车"依旧是远山深处的一份力量，依旧承载着无数人的希望和梦想。"慢火车"不只是单纯的火车，而是这个快速发展的时代对于偏远地区的一种等待。等一等，也是一种温度。"慢火车"在开行，就是最暖的中国温度。

主要参考文献和素材来源

1. 吴光于:《大凉山慢火车的变与不变》，载《瞭望》，2021 年第 29 期，第 27—29 页。

2. 王永战:《凉山州建成近五十八公里"慢火车"通站公路——有桥有路出行不愁》,载《人民日报》,2021年4月13日,第6版。

3. 杨梅、蔡华、约其佐喜:《让大凉山"慢火车"助力共同富裕》,载《中国民族报》,2022年5月31日,第6版。

4. 王国平、王云、何勤华:《再跨千年——写在凉山州7个国家级贫困县脱贫摘帽的历史时刻》,https://www.thepaper.cn/newsDetail_forward_10065812(访问日期:2023年1月31日)。

5. 陈姝妤:《烟火人间"小慢车",温暖大山彝人心》,https://cbgc.scol.com.cn/news/1218880(访问日期:2023年1月31日)。

栉风沐雨几十载，一部法典为民生

——《中华人民共和国民法典》的故事

2020年5月28日，十三届全国人大三次会议表决通过了《中华人民共和国民法典》（以下简称《民法典》）。这部凝聚着中华文明智慧的法典、社会生活的百科全书、人民权利的宣言书，穿越历史的沧桑巨变，载着几代华夏儿女的美好夙愿来到我们面前。7编1260个法律条文，将"为民立法"的使命具化为人们生老病死、衣食住行的方方面面，以胸怀天下、悲天悯人的情怀，为人民的全面发展和幸福生活保驾护航。

一、"此生再无遗憾"

"回顾人类文明史，编纂法典是具有重要标志意义的法治建设工程，是一个国家、一个民族走向繁荣强盛的象征和标志"。在《民法典》通过之际，中国法学会民法学研究会会长、中国人民大学常务副校长王利明教授带着无比激动的心情评论道。的确，拥有一部属于自己的民法典，是中国人民的愿景和不懈追求。更有这样一群人，他们将制定民法典作为毕生的奋斗目标，他们是民法典制定的亲历者，亦是民法典制定的推动者，在那一刻，他们百感交集，热泪纵横。

"今天《民法典》诞生了,我心里特别高兴,这也是给我的最好的'生日礼物',此生再无遗憾!"《民法典》通过当日,西南政法大学举办了一场题为"亲历见证《民法典》"的报告会,著名民法学家金平教授受邀出席,翌日恰逢老先生98岁寿辰,这位参与了我国前三次民法典编纂工作且唯一健在的专家组成员,内心无比喜悦和激动。一个追寻了66年的梦,终得实现。

"我的名字叫金平,平等的平,公平的平。也许就因为这个'平'字,让我的这一生,与民法结下不解之缘"。金平老先生回忆起他与民法典的缘分。1954年底,32岁的金平刚到西南政法学院(现西南政法大学)任教不久,便被指派赴京参加新中国民法典的起草工作。为何选择如此年轻的一位老师参与这么重要的立法工作,金平当时百思不得其解,到后来才渐渐明白,"立法之不易,国家提前布局形成梯队,为未来立法工作培养人才!"

民法典被奉为人民权利的宣言书,是民族精神和时代精神的集中表达,但成典之路绝非坦途。新中国成立以来,我国共启动过五次民法典编纂工作,前几次均受各种因素的影响未能及时出台。金平先生依然清晰地记得第一次起草民法典时的情景:"起草工作组就设在全国人大常委会办公厅当中,领导立法的同志首先向工作组传达了工作方针,其中一条是要求充分遵守群众路线。"由此,立足于人民群众需求的立法原则,也成为历次民法典编纂的底色。起草小组在大量收集资料的基础上深入群众广泛开展社会调查,1956年底,民法典征求意见稿形成,随即开始在全国范围内广泛征求意见。"我们还分头到全国各个地方征求群众意见,一个大区一个工作组……"金平回忆道。然而,由于反右斗争扩大化,第一次的民法典编纂工作被迫终止。

1962年，随着经济政策的调整，法律的重要性被重新认识，民法典的起草工作再次提上日程，金平先生第二次受邀参与编纂工作。"在这近3年时间里，我们参加起草工作的同志一直都住在后库，加班加点，全力以赴地进行工作，终于在1964年下半年完成了民法草案'试拟稿'，并铅印成册"。但这次的民法典编纂最终再次因为政治运动影响而搁置。

改革开放后，中国特色社会主义法治建设迎来了前所未有的发展机遇，民法学研究也逐步恢复，第三次民法典起草工作随之启动。1979年11月，全国人大常委会法制委员会民法起草小组成立，在人员构成上沿袭传统，起草小组涵盖法学专家、学者及实务工作者等，金平先生是其中的一员，并担任所有权分组的负责人。这次民法典的起草与前两次有所不同，"不仅进行了深入的调查研究，同时又广泛借鉴了包括西方国家在内的立法经验"。第三次民法典编纂在前两次经验的基础上，紧抓时代机遇，在比较研究中权衡取舍，协力推进立法进程。同样参与了这次民法典起草工作的还有余能斌教授，余教授时为社科院法学所的助理研究员。据余能斌教授回忆：起草小组的同志都"以组为家"，基本上从星期一到星期"七"，每天工作十一二个小时。酷暑盛夏没有空调和电扇，大家也不论职务高低，都光着膀子摇着蒲扇奋笔疾书。在经历了10个月的共同努力后，《中华人民共和国民法草案》（征求意见稿）于1980年8月形成，共6编501条。其后又经过三次修改，1982年5月第四稿形成，共8编465条。在这次民法典的立法过程中，金平先生还有一个非常重要的贡献，就是提出了民法调整对象的"平等说"，这也被后来的立法所吸纳，这不仅为解决长期困扰我国民事立法的基础性问题带来了生机，这种平等的理念更是扩大了民事权利保障的范围和面向。由于当时我国经济体制改革刚刚起步，特别是城市的改革将如何进行仍在摸索之中，太多不确定的因素促使民法典的出台时间再次推迟，起草小组也因此解散。

在这一时期，民事立法的思路发生了转变，由先前的民法和单行法"两条腿走路"调整为"成熟一个通过一个"，即先行制定民事单行法。我国当时的立法状况是，已经颁行了一些民事单行法，但缺少统领各部单行法的原则性、方向性的法律，基于此，立法机关在综合考量后决定，先行制定《中华人民共和国民法通则》（以下简称《民法通则》）。彭真委员长提议成立民法通则起草专家咨询小组，佟柔先生、魏振瀛先生、王家福先生和江平先生受邀承担起草工作。据王利明先生记述，佟柔先生在得知这个消息后异常兴奋，因为在这位为制定民法典而长期奔走呼吁、不懈努力的学者眼中，"人的一生中很少有这样好的机会报效国家，有此努力和经历，此生无憾"。1986年4月，《民法通则》经第六届全国人民代表大会第四次会议通过！"中国总算有了自己的民法！"佟柔先生激动得热泪盈眶。《民法通则》作为我国第一部调整民事关系的基本法律，在当时被誉为"小民法典"。虽然，《民法通则》与一部真正的民法典之间还存在一定距离，但它的通过意味着一些长期存在于民事立法上的争论得到了进一步解决，这为后来的民事立法扫清了障碍，指明了方向。特别要提到的一点是，《民法通则》中开创性地规定了人身权制度，强调公民的人身自由和人格尊严不受侵犯。这是我国首次将"对人的尊重"上升到了基本法的高度，也彰显了民法对"以人为本"理念的贯彻。除此之外，其还为我国的民事立法确立了权利本位、意思自治等原则和制度，为民法典的出台打下了坚实的基础。多少年的坚守与努力终于迎来了曙光，这让佟老等人倍感欣慰。

在"成熟一个通过一个"立法策略的指引下，我国先后修改和推出了多部民事单行法。1998年1月，从事领导立法工作15年之久的王汉斌同志在离任前组织江平等几位民法学教授开了一个小会，会上表达了自己对民法典仍未出台的遗憾，并进一步指出当前制定民法典的时机已经成熟。江平先生和王家福先生接受了委托，牵头成立"民事立法工作组"。专家们认为，民法典的起草宜采取先分则后总则，然后汇总成法典的做法，于是开始着手起草《中华人民共和国合同法》《中华人民共和国物权法》等民事单行法。2001年，中国加入世界贸易组织（WTO），并承诺"将通过修改现行法规和制定新法的方式全面履行WTO协定的义务"。受大势所推，民法典的编纂再次迎来了契机。2002年，民法典起草小组在民事立法工作组的基础上成立，人员数量得到进一步扩充。2002年12月23日，《中华人民共和国民法（草案）》提交九届全国人大常委会第三十一次会议审议，因各界对该草案存在较大争议，后立法规划调整为分阶段、分步骤进行，此次民法典编纂工作也随即停摆。值得注意的是，这次的民法典草案共9编，其中一编为"人格权法"。人格权编草案的专家建议稿由王利明教授带头起草。2002年1月，时任人大法学院副院长的王利明教授，从全国人大常委会法工委民法典起草分工会上接下了撰写人格权编专家建议稿的任务。他带着几名学者到山东莱州找了家靠近海边的宾馆，每天吃完早饭就开始逐条讨论编写，字斟句酌、反复推敲，最终形成了一份64条的建议稿。虽然其因民法典编纂工作的暂停而被搁置，但人格权独立成编的种子在此时已深深埋下。

新中国成立以来，我国民法典的编纂在艰难跋涉中不断向前。虽经四起四落，但最终迎来了第五次编纂的成功。十八大以来，我国的法治建设坚实迈进，取得了历史性成就。此时，无论是经济社会基础，还是理论积淀，抑或立法力量配备，都有了长足的发展。2014年，中共十八届四中全会明确提出编纂民法典的要求。2015年，第五次民法典编纂工作正式启动，此次编纂采取"两步走"的思路：第一步，编纂民法典总则编；第二步，编纂民法典各分编，后合并为民法典草案。2017年3月，民法典编纂完成了"第一步"，其后又分别对各分编进行了审议。2020年5月28日，第十三届全国人大第三次会议正式通过了《民法典》，共7编1260条，各编依次为总则、物权、合同、人格权、婚姻家庭、继承、侵权责任，以及附则。2021年1月1日起，《民法典》正式施行。

至此，一部凝聚着几代人无数心血的法典终得问世实施。《民法典》的颁行是我国社会主义法治建设的高光时刻，是理应被深深铭记的历史节点。在成典的征程中，有太多为之努力奋斗的人。这些砥砺深耕的前辈们是民法典的铺路人，他们用笔耕不辍的执着和笃定为中国民法事业的发展贡献着智慧与力量。一句"此生再无遗憾"，便是这些"为民立学""为民立法"者的情怀。

二、创造独属个人的静谧空间

法之真谛不止于立，法律如果不能服务于人民的实际需求，那么它就是苍白的。我国《民法典》的颁行是立足中国特色社会主义实践，顺应历史进程和时代要求，契合人民愿望的选择，直面当下社会发展的疑难和前沿问题，把回应人民期盼作为自身的重要使命。《民法典》对信息化社会发展的关注就是其回应人民期盼和时代需求的缩影。

随着信息化社会的高速发展，不知从何时起，我们的生活开始被数据裹挟，从衣食住行到休闲娱乐，可以说，只要有人存在的地方，就有数据生活。我们享受时代馈赠的便捷之时，也迎来了前所未有的挑战。垃圾广告、骚扰电话、被记录的个人信息、被任意公开的隐私……在这个信息漫天飞舞的时代，王琳和吴恺（化名）因一场滑雪相识，因为有着相同的爱好，他俩很快走到了一起，成了一对令人羡慕的小情侣。然而，美好的时光犹如昙花一现，2021年5月两人因感情不和而分手。分手后，吴恺一直心存不满，多次寻找机会想报复王琳。2021年8月某晚，吴恺开始实施他的报复计划。他在与王琳共同的微信群中对王琳进行了辱骂，不仅发布了露骨言辞，还进一步公开了王琳的微信号、照片等个人信息。这个成员超过300人的微信群是"某俱乐部"的滑雪群，吴恺的言行引发了群内部分成员对王琳的负面议论，群主多次在群内劝告制止，吴恺并未因此停止行为。吴恺的行为给王琳带来了很大的困扰，随后王琳将吴恺诉至法院。法院经审理认为，吴恺的行为严重侵犯了王琳的隐私权和名誉权。并依照《民法典》的相关规定判决吴恺在"某俱乐部"滑雪微信群中对王琳赔礼道歉，且10日内不得删除。

无独有偶，同样侵犯他人隐私的事情在山东滨州上演了。但不同的是，这个侵权行为发生在陌生人之间。2011年7月13日，家住滨州的孙女士在中国某通信集团山东有限公司滨州分公司处办理入网手续，同时领办了一张电话卡。但不知为何，自2020年6月开始，孙女士频繁收到以中国某通信集团山东有限公司滨州分公司工作人员的名义打来的电话，均为推销通讯业务。电话内容每次基本相同，都是以"搞活动""赠送流量""服务升级""回馈老客户"等名义让孙女士增办各项业务。孙女士深受其扰，多次拨打该通信公司客服电话投诉反映，在多次努力之后通信公司的客服作出承诺，通过后台帮孙女士把推销号码加入"营销免打扰"之列,以避免对其再次打扰。2020年10月,孙女士再次接到该通信公司的推销电话,在与客服沟通无果后,孙女士将中国某通信集团山东有限公司滨州分公司告上了法庭。法院经审理认为,孙女士的隐私权和个人信息受法律保护,通信公司的上述行为构成侵权,并判决其承担相应的责任。

随着信息化社会的高速发展,侵权形式越发多样化。以上两个事例共同表明,在互联网高科技的裹挟下,隐私权保护的迫切性急剧增加。当下,电话和微信已成为现代人主要的社交载体,成为人们生活中难以分割的一部分。实践中,受个人信息和隐私泄露而遭遇暴力的人不计其数,甚至不乏因不堪网暴而轻生者。安定的生活里,人们对精神层面有着更高的需求和追求,然而在"多数人的暴力"面前,个体的脆弱性展现得淋漓尽致。面对随时可能被侵扰的生活,人们迫切需要一份独属于个人的时光。《民法典》顺应时代发展和人民需求,强调"任何组织或者个人不得以刺探、侵扰、泄露、公开等方式侵害他人的隐私权",为个人免受打扰和侵犯的安宁生活提供了更有力的依据和保障。

三、"等"字里的人文关怀

《民法典》以保护民事权利为出发点和落脚点,围绕民事权利的确认和保护架构起严密的逻辑体系。其体系虽然庞大,但将对人民权益的保护融入每个细微之处,彰显着法律保护的权利本位思想和人文关怀。

"没想到孩子在娘肚子里也能够得到赔偿!"豆豆(化名)爷爷禁不住发出感慨。记者到大冶保安镇塘湾村青龙嘴湾采访时,一个咿呀学语的小男孩在亲人的呵护下正茁壮成长。其实,在他尚未出生时,就成了一场官司的主角。那是 2020 年的 1 月，湖北大治发生了一起交通事故，一辆重型半挂牵引车在倒车时将一名男子撞倒在地。这名男子叫石某桥，就是前面提到的小男孩豆豆的爸爸。这场车祸导致石某桥腹部损伤和右踝关节损伤，被鉴定为十级伤残。事故发生后的第四天，豆豆出生了。

对于这场车祸造成的伤害，原、被告在赔偿方面产生了争议。石某桥将肇事司机以及某保险公司武汉支公司告上了法庭，要求被告赔偿医疗费、护理费、误工费、残疾赔偿、被抚养人（豆豆）生活费。案件在审理的过程中遇到了一个棘手的问题，那就是原告主张的被抚养人生活费是否应当得到支持？这也是原、被告双方分歧最大的地方。被告认为，发生事故时豆豆尚未出生，不具备民事权利能力，胎儿的抚养费问题法律没有明确规定，因此不应当支付。这个问题一时难住了办案法官。因为此前，我国的法律体系中，仅在继承法中能够找到有关保留胎儿继承份额的规定，《民法总则》列举了遗产继承和接受赠与时胎儿视为具有民事权利能力，并未涉及交通事故中胎儿抚养费支付的问题。办案法官查阅了大量类似案件依然无果。正在一筹莫展之时，《民法典》第十六条走进了法官的视线："涉及遗产继承、接受赠与等胎儿利益保护的，胎儿视为具有民事权利能力。"一个"等"字将胎儿利益保护的立法模式由"列举式"转变为"概括式"，正是这一点为案件的审理带来了突破。

"人的生命是有尊严的，哪怕是胎儿！豆豆出生后，具有抚养义务的石某桥却由于交通事故造成了伤残，肯定会对豆豆的抚养有影响"。办案法官程军胜茅塞顿开，"这个'等'字里面包含了胎儿的抚养费问题"。

一起交通事故引发的棘手纠纷，因为《民法典》中的一个"等"字迎刃而解。这种细微之处的关怀改变了我国胎儿利益保护局限在继承领域的狭隘。《民法典》将对自然人权益的保护向前延伸至胎儿，进一步确证了胎儿在继承、接受赠与等事项上的民事权利能力，为胎儿提供了更加周延的保护。这是对生命尊重的彰显，是对生命平等法治理念的践行，更是一种细致入微的人文关怀。

四、纠偏沉重的"爱"

自古以来，父母对孩子的爱是不容置疑的，听话、顺从似乎成了每一个"好孩子"的标配。然而，到底何谓"爱"？这个看似不需要回答的问题却成了当下亲子关系中不得不直视的问题。是爱？还是以爱之名的肆意操控？

每个孩子在出生之时都被期待并祝福健康地成长，佳佳（化名）也不例外。不仅如此，妈妈对这个宝贝女儿抱有很高的期望，并对其未来做好了规划，"考进全国前三或者前五的大学"。12岁的佳佳是江苏省南通市区一所小学的六年级学生，4岁那年父母离婚，佳佳一直跟随妈妈生活。佳佳的外公外婆住在离她不远的地方，平时会经常接她放学。自2018年起，外婆发现佳佳脸上和身上经常出现各种伤痕，于是禁不住询问原因。起初佳佳总是闭口不言，在外婆的再三追问下，佳佳说出真相：妈妈时常会给她布置课外作业，如果不能及时完成，就可能会遭到辱骂甚至殴打。

2020年4月的一天，外婆发现佳佳的面部及额头十分红肿，后经了解得知，因为佳佳背诵课文时没有达到要求，妈妈一气之下将书甩到了她的脸上。得知原因的外婆既心疼又生气，她无法忍受自己的外孙女一再受伤，在与女儿沟通无果后将这个情况反映给了社区，并在工作人员的帮助下报了警。经鉴定，佳佳所受伤害为轻微伤。派出所向佳佳母亲发出了家庭暴力告诫书，告知了其行为的违法性，并要求她及时纠正暴力行为，严禁再次对佳佳施加暴力。

然而，这份告诫书并没有发挥其应有的作用，暴力依然笼罩在这个日常仅有两个人的家中。2021年1月，因一张试卷没有完成，母亲再次对佳佳施加了暴力，用指甲划破了她的脸，伤情被鉴定为轻微伤。1月20日，崇川区法院向佳佳的母亲发出人身安全保护令，再次禁止她的暴力行为。

佳佳母亲是个望女成凤之心非常强烈的人，她一心希望女儿成才，日常生活中对佳佳的要求极其严格，特别是在学习方面，近乎苛刻。不仅要求佳佳高标准地完成课内作业，还为她布置了额外的提升练习。例如，让还在上小学的佳佳着手大学英语的学习，做成人高考试卷、四六级试卷等。因为在她的观念里，只有让佳佳"赢"在起跑线上，才能确保以后成才。这份沉重的"爱"，却让她变得盲目，什么"家庭暴力告诫书""人身安全保护令"，在女儿的成绩面前统统不值一提。

3月15日，正在烧饭的母亲发现佳佳的课外提升作业没有完成，一气之下抄起手中的锅铲打向佳佳，佳佳的手背被烫伤。姥姥对此非常气愤，此时已经到了忍无可忍的境地。其实，面对佳佳母亲长期的暴力，社会和公安机关也曾与佳佳的父亲联系，希望其履行监护职责，但其父亲因一些客观原因无法保障佳佳的基本生活，最后不了了之。佳佳姥姥认为，佳佳父母无法保障佳佳健康成长，在崇川区人民检察院工作人员的建议下，她向崇川区法院提起诉讼，申请撤销佳佳父母的监护资格，由其担任佳佳的监护人。然而，法律程序的启动并未阻止佳佳母亲施暴。4月5日,佳佳母亲再次因为作业问题拿起烧热的锅铲烫伤了佳佳的右脸……

《民法典》第三十六条规定,监护人实施严重损害被监护人身心健康、严重侵害被监护人合法权益等行为的,人民法院根据有关个人或者组织的申请,撤销其监护人资格,安排必要的临时监护措施,并按照最有利于被监护人的原则依法指定监护人。崇川区法院对本案情形进行了综合考量,依据上述规定,判决撤销了佳佳父母的监护人资格,并将佳佳的监护权转移给姥姥。

通过对监护权转移等制度的规定,《民法典》加强了对未成年人受监护权益的保障。未成年人因其生理和心理的双重脆弱性成为天然的弱势群体,在一个成年人主导的社会中很难发出自己的声音,更不用说被听到。因此,通过制度的倾斜给予这个群体更多的保护也是正义的本质要求和具体体现。当然,这还远远不够,未成年人的脆弱性还使得其成长依赖于"近距离"的引导,而父母被普遍认为是这个角色的最佳人选。然而,"最安全的地方也最危险"的逻辑恐怕难以被轻易打破,无数事实反复印证,最严重的伤害往往是从内部产生的。就像佳佳妈妈一样,这种"虎妈"的作风不仅没有给佳佳带来正向的教育和引导,反而伤害了她幼小的心灵。接受自己的平凡却要求女儿完美,这份沉重的"爱"带来的伤害却可能让佳佳一生都无法复原。《民法典》直面监护人侵权的现象,及时跟进并更新了监护权转移制度,明确指出当监护人对被监护人造成严重侵害时可以撤销监护人的资格,因为,儿童不仅是家庭中的儿童,保护儿童亦是社会之责、国家之责,这一制度体现了国家亲权理念对儿童权益的守护。当然,人类生物学和社会学的规律共同指向父母子女之间难以被取代的自然情感连接,这也意味着撤销监护权理应审慎适用。《民法典》正是捕捉到了这一点,在第三十八条中又为监护资格的恢复预留了一席之地。

五、由"代理者"到"辅助者"

《民法典》对个体生命的关怀细微又温暖,无声却有力。这种人文关怀涵摄整个生命历程,从未出生延伸至逝世以后,从年幼到年迈。

家住上海市静安区的孙某成今年85岁,因年事已高且患有肢体残疾后遗症,日常生活需要他人照料。其父母、妻子均已去世,现有一养女名为孙某亚。2019年,孙某成的房屋因旧房改造被征收,孙某亚在其父亲不知情的情况下申请了对其行为能力鉴定,并指定自己为监护人。经鉴定,孙某成患有器质性精神障碍,应评定为具有限制民事行为能力。法院以鉴定结果为依据判决宣告孙某成为限制民事行为能力人,并指定孙某亚为其监护人。2020年5月,孙某成的侄女孙某莉向法院申请变更孙某成的监护人,理由是多年来孙某成一直请护工照顾,生活起居看病就医也都由孙某莉和另外两位亲属陶某强、陶某萍负责,孙某亚从未尽过抚养、赡养义务。孙某莉同时向法院提交了一份经公证的"意定监护协议",协议表明,当孙某成不能辨识或不能完全辨识自己的行为时,委托申请人孙某莉作为监护人,履行监护职责。

一边是法定监护,一边是意定监护,当两者相冲突时该如何判定?按照过去《民法通则》的规定,当民事主体被认定为无或限制民事行为能力人时,由法律直接按顺序设定监护人。法院多数情况下也直接以监护人的意思表示为裁判的主要考量,也就是通常仅考虑监护人代为做出的民事法律行为。而在《民法典》更加完善的监护制度中,尊重被监护人真实意愿及最有利于被监护人原则被确立,被监护人自主决定权受到更大尊重，监护人也由"代理者"退为"辅助者"。

静安区人民法院审理查明，2019年12月4日，孙某成、孙某莉、陶某强申请办理了《意定监护协议》公证，该协议约定孙某成委任孙某莉为意定监护人，委任陶某强为监护监督人。孙某成在房屋拆迁后便不再与孙某亚共同居住。居委会的人表示，此前孙某亚在楼上与其儿子以及生母住在一起，孙某成一个人住在一楼，孙某成姐姐因为住的近经常关照他，陶某强及其母亲也经常给孙某成买菜。而至于孙某成的精神状况，居委会的人表示，周围人都觉得他很正常，他只是腿有些毛病，但办事情很正常。法院在与孙某成的多次交流中，其均表示和孙某亚关系不好，不同意她作为自己的监护人，且态度坚决。还进一步指出，孙某亚是孙某成父母作主做其女儿的，他更希望自己的侄女孙某莉作为自己的监护人。法院在综合考量之后，从尊重孙某成本人意愿和最有利于其生活出发，将孙某成的监护人变成为孙某莉。

法谚云："在民法慈母般的眼里，每一个个人就是整个国家。"《民法典》将尊重被继承人的意志提升到了重要的位置，是对最有利于被监护人原则和最大程度尊重被监护人真实意愿原则的贯彻和彰显。此外，《民法典》还通过一系列的制度编排，将尊老爱幼的传统美德沁入每一个法律条文之中，将对生命的理解和尊重洒满人生的每一个节点，为每一个心存正义之人"撑腰"，为每一位身处弱势之人戴盔披甲，于细微之处彰显人文的光芒与温度。

六、不失底色的守护

《民法典》的温度不仅体现在对个体权益的尊重和保障上，还彰显在对社会价值的引领和培育中。《民法典》承载了深厚的文化底蕴，传承着中华优秀文化"重民本、讲仁爱、守诚信"的传统,强调"德"与"法"的统一,将传统文化的精华与现代人的生活需求相融合,将古老民族的智慧在法律中传承和发扬,成为保障个体权益及引领社会风尚的重要力量。

随着物质生活水平的提升,人们对精神生活的追求也进一步提升。娱乐成为人们闲暇生活中的常态,其中外出游玩是现代人释放生活压力、提升精神世界的重要选择。游玩让人心情愉悦,如果在游玩中还能帮助到他人,想必会赋予游玩更多精神层面的意义。然而,对于浙江的钱先生来说,似乎并非如此,因为这次的游玩让他有些"糟心"。2020年7月31日下午,钱先生到当地的一个漂流景区观看游客漂流。刚站定还没多久,钱先生便发现从溪流上游下行的一艘漂流艇发生了意外,死死地卡在了河道的转弯处。由于事发突然,加上漂流艇并无刹车设备,强大的水流载着后面的几艘小艇顺势而下统统堵在了弯道处,其中两艘漂流艇已经发生侧翻,情况十分危险。当时,现场仅有一名安全员,面对突然叠加的险情,着实有些势单力薄。钱先生见状当即将手中的电话放在了溪流旁边的干燥处,前去帮助安全员一起拖拽漂流艇,疏通漂流河道。钱先生全程一心施救,并未注意到河道的水位因为堵塞而悄悄上涨。施救结束后,钱先生回到原处打算取回手机,这时他才发现,原本干燥的空地早已被河水漫过,自己的手机也因遭到河水浸泡而出现故障。景区工作人员得知此事后,声称公司有保险,对手机维修等费用会进行赔偿的。钱先生听后并未多想,也打消了心中的顾虑,于是便拿着手机去修理店进行维修。原本以为是河水损坏了屏幕,换个显示屏即可,可谁知,花480元换了个新显示屏后依然无法正常使用。河水已经渗入手机的内部,钱先生只好又花费2500元重新买了一部手机。

事后，钱先生打电话给景区，告知了手机的维修情况，并进一步商量赔偿事宜。令钱先生颇感差异的是，景区却不认账了，并表示手机损坏是钱先生自己的责任，跟景区无关，保险公司也不会赔偿。不仅如此，景区还否认了钱先生的见义勇为行为。

商量无果的钱先生哭笑不得，内心五味杂陈。原本因为自己做了一件好事而内心愉悦，虽说自己也有损失，但这点损失在自我价值的肯定面前可以忽略不计，然而面临景区的"翻脸不认人"，钱先生只能无奈地向法院求助。《民法典》第一百八十三条规定："因保护他人民事权益使自己受到损害的，由侵权人承担民事责任，受益人可以给予适当补偿。没有侵权人、侵权人逃逸或者无力承担民事责任，受害人请求补偿的，受益人应当给予适当补偿。"第一百八十四条规定："因自愿实施紧急救助行为造成受助人损害的，救助人不承担民事责任。"江山法院依据上述规定，肯定了钱先生的行为，并判决被告支付原告手机损失2500元及维修费用480元。

《民法典》一百八十三条、一百八十四条对"见义勇为"行为给予了充分的肯定和保障，给愿做善事的好心人吃了颗"定心丸"。乐善好施是中华民族的传统美德，曾几何时，我们因为某些错置的事件和现象开始变得小心翼翼，甚至慢慢习惯了用理性的算计抑制迈上前去的"冲动"，在不断地质疑中用实际行动解构着内心深处的道德律。"好人条款"的出台，让无数英雄好汉重拾回归社会的勇气，这不仅仅是弘扬社会正气、营造良好社会风尚的有力之举，更为无数仁人志士遵从自己的内心，勇敢做自己解除了后顾之忧。

七、结语

从未出生的胎儿到年迈者，从对个体价值的尊重到对群体价值的培育，《民法典》不单是一部厚重的法律文件，更是我们这个时代发展的缩影，它闪耀着传统法律智慧的光芒，是与时代相拥而书写的华丽篇章。这是一部"固根本、稳预期、利长远"的基础性法律，它坚持人民立场，彰显体现时代精神，将尊重人格尊严、增进人民福祉、促进人的全面发展作为自己的价值引领和目标。一部载满密密麻麻条文的法典，看似冰冷枯燥，却在每一个细微之处彰显人文关怀。这是一部有温度的法典，是一部为人民而编纂的法典。

主要参考文献和素材来源

1. 习近平:《充分认识颁布实施民法典重大意义依法更好保障人民合法权益》，载《中国人大》，2020年第12期，第6—9页。

2. 王利明:《开创立法先河 护航民族复兴》，载《人民日报》，2020年5月28日，第13版。

3. 谢鸿飞:《彰显时代特色的中国民法典》，载《光明日报》，2021年4月30日，第5版。

4. 江平:《沉浮与枯荣：八十自述》，北京：法律出版社2010年版，第276—310页。

5. 李星婷:《"民法典的诞生是时代发展的必然"——金平和一代代西政人接力，参与编纂和宣传民法典》，载《重庆日报》，2020年6月28日，第5版。

6. 夏莉娜:《金平：亲历三次民法典编纂》，载《中国人大》，2016

年第 13 期,第 36—38 页。

7. 顾建兵、徐振宇:《南通一未成年人父母监护人资格被法院依法撤销》,载《人民法院报》,2021 年 4 月 27 日,第 3 版。

8. 余建华:《游客帮忙疏通漂流河道致手机损毁 浙江江山法院:景区作为受益人应予补偿》,载《人民法院报》,2021 年 4 月 13 日,第 3 版。

9.《2021 年滨州法院司法为民公正司法典型案例》,载《滨州日报》,2022 年 2 月 25 日,第 7 版。

10. 中华人民共和国最高人民法院:《最高法发布老年人权益保护第二批典型案例》,https://www.court.gov.cn/zixun-xiangqing-354121.html(访问日期:2023 年 2 月 2 日)。

生命的天平上，没有孰轻孰重

——"同命同价"的故事

一段时间以来，"同命不同价"问题引发中国社会的广泛关注和讨论。支持同命同价者认为，在死亡赔偿上的同命不同价违背了人人平等的宪法原则，导致城乡之间的不平等。反对同命同价的一方则认为，城乡区分的赔偿标准符合中国现实。时光流逝，围绕这一问题的纷争终于随着《关于审理人身损害赔偿案件适用法律若干问题的解释》的修订落下了帷幕。人身损害赔偿将不再按照城镇居民和农村居民区分不同标准，而是统一采用城镇居民标准计算。统一的意义，不仅是实现了城乡居民的公平受偿，更是对生命权的最大尊重。

一、飞来横祸

2005年12月15日早晨，何青志夫妇正在重庆市郭家沱农贸市场卖肉，突然看到邻居气喘吁吁地跑来。

"何源上学时穿的是什么颜色的衣服？"

"白色的羽绒服，咋啦？"

"那边发生了一起车祸，有3个女孩死了。其中一个女孩穿的是白色的羽绒服，看起来像何源。"

何源，14岁，是何青志夫妇的独生女，在重庆市江北区某中学读书。夫妇两人听到这一消息时慌了，连忙赶到现场——郭家沱长城公司路段。只见一辆大货车将一辆三轮车压在了下面，有一件被鲜血浸红的白色羽绒服尤其醒目……

当天早上，何源在上学途中遇到同校的两个好朋友，3个好伙伴上了同一辆三轮车，结伴去学校。然而，不幸却突然降临。当三轮车行驶到郭家沱长城公司上坡路段时，一辆对面驶来的满载货物的卡车刹车不及，车辆失控侧翻，正好将三轮车压在下边，3名少女当场死亡。

经查证，这一卡车的登记车主为重庆铺金公路运输有限公司，实际车主为刘丰云，肇事驾驶员刘定红。2006年1月7日，交警认定刘定红负事故全部责任。

事后，各方当事人选择协商解决。3名受害者的家人先后与重庆铺金公路运输有限公司进行协商。另外两家在与公司协商后，各自得到了20余万的赔偿。还沉浸在丧女之痛中的何青志夫妇，想当然地以为，他们也能够获得相同的赔偿，但事情并没有他们想得那么简单。当他们与肇事司机挂靠单位协商赔偿时，对方给出的答复是：给予遭遇同一车祸的另外两个女孩家属20多万元赔偿，而何青志夫妇却只能得到包括死亡赔偿金5.07万元和丧葬费等其他费用在内的共计5.8万元的赔偿。

何青志夫妇简直不敢相信自己的耳朵：为什么同样一起车祸，另外两个女孩的家属都得到了20多万元赔偿，自己却只得到5万多元的赔偿？为什么同一起事故，生命却有如此不同的"定价"？

他们得到的解释是，根据2004年5月1日施行的《关于审理人身损害赔偿案件适用法律若干问题的解释》(以下简称《人身损害赔偿司法解释》),死亡赔偿金以受诉法院所在地上一年度城镇居民人均可支配收入或农村居民人均纯收入为标准计算,赔偿年限为20年。2004年重庆城镇居民人均可支配收入为9221元,农村居民人均纯收入为2535元。按照这一标准,因为何源的两位同学具有城镇户籍,家属可以获得20万元赔偿,何源因是农村户籍,何青志夫妇仅能获得5万余元赔偿。

"仅仅是因为户口不同,赔偿就存在着如此大的差距,这不是荒唐吗?"何青志夫妇说,"女儿虽然是农村户籍,但10多年来一直生活在城里,一直和城里娃一起上学,为什么她读书时不因为她是农村户口而少收学费?为什么她购物时必须支付完全一样的价格?我们和城里人培养孩子的成本有什么不同?孩子长大了,对社会的贡献又有什么不同?"无法接受这一现实的何青志夫妇质问:"不是说(法律面前)人人平等吗?法律为什么不一视同仁对待死亡的生命?"

最终,经过多次交涉,对方公司答应赔偿8万元,肇事司机出于同情,单独赔偿1万元,何家总计得到赔偿金9万元。然而,这样一种合法却不合理的赔偿仍然让何青志夫妇难以接受。

二、何为公道

在拿到赔偿后,何青志夫妇并不甘心,他们希望能够给女儿讨一个公道,讨一个能让所有农村户口的人心服口服的解释。于是,何青志夫妇四处奔走反映。后来,他们找到了四川大学法学院周伟教授,希望他能为这起人身损害赔偿案件提供法律援助。

周伟教授在详细了解了该案情况后发现,有关单位处理赔偿问题的法律依据是《人身损害赔偿司法解释》的第二十九条:"死亡赔偿金按照受诉法院所在地上一年度城镇居民人均可支配收入或者农村居民人均纯收入标准，按二十年计算。"他认为，《人身损害赔偿司法解释》第二十九条规定的死亡赔偿金以公民户籍为计算基础，区分城镇与农村，导致城镇与农村户籍的死亡赔偿金相差高达 4 倍，这实际上建立了一种人身损害赔偿的二元标准。《人身损害赔偿司法解释》第二十九条把城镇和农村户口作为区别赔偿的法律依据，这样的差别对待欠缺法理基础和正当理由，我国其他涉及人身损害赔偿的立法，也没有区分城镇和农村居民的先例。退一步而言，何源虽是农村户口，但一直跟父母生活在城镇。那么，在此案件中，到底适用城市标准，还是农村标准？这也不无争议。

周伟认为，"平等可以有差别，但差别的依据必须合理"。司法解释依据户籍对农民和城里人差别对待没有合理依据，损害了农民的合法权益，违反了宪法上法律面前人人平等原则，构成了户籍歧视。鉴于此，何源的父母委托周伟教授向全国人大常委会法工委提出违宪审查建议书。建议书中称，最高人民法院关于人身损害赔偿的司法解释构成户籍歧视，违反宪法平等原则，建议全国人大废止或责令最高人民法院重新作出司法解释。周伟教授建议，国家对人身损害赔偿，应当以户籍所在地或经常居住地上年或当年人均收入为标准，并综合考虑其他必要的因素，建立无城乡差别的人身损害赔偿制度，完善我国的侵权民事赔偿责任制度。

此外，何青志夫妇还向重庆市江北区法院提起了诉讼，将肇事车辆所挂靠的公司、实际车主、司机等告到重庆市江北区法院，要求三个被告共同赔偿死亡赔偿金、丧葬费计 133196 元。

然而，一审法院宣判何青志夫妇败诉。法院在判决书中指出，事故发生后，双方当事人自愿选择协商解决方式，交警部门也就交通事故处理方式、程序和法律法规与司法解释有关赔偿项目、标准、计算方式等给双方当事人予以详细介绍。在协商中，当地政府、相关部门也积极到场参与。据此，可以判定，赔偿协议书是双方当事人在自愿、平等基础上达成的，且系当事人真实意思表示，不存在欺诈、胁迫等情形；从赔偿协议书所列赔偿项目、金额计算上看，完全符合当时的法律规定，且赔偿义务人给付的赔偿金额略高于按照当时法律规定赔偿权利人所应得的赔偿金额，不存在重大误解、显失公平等情形。因此，双方当事人达成的赔偿协议书合法有效，均应遵守。同时，现有证据载明，赔偿义务人已经按照协议完全、及时履行了约定义务，赔偿权利人已按协议实现其权利。因此，江北区法院一审判决认为，有关何源的死亡赔偿金符合法律规定。由于双方自愿达成赔偿，且何青志夫妇已经全部得到赔偿，其诉讼请求没有法律依据。何青志随后提起上诉，二审法院终审驳回上诉，维持原判。何青志申请再审。2009年，重庆市第一中级人民法院作出再审判决，维持原终审判决。

何青志夫妇对于法院的判决依旧不解且不满，但所有法律途径已然走完。家中独女的去世对这个家庭的打击无疑是巨大的，也是任何金钱都无法补偿的。至于今后的生活，何青志表示，妻子已不能生育，只有领养一个孩子，生活还是要继续。

三、法理与情理

何源案发生后，同命不同价问题在国内引发热议。其中一方观点认为，《人身损害赔偿司法解释》在死亡赔偿金问题上所采取的城乡有别的赔偿标准，事实上导致了农村居民的"命"比城镇居民更"低价"，属于"同命不同价"，违背人人平等原则，应当修改为统一的赔偿计算标准。也有观点认为,所谓"同命同价"属于伪命题,不符合中国国情。如王利明教授指出,2004年《人身损害赔偿司法解释》根据城乡二元结构划分两个标准,这是由当时我国国情和客观经济发展水平所决定的。还有学者指出,城乡不同的赔偿标准有其合理之处。在人口流动不够频繁的时期,城乡生活水平存在较大差异,规则的制定者必须充分面对现实,考虑诸如城乡收入差距、赔偿能力迥异等现实状况。实际上,针对如何对死亡进行赔偿,在学术界内部都出现了巨大争论。

当时的主流民法理论认为,受害人死亡后,其作为"人"的法律资格便消失了,无法请求损害赔偿。在此情况下,死者的近亲属可以向施害者请求赔偿。而在如何赔偿的问题上,学界主流观点坚持"扶养丧失说"。这一理论认为,因侵害他人生命导致其死亡的,可能会导致受害人家庭中的未成年人、老人等弱势群体失去生活来源,因此应当予以赔偿。《最高人民法院关于确定民事侵权精神损害赔偿责任若干问题的解释》的起草者指出,我国《民法通则》在立法时采取的是"扶养丧失说",《民法通则》第一百一十九条规定的死亡赔偿内容属于丧葬费、被扶养人生活费。在此,如果死亡赔偿属于对被扶养人的赔偿,那根据死者户籍确定抚养费的便具有一定程度的合理性。

但是,主流理论对个体及个体死亡的理解是否恰当,仍值得商榷。一个人的死亡真的只与其近亲属有关,而与死者本人没有关联吗?死亡的损失仅仅是财产损失,不涉及精神赔偿吗?即便从一个普通人的视角思考,一个人的死亡也不应当被认为是与他本人无关,死亡的损害也不应当仅被视为财产损失。就死者而言,死亡是生命的灭失,他的一切身外之物——财产、权利、收益、幸福、债务、责任、痛苦、纠葛等也会随之消失;对亲属而言,这意味着亲人的离去,以及财产、精神利益的损失。对朋友、同学、同事等各种非亲属的相识者而言，这意味着伙伴的离去，同时也会有物质上的损失，但更多是精神上的损失。从社会的角度来看，个体生命被剥夺，还意味着一种"抽象生命价值"被侵害，意味着"人的生命至高无上，任何人不得非法剥夺"这一社会共同体之最基本伦理被侵犯和挑战，意味着对任何生者之生命的潜在威胁。这是一种看不见、摸不着，但却实实在在地存在于每一个人的感受之中的侵害，是一种伦理层面的、精神性的侵害。从这个角度思考，"同命不同价"的侵权赔偿规则是需要进一步完善的。

四、迎来改变

面对民意，司法不可能视而不见。2006 年 3 月 10 日，时任最高人民法院民事审判第一庭庭长纪敏就"同命不同价"问题与网友在线交流。纪敏认为，人身损害赔偿标准是根据中国实际情况，考虑到不同群体利益基础上制定的。城乡二元结构一直在深刻地影响着中国社会。从当时的社会环境来看《人身损害赔偿司法解释》第二十九条的规定，其实也是这种二元结构在赔偿方面的具体表现。但是，在这两年的司法实践中，确实出现了一些问题，主要表现在一起事故中，受害方既有城市人又有农村人，根据城市标准赔偿的数额和根据农村标准赔偿的数额差距就很大。纪敏表示，社会对"同命不同价"比较关注，法院也了解到这种情况，近两年来都在做这方面的调研。目前，仍然存在一些分歧。但在同一事故中，如果既有城市受害者，又有农村的受害者，大家普遍认为，应该是按一个标准执行。目前，最高法院正在协调各方面意见，不久将会有新的规定。

2008 年 3 月，时任最高人民法院副院长张军在一个讲座中指出，最高人民法院曾多次讨论修改人身损害赔偿问题，最终认为很难作出新的解释完善原来的规定。因为中国幅员辽阔，经济发展不平衡，城乡差别现实存在。在最后一次讨论中，最高人民法院曾形成两点意见：一是为了回应"同命不同价"争论，明确人身损害赔偿金不是精神损害赔偿，而是造成生命财产损害的赔偿；二是农村居民在城市居住一定期限发生损害，按照城市标准给予赔偿。针对第一点意见，考虑到大多数民众关心的重点并非赔偿金的性质问题，而是赔偿金额，因此并未同意该意见。至于农村居民在城市居住一定期限发生损害，按照城市标准给予赔偿的问题，"一定期限"并不好确定，所以多数一方不同意这一意见。最终决定，不宜通过司法解释，而应通过立法解决此问题。

不过在具体实践中，从2005年开始，最高人民法院在审理人身损害赔偿问题上态度便开始有所"松动"。当年，最高人民法院的一份批复指出，在审理人身损害赔偿案件中，受害人残疾赔偿金、死亡赔偿金的计算，应根据案件的实际情况，结合受害人住所地、经常居住地等因素，确定适用城镇居民或者农村居民的标准。随后，一些地方性法规、高级人民法院的《指导意见》也试图对"同命不同价"问题进行"破冰"。例如，2006年9月8日推出的《广西道路交通安全条例》规定：农村居民和城镇居民因交通事故死亡的，其赔偿额均按城镇居民人均可支配收入和人均消费性支出计算；2006年11月1日开始实施的重庆市高级人民法院《关于审理道路交通事故损害赔偿案件适用法律若干问题的指导意见》规定：农村受害人在发生交通事故时，已在城镇连续居住一年以上，且有正当生活来源的，可以按照城镇居民标准计算赔偿数额。

在2009年《中华人民共和国侵权责任法》（以下简称《侵权责任法》）制定过程中，何源案被作为典型案例进行了研究讨论。最终，《侵权责任法》第十七条规定,因同一侵权行为造成多人死亡的,可以以相同数额确定死亡赔偿金。这是《侵权责任法》试图在生命权赔偿上实现"同命同价"的努力。周伟教授指出,《侵权责任法》的颁布是一个重要的转折点。但是,这部法律并没有从根本上改变城乡之间的死亡赔偿差异。对此,时任全国人大常委会法制工作委员会副主任的王胜明指出,立法时"倾向于原则适用统一赔偿标准,适当考虑个人年龄、收入、文化程度等差异"。但当时条件不允许,最后只对同一侵权行为的赔偿标准进行了统一。

五、最后一跃

损害赔偿标准与户籍绑定,具有一定的历史背景。随着我国城镇化建设的加快,城乡经济社会日趋融合,城乡差距日益缩小,以户籍性质来决定赔偿额的标准,越来越让人难以接受。2020年第七次全国人口普查公报显示,居住在城镇的人口占总人口的比例达到了63.89%。与2010年第六次全国人口普查相比,城镇人口比重上升了14.21个百分点。尤其是伴随着我国户籍改革的逐步推进,城乡统一的户口登记制度全面建立,各地逐渐取消了农村户口与非农业户口的性质区别,城乡有别的死亡赔偿金制度,更是显得与社会发展很不协调。在此背景下,2019年4月,中共中央、国务院发布《关于建立健全城乡融合发展体制机制和政策体系的意见》,明确提出改革人身损害制度,统一城乡居民赔偿标准。2019年9月,最高人民法院发布《关于授权开展人身损害赔偿标准城乡统一试点的通知》,授权各高院在辖区内开展人身损害赔偿纠纷案件统一城乡居民赔偿标准试点。

在最高人民法院通知发出后,各地陆续开展试点工作,并根据辖区实际情况在试点地区范围、试点案件类型、赔偿计算标准等方面采用了不同做法。例如，根据试点地区范围划分，有全辖区开展试点和辖区内部分地区开展试点两种做法。根据试点案件类型划分，有的省、自治区、直辖市在全部人身损害赔偿类民事纠纷案件中开展试点工作，有的则是在机动车交通事故责任纠纷等部分类型案件中开展试点工作。在赔偿标准方面，主要有采用城镇居民标准和全体居民标准两种做法。在试点开展过程中，大部分法院在赔偿标准的执行上，都采取"就高不就低"，但也有部分法院尝试采用"全体居民标准"。例如，上海采取的"全体居民标准"，就介于城镇标准与农村标准之间。

2021年8月，最高人民法院印发《关于进一步推进人身损害赔偿标准城乡统一试点工作的通知》，要求各地法院扩大试点范围，并将赔偿标准统一为城镇居民标准。之后，最高人民法院启动了《人身损害赔偿司法解释》修改工作。经过深入调研论证以及向全社会公开征求意见等过程后，《人身损害赔偿司法解释》最终发布。此次修改共涉及《人身损害赔偿司法解释》第十二条、第十五条、第十七条、第十八条、第二十二条、第二十四条等六个条文。最高人民法院民一庭负责人表示，此次修改后，侵权赔偿统一采用城镇居民标准，兼顾了城镇居民受害者和农村居民受害者的整体情况，受害者为农村居民的，赔偿数额将获得较大幅度提高，这就能更好地保护人民群众合法权益，更加彰显《民法典》权利法和救济法的本质，回应了新时代人民群众的呼声。

六、结语

回顾中国人身损害赔偿标准的变迁，各个阶段的赔偿标准虽不相同，但都是适合当时我国国情的。从城乡二元赔偿标准，到同一侵权行为同一赔偿标准，再到如今全国统一采用城镇居民标准，这一过程实际上是我国城市化进程的一个缩影。随着社会经济发展，城乡高度融合、差距缩小，二元化的赔偿标准自然要向城乡统一标准演进。

在何源去世十余年后，城乡"同命不同价"的讨论和人身损害赔偿的制度变迁也暂告一段落。金钱永远无法抚平失去亲人的伤痛，但给予每位受害者家属统一的赔偿和公平的对待，也许是我们对逝者的最大告慰，也是对每个鲜活生命的最大尊重。

主要参考文献和素材来源

1. 巩固:《社会视野下的死亡赔偿》，载《法学研究》，2010 年第 4 期，第 49 页。

2. 范雪飞:《论"同命同价"法心理之正当性及其制度观照》，载《浙江社会科学》，2012 年第 8 期，第 67 页。

3. 佟强:《论人身损害赔偿标准之确定——对"同命不同价"的解读》，载《清华法学》，2008 年第 1 期，第 132 页。

4. 余义勇:《"同命不同价"拷问法律公平》，载《四川日报》，2006 年 4 月 21 日，第 9 版。

让阳光照进法庭的每一个角落

——庭审实质化改革与公正审判的故事

在国家人权保障制度体系中,司法是维护社会公平正义的最后一道防线,通过司法改革来完善人权司法保障具有独特的重要地位和作用,是当下法治中国建设的重点。庭审实质化改革对实现法律面前的人人平等,实现无辜者无罪、有罪者受公正处罚,具有重要意义。庭审实质化改革是司法体制改革的一项艰巨任务,其成败是检验深化司法体制改革好坏的一个重要标准。

一、什么是庭审实质化改革?

2004 年第十届全国人民代表大会第二次会议通过的宪法修正案,将"国家尊重和保障人权"写入《宪法》第二章公民的基本权利和义务中的第三十三条。2012 年第十一届全国人民代表大会第五次会议通过的刑事诉讼法修正案,将"尊重和保障人权"写入《刑事诉讼法》第一章任务和基本原则中的第二条。《宪法》和《刑事诉讼法》中关于尊重和保障人权的规定,体现了立法者对保障人权的高度重视。国家权力得以规范行使与公民基本权利和自由得以充分保障,正是法治国家的基本标志。《刑事诉讼法》的基本理念之一是惩罚犯罪与保障人权。惩罚犯罪是指通过刑事诉讼活动,在准确、及时查明案件事实真相的基础上,对构成犯罪的被告人公正适用刑法,以抑制犯罪,以及通过刑事程序本身的作用来抑制犯罪。保障人权是指在通过刑事诉讼惩罚犯罪的过程中,保障公民合法权益不受非法侵犯。具体包括:无辜的人不受追究;有罪的人受到公正处罚;诉讼权利得到充分保障和行使;保障被害人和其他受到犯罪影响的人的合法权益。惩罚犯罪不能忽视人权保障,保障人权也不能脱离惩罚犯罪。

如果说人权立法保障是通过将应有人权的宪法化、法律化和法规化,使之进入国家法律保障制度体系,成为依法保护的对象,因而它是实现人权的基本前提和重要基础;如果说人权执法保障是通过国家行政机关认真履行职责、严格执行法律法规,将宪法法律法规规定在纸面上和条文中的各项人权具体付诸实践,因而它是实现人权的重点和关键,那么,人权司法保障就是实现人权不可或缺的救济手段和最后防线。把完善人权司法保障制度与深化司法体制改革紧密结合起来,有利于从司法人权保障的角度推进司法体制的深化改革。司法人权保障是针对那些人权已经受到或者容易受到侵害的公民所给予的"矫正正义",这些公民通常是社会弱势群体,或因违法犯罪丧失人身自由等原因而处于不利地位的人。司法人权保障的一个重要出发点,是法律面前人人平等,即使违法犯罪的人也是人,依法享有人权和基本自由;司法人权保障的一个重要问题,是法律上处于不利地位的人如何来保障和维护自己的人权,包括被监视或被逮捕的人、被告人、囚犯等。

推进以审判为中心的诉讼制度改革,实际上是要实行以司法审判标准为中心,也就是说从刑事诉讼的源头开始,就应当统一按照能经得起控辩双方质证辩论、经得起审判特别是庭审标准的检验，依法开展调查取证、公诉指控等诉讼活动，从而"确保侦查、审查起诉的案件事实证据经得起法律的检验"。庭审实质化改革是以审判为中心诉讼制度改革的着力点，因为无论是为了实现程序公正与实体公正，还是要求落实权责一致的办案责任制，均要求被告人的刑事责任在审判阶段通过庭审的方式来解决。刑事诉讼程序的实际运行中，公安机关、检察院、法院由于相互配合过多而制约不足，一定程度上造成了庭前活动的中心化和法庭审判活动的形式化。法院因缺乏对公安机关和检察院开展追诉活动的控制力，使其本应具有的居中审判权威无法充分彰显，犯罪嫌疑人、被告人的合法权利难以得到有效保障。我国司法实践中公权力机关非法取证行为时有发生，而庭审作为查明被告人是否有犯罪行为以及罪行轻重的关键环节常被虚化，导致冤假错案不断见诸报刊媒体。为此，党的十八届四中全会通过的《中共中央关于全面推进依法治国若干重大问题的决定》明确提出，"推进以审判为中心的诉讼制度改革，确保侦查、审查起诉的案件事实证据经得起法律的检验。全面贯彻证据裁判原则，严格依法收集、固定、保存、审查、运用证据，完善证人、鉴定人出庭制度，保证庭审在查明事实、认定证据、保护诉权、公正裁判中发挥决定性作用"。

可以认为，庭审实质化是以审判为中心的诉讼制度改革的重要目标和具体内容之一，而在实践中，庭审实质化一定意义上成为以审判为中心的诉讼制度改革的替代语和同义词。党的十八届四中全会提出以审判为中心的诉讼制度改革后，司法机关迅速作出回应。2015年3月31日，全国第一个庭审实质化示范庭在成都市温江区法院率先落槌，四川成都和浙江温州两地法院相继开始庭审实质化改革试点。进一步看，推进庭审实质化改革不仅是为了贯彻落实《中共中央关于全面推进依法治国若干重大问题的决定》，更是为了加快推动我国建设具有法治国家特征的刑事诉讼程序运行机制，有效防止冤假错案生成、促成刑事诉讼制现代转型，从而更好地尊重和保障人权。

二、为什么要推进庭审实质化改革？

刑事诉讼阶段可以划分为相对独立又相互联系的三个环节，包括侦查、审查起诉和审判。三道工序之间相互独立、互不隶属，对最终实现刑事诉讼的目的起着同样的作用。公安机关、检察院、法院三机关分别就侦查、起诉和审判独立地行使自己的权力。这种分段包干式的诉讼模式优势在于可以高效率地打击犯罪、顺利实现国家刑罚权，但线性作业诉讼模式容易造成庭审的虚化，法官无法通过庭审发现案件事实。

我国《宪法》第一百三十五条和《刑事诉讼法》第七条规定，人民法院、人民检察院和公安机关办理刑事案件，应当分工负责，互相配合，互相制约，以保证准确有效地执行法律。"分工负责、互相配合、互相制约"成为阐释公检法之间关系的理论依据。然而，我国刑事诉讼实践中呈现的却是人民法院、人民检察院和公安机关彼此之间的"配合有余，制约不足"，特别是法院对审判前程序的监督明显缺失，整个刑事诉讼流程形成"流水线作业"。我国公安机关、检察院和法院的这种现实关系，造成法院对公安机关和检察院的制约能力不足，不利于充分发挥审判权所具有的审查功能和审判权威，也不利于保护犯罪嫌疑人、被告人的正当诉讼权利。

刑事诉讼的目的一方面是在准确、及时地查明案件事实真相基础上，对构成犯罪的被告人正确适用《刑法》惩治犯罪来实现国家的刑罚权；另一方面是国家在进行刑事诉讼的过程中保障诉讼参与人的合法权益不受侵犯，特别是保障与案件结果有直接利害关系的犯罪嫌疑人、被告人和被害人的诉讼权益得到充分行使。在刑事程序中，有许多人参与其中，检察官与被告人、辩护人进行所谓的攻防对垒，而最终结果如何，应由动态的程序发展结果来决定，学理上将这一观点称为动态的理论。这一动态过程大致可划分为三条相互关联的延伸线，即公诉、程序的展开以及审判人员心证的形成，在围绕公诉进行诉辩对抗以及程序推进的过程中，逐渐形成的裁决者对案件事实的认定是诉讼的最终落脚点和目的。

法庭审判是整个审判程序的中心，而定罪权是刑事审判的核心，相较于庭前准备、判决书送达等程序，法庭审判是决定被告人有罪或无罪的关键环节。鉴于当前我国庭审环节被虚化的现实，2013年召开的第六次全国刑事审判工作会议首次提出了"庭审中心主义"。会议文件提出，"审判案件以庭审为中心，事实证据调查在法庭，定罪量刑辩论在法庭，裁判结果形成于法庭，全面落实直接言词原则，严格执行非法证据排除制度"，此后理论上将其概括为庭审中心主义。庭审中心主义的提出对于全面推进刑事庭审实质化改革，以及未来我国刑事审判工作的改革方向具有重要的指引作用。总之，刑事庭审实质化改革要求通过庭审来认定案件事实，并在此基础上确定被告人的定罪量刑，主要内容包括以下两个方面：一个是审判应成为诉讼的中心阶段，被告人的刑事责任应在审判阶段，而不是在侦查、审查起诉或其他环节解决；另一个是庭审活动应当是决定被告人命运的关键环节。

三、怎样推进庭审实质化改革？

2014年10月中共十八届四中全会通过的《中共中央关于全面推进依法治国若干重大问题的决定》，在"保证公正司法，提高司法公信力"部分明确提出，"推进以审判为中心的诉讼制度改革，确保侦查、审查起诉的案件事实证据经得起法律的检验。全面贯彻证据裁判规则，严格依法收集、固定、保存、审查、运用证据，完善证人、鉴定人出庭制度，保证庭审在查明事实、认定证据、保护诉权、公正裁判中发挥决定性作用"。因此，以审判为中心的诉讼制度改革，是中国当前司法和刑诉法改革的重要内容，受到了理论界和实务部门的强烈关注和讨论。但就如何推进以审判为中心的诉讼制度改革，有关部门由于身处的立场和考虑视角不同，对此所涵括的理论意义以及未来走向得出了不尽相同的结论。然而，值得注意的是，部分地方司法机关结合《中共中央关于全面推进依法治国若干重大问题的决定》的顶层设计要求，对以审判为中心的诉讼制度改革作了许多有益尝试，并取得了一定的积极效果。全国现在有两个地方法院开始尝试，一个是四川成都，另一个是浙江温州[①]。四川省成都市中级人民法院及其下辖的20个基层法院（以下简称成都市两级法院）是国内首批同时也是最大规模进行庭审实质化改革的试点法院，这项改革受到了社会各界的广泛关注。通过专家学者和审判人员

---

① 浙江是中央确定的第二批司法体制改革试点省份，浙江省高级人民法院2015年召开的全省法院院长会议要求试点工作做好三个结合：坚持顶层设计与发挥基层首创精神相结合，坚持继续深化改革与巩固现有成果相结合，坚持有理想和接地气相结合。参见余建华，孟焕良：《浙江推进以审判为中心的诉讼制度改革》，载《人民法院报》，2015年2月8日，第1版。浙江温州两级法院的具体改革实践可参见徐建新，吴程远：《以审判为中心的诉讼制度改革的温州实践》，载《人民司法（应用）》，2016年第25期，第8—12页。

的共同努力，试点改革在很多方面都取得了一定成功，中央政法委将其作为推进刑事庭审实质化改革的关键抓手。所以，通过研究成都两级法院以审判为中心的庭审实质化改革，我们可以进一步研究党中央的宏观决策是如何在现实中展开的，以及在展开过程中形成的经验。

2016年10月最高人民法院、最高人民检察院、公安部、国家安全部、司法部联合印发《关于推进以审判为中心的刑事诉讼制度改革的意见》，以及2017年2月最高人民法院印发《关于全面推进以审判为中心的刑事诉讼制度改革的实施意见》的相关内容，实质上是吸收了成都市中院的试点改革经验，特别是其推出的一系列切实推进刑事庭审改革的制度规范和重要文件。这其中包括《成都市中级人民法院刑事庭审实质化改革试点实施方案》《成都市中级人民法院刑事诉讼证据开示操作规范（试行）》《成都市中级人民法院刑事诉讼庭前会议操作规范（试行）》《成都市中级人民法院刑事诉讼举证规则（试行）》《成都市中级人民法院非法证据调查程序操作规范（试行）》《成都市中级人民法院刑事诉讼人证出庭作证操作规范（试行）》《成都市中级人民法院刑事庭审实质化改革第一审裁判文书制作规范》《成都市依法快速办理轻微刑事案件的实施细则（试行）》《成都市中级人民法院关于刑事案件繁简分流的若干规定（讨论稿）》《成都市中级人民法院关于刑事案件繁简分流和专业化审判的实施办法（试行）》《成都市中级人民法院关于依法保障律师执业权利的若干意见》《成都市中级人民法院刑事庭审笔录制作规范（讨论稿）》等。

为顺利在全市范围的法院开展庭审实质化改革，成都市中院不仅进行了充分的改革推进工作，而且在两级法院之间选择具有典型意义的案件展开了庭审试点。例如，2015年2月18日印发《成都市中级人民法院关于成立刑事庭审实质化改革试点工作领导小组的通知》；2015年2月25日印发《成都市中级人民法院关于开展以庭审为中心的刑事庭审实质化改革试点工作的通知》；2015年4月22日印发《成都市中级人民法院关于在全市法院开展刑事庭审实质化改革专项课题调研的通知》；2015年5月11日印发《成都市中级人民法院关于确定第二批刑事庭审实质化改革试点法院的通知》；2015年6月30日印发《成都市中级人民法院关于全面推进刑事庭审实质化改革试点工作的通知》；2015年11月2日印发《成都市中级人民法院关于贯彻落实最高法院李少平副院长等领导重要指示精神进一步推进刑事庭审实质化改革试点工作的通知》。同时，成都市中院于2015年2月18日、5月11日先后确定高新区法院、温江区法院、大邑县法院、青羊区法院、龙泉驿区法院、新津县法院为刑事庭审实质化改革试点工作基层法院。

2015年成都市两级法院在示范庭案件和对比庭案件的试点和选择上主要集中在市区法院，原因在于：一方面，成都市中院负责改革试点的牵头工作，不仅需要确保试点工作及时有序推进、取得成效，也需要为全市基层法院改革积累提炼有益经验，形成可借鉴、可复制的刑事庭审规范化操作模式。成都市中院成立了刑事庭审实质化改革试点工作领导小组并下设办公室于刑二庭，主要负责改革试点的牵头工作。成都市中院在刑一庭、刑二庭、少审庭设立三个指导组，由庭长担任组长，分别对口指导大邑县法院、温江区法院、高新区法院。指导组主要对试点基层法院的庭审程序、规则制度、课题研究等改革试点相关工作进行业务指导。另一方面，相关优秀的审判和专家资源多集中在都会区，这充分体现了本次试点改革坚持把实践资源优势和理论研究优势相结合的改革思路。为了继续深化改革，经成都市中院研究决定，从2015年7月

1日开始,在成都市两级法院全面推开改革试点工作。各基层法院院长为市中院刑事庭审实质化改革试点工作领导小组成员。各基层法院应成立刑事庭审实质化改革试点工作领导小组,并由院长担任组长,加强对改革试点工作的领导,确保工作及时有序推进,取得实效。各基层法院和中院刑事审判业务庭按改革要求每月至少完成1至2个试验庭或示范庭的开庭工作,并于每月30日前报送下一月拟开试验庭或示范庭案件信息,交市中院刑二庭汇总。

成都市两级法院的刑事庭审实质化改革的实施方案,主要依据是2013年11月最高人民法院发布的《关于建立健全防范刑事冤假错案工作机制的意见》[1]、2014年10月通过的《中共中央关于全面推进依法治国若干重大问题的决定》、2015年2月4日最高人民法院发布的《关于全面深化人民法院改革的意见——人民法院第四个五年改革纲要(2014—2018)》[2]。以上几个文件均提出了"以庭审为中心"或者"以审判为中心"的相关改革要求。根据这些文件的要求,成都市两级法院将改革的着力点定位于充实庭审并使之实质化,建立点上庭审示范、线上类案指导、面上内外协同的改革工作体系,最大限度防范冤假错案,努力实现让人民群众在每一个司法案件中感受到公平正义的目标。2015

---

[1] 第十一条"切实遵守法定诉讼程序,强化案件审理机制"部分明确提出,"审判案件应当以庭审为中心。事实证据调查在法庭,定罪量刑辩论在法庭,裁判结果形成于法庭"。

[2] 在"建立以审判为中心的诉讼制度"部分提出,"建立中国特色社会主义审判权力运行体系,必须尊重司法规律,确保庭审在保护诉权、认定证据、查明事实、公正裁判中发挥决定性作用,实现诉讼证据质证在法庭、案件事实查明在法庭、诉辩意见发表在法庭、裁判理由形成在法庭。到2016年底,推动建立以审判为中心的诉讼制度,促使侦查、审查起诉活动始终围绕审判程序进行"。

年 2 月 25 日印发的《成都市中级人民法院关于开展以庭审为中心的刑事庭审实质化改革试点工作的通知》中的试点内容明确规定，"开展以庭审为中心的刑事庭审实质化改革，要努力实现诉讼证据质证在法庭、案件事实查明在法庭、诉辩意见发表在法庭、裁判理由形成在法庭，促使侦查、审查起诉活动始终围绕审判程序进行，促进审判程序特别是庭审活动的实质化"。相应地，通过试点改革促进庭审方式转变，对审判实践的各方面形成积极影响，最终落实刑事诉讼法规定的各个参与主体的角色、定位和工作格局，真正实现从"以侦查为中心"到"以审判为中心"的转变，促进司法水平新的提升和司法文明质的飞跃。

四、庭审实质化是如何运行的？

2015 年，四川省成都市青羊区人民法院成为成都市第二批刑事庭审实质化改革试点法院。经过一年的探索，青羊区法院构建起了一套"侦查取证规范严谨、公诉举证充分有效、关键证人应出尽出、刑事辩护有力到位、庭审程序驾驭有度"的以审判为中心的刑事诉讼模式和"简案快办、难案精审"的审理格局。2016 年 3 月 31 日，四川省高院在成都市中院召开了全省刑事庭审实质化改革工作推进会暨庭审观摩现场会，青羊区法院于当日下午 2 点，在成都市中院公开开庭示范审理一起电动自行车盗窃案。由于被民警挡获时，被告人曾某身边有一把刀具，检察院向青羊区法院提起公诉，要求以转化型抢劫罪和盗窃罪分别追究曾某、焦某刑事责任。这个案子中存在的最大争议是，检察机关指控被告人曾某涉嫌抢劫罪，而曾某的辩护律师则认为曾某只构成盗窃罪。被告人曾某在盗窃电动车时被当场挡获的时候，究竟有没有持刀威胁参与抓捕的人员？这关系到被告人曾某到底是构成盗窃罪还是抢劫罪。根据《刑法》第二百六十九条（转化型抢劫罪）规定："犯盗窃、诈骗、抢夺罪，为窝藏赃物、抗拒抓捕或者毁灭罪证而当场使用暴力或者以暴力相威胁的，依照本法第二百六十三条的规定定罪处罚。"抢劫罪与盗窃罪在性质和量刑方面截然不同，抢劫罪一旦成立，被告人的刑罚将大大加重。此时，法庭调查就成为查明案件事实真相的关键。

法院查明的案情是这样的：

2015年10月的一天凌晨，曾某及其同伙在成都市青羊区某小区盗窃电动自行车后，准备离开小区时被小区保安发现，后被保安和民警当场抓获。检察机关指控曾某犯抢劫罪、焦某犯盗窃罪。曾某被指控犯抢劫罪的原因是其持管制刀具抗拒抓捕，已符合我国《刑法》规定由盗窃罪向抢劫罪转化的条件。但是，被告人曾某始终不承认拔刀威胁相关人员的情况，并辩解是在被警察按倒在地时自己右侧裤包内的刀子才掉到地上。此案的争议焦点是是否存在被告人拔刀威胁相关人员的情节。案卷材料中，包括一名保安和两名民警在内的三名证人指证被告人有持刀威胁情节。合议庭在庭审前召开了庭前会议，解决了程序性问题，展示了庭审中拟出示的全部证据，确定出庭证人名单，明确控、辩双方的争议焦点是"被告人曾某是否持刀威胁，是否构成盗转抢"。张斌华作为本案的承办法官，独立负责准备庭前会议的所有事务，并在庭审开始时，当庭宣布在开庭前形成的庭前会议报告。

被告人曾某承认盗窃电动自行车的事实，但不认为自己构成抢劫罪。在法庭上，曾某为自己的罪名进行辩解，他否认自己持刀抗拒抓捕。曾某到底构成盗窃罪还是抢劫罪，是否持刀威胁是关键，而这需要目击证人出庭质证，然后由法庭进行认证。辩护律师在庭前会议中申请相关人员出庭作证得到法庭许可，包括两名民警、一名协警、两名保安共五位证人分别出庭，接受公诉人和辩护律师的询问。庭审中，上述证言均出现不同程度的变化。侦查机关对保安的询问笔录记载，案发时保安双手拉住曾某的左手，曾某用右手拔出刀子（折叠刀）。这个情节至关重要，因为如果保安的陈述属实，那么公诉人需要举证证明被告人在左手被拉住的情况下，另一只手能够在极短的时间内拔出刀子并顺利打开。公诉人在法庭调查中也采用了这一指控思路，并通过出示物证（折叠刀）、专家辅助人出庭模拟演示以论证这种可能性完全成立。

然而，保安在当庭回答公诉人的提问时确认，自己并没有拉过曾某的手，又在回应辩护律师的反询问时，辩称自己年纪大了，在侦查人员做笔录时记忆有误。这一突发性的证言变化使公诉人措手不及，无法及时调整指控思路。不仅如此，两名警察的证言变化更是致命。开庭前，公诉人通知更换一名警察出庭，让法官十分意外，后知悉原定出庭作证的一名警察根本就没有到过现场，而真正抓获被告人的是一名协警。随后，这名协警出庭作证，在接受辩护律师询问时承认自己在按倒被告人时，才发现其手上拿了一把刀，但并未看见其如何拔出，也未见其有任何威胁举动。另一名警察出庭证实自己在协警将被告按倒在地后才赶到现场，发现其身边有一把刀。鉴定人作证时指出，"本案的物证折叠刀固定了以后它就扳不动了，它必须有个卡口，这样才能扳动。如果了解这个刀的结构的话，确实单手不容易把它打开"。经过控辩双方对相关出庭证人展开交叉询问，本案的作案过程和抓捕细节都得到充分展示。被告人单手无法迅速把刀打开，这一事实证明他在当时并没有持刀威胁保安。至此，法庭对本案的调查已清楚地表明，公诉方并没有充分的证据证明指控情节，法庭遂判决被告人曾某不构成抢劫罪。此案中，"意外"同样来自控方证人，产生"意外"的直接原因有：一是侦查人员询问保安时没有认真审查其感知能力、感知条件，将其臆想的情节作为事实加以记载、认定，而在此后的法庭询问中则暴露无遗；二是民警提供的到案经过说明存在一定的不实之处，并通过出庭作证和反询问被揭露出来。

随着庭审调查的展开，五名证人作证完毕，除一名证人明确指认外，其他证人均不能明确曾某持刀威胁、抗拒抓捕，同为案件当事人的焦某没有相应的交代，曾某也始终拒绝承认转化型抢劫的指控。经过整整3个小时的激烈辩论，青羊区法院认为检察机关指控被告人曾某持刀威胁、抗拒抓捕的事实不能形成证据链，最终法院认定曾某的行为不构成转化型抢劫罪，而应当被认定为盗窃罪，当庭判处其有期徒刑八个月，并处罚金2000元。如果以抢劫罪量刑的话，曾某至少要被判处三年以上的有期徒刑。庭审后曾某坦言："万万没想到，当时我都认为自己肯定多判几年，跑不脱了。虽然我行为错了，但是我还是感到非常，说不出的那种感觉。""听到最终的判决结果，当时泪水都在眼睛里面了，后面法警把我押解走的时候，我的眼泪情不自禁地流出来了。以后出去了，不想再打算做这些了。"从抢劫罪改为盗窃罪，被告人曾某得到了应有的公正判决，通过严格规范的庭审程序，真正做到保证公正司法、防范冤假错案，这就是推进刑事庭审实质化改革的魅力所在。

观摩庭审后，时任四川省高级人民法院院长王海萍对本案的审理给予高度评价，指出此次庭审对推进刑事庭审实质化改革有三点重要示范效果：一是充分体现对于人权的司法保障；二是充分体现以审判为中心的诉讼制度改革方向；三是充分体现对公正和效率的追求能够得到落实。证据调查是刑事庭审实质化改革的核心环节，对于重大疑难案件和被告人不认罪案件，控辩双方用于支持本方诉讼主张的证据资料，需经过法庭举证、质证、辩论后，才能作为裁判者认定案件事实的依据。法院对于任何一个通过普通程序实质化审理的刑事案件，特别是对案件事实、证据争议较大，被告人不认罪的一审案件，最终都应当取决于庭审调查后形成的结论。这不仅影响到案件事实和证据的查明，也足以影响到程序正义精神的体现，有助于更好地防范冤假错案发生和保障被追诉人的诉讼权利。

五、庭审实质化改革的意义何在？

20世纪80年代末期，基于对传统审判方式的反思，相关部门开始进行刑事审判方式改革，试图通过强化公诉人的举证责任，淡化审判人员的查证责任，使审判过程趋于"实质化"。但由于司法体制的限制，加之刑事审判总体趋于一种"政策实施型"的司法活动，刑事案件的审判多是对侦查结果的确认，案件的审理过程呈现出"形式化"特征。虽然这在一定程度上可以高效率地打击犯罪、实现国家刑罚权，但其严重弊端却是容易造成庭审虚化，不利于防范冤假错案。庭审实质化改革主要针对的是"庭审虚化"问题，基于公正审判理念实现"诉讼证据质证在法庭、案件事实查明在法庭、诉辩意见发表在法庭、裁判理由形成在法庭"。从某种意义上讲，以审判为中心的改革是一场更深刻的司法体制改革，我们必须站在全面深化改革和推进法治中国建设新的历史高度，来认识完善庭审实质化改革对推进以审判为中心改革的重要性和必要性，从而更加积极稳妥、更加求真务实地推进刑事审判制度的完善和发展。可以认为，对完善人权司法保障的积极意义主要体现在以下两个方面。

对于完善人权司法保障而言，庭审实质化改革的最直接意义在于，可以有效防止冤假错案的生成。随着信息社会的兴起与发展，特别是互联网中交互性新媒体的出现与迅猛发展，新闻媒体、律师群体、社会公众等对冤假错案的揭露越来越多，对程序正义的讨论也越来越热烈。程序正义与实体正义作为刑事诉讼程序运作的两面，原本上前者应该优于后者。因为程序正义作为一种看得见的正义，对于犯罪嫌疑人、被告人人格尊严的维护，诉讼运行程序和结果的民主公开，以及裁判者的终局性作用方面，都具有非常重要和深层次的意义。因此，侦查、起诉、审判程序中三机关适用相应的诉讼程序公正与否，成了衡量一个国家法治文明和司法公正指数的重要参考。而程序正义在诉讼中之所以具有如此顽强和旺盛的生命力，并受到社会公众的强烈关注和认可，非常关键的一个因素在于程序正义具有限制权力和保障权利的作用。即通过相关程序要求明确各参与主体的分工和角色，并以此来限制权力行使者恣意的滥权行为，最终达到保护公民权利和限制国家公权力的目的。我国发生的一系列冤假错案的背后，无不与相关办案人员不严格遵守《刑事诉讼法》的相关规定有关。虽然法律规定在证据上不足以证明被告人有罪时，在审查起诉阶段公诉机关应不予以起诉，在审判阶段法院应判决被告人无罪，但现实中有的法院却仍然基于各种考量，认为被告人的"犯罪事实"成立，依法应该承担刑事责任或者作相应的降格处理，"疑罪从无"的精神并未得到贯彻。此外，法院出于发现案件事实真相的目的，也会选择对一些不符合法定程序（逼供、诱供等）的言词证据，或者存在严重瑕疵而无法弥补的实物证据的违法之处视而不见。

实际上，诉权是当事人以及其他诉讼参与人依法应该享有的重要权利，在一定意义上反映出国家的人权保障和法治水平，而这两者也正体现了程序争议的本质要求。人权的刑事司法保护既体现在裁判过程中，也体现在司法执行上；既体现为对被害人人权的保障，也体现在对犯罪嫌疑人的保障上；既体现在司法的根本原则中，也体现在司法的细节中。事实上，法庭审判应该是把守司法公正的最后一道关口，庭审本应该是刑事诉讼中具有决定性的环节，但现实中却被虚化到了可有可无的境地，这既危害司法的程序公正，也危害司法的实体公正，在许多刑事错案的背后，人们可以看到庭审虚化的阴影。通过刑讯等非法手段获取的虚假证据能够在法庭上畅通无阻，就反映出庭审虚化的弊端。

由刑讯逼供或者其他非法取证行为造成的冤假错案，不仅严重侵害了犯罪嫌疑人、被告人的合法权利，也严重损害了司法的公正和公信力。从冤假错案每每被曝光之后，社会各界对中国刑事诉讼制度的深刻反思评论与改革展望，可知程序正义的观念在中国已经逐渐深入人心，程序正义的重要性已悄然达成社会共识。推进刑事庭审实质化改革，不仅有利于防范冤假错案的发生，也有利于制约司法不公正的问题。对杜培武案、佘祥林案、赵作海案、张高平叔侄案等多起冤案进行反思，可以发现，冤案的产生主要是由于在审判程序中庭审功能被抑制和弱化，无法对办案人员以非法方式收集证据的相关性、合法性、客观性进行检验和鉴别，使得审判难以审查、认定证据资料，即使存在疑虑也只能勉强或者忽视证据规则而采纳书面口供。冤假错案使得民众对程序正义的重要性有了更深刻的看法，要求惩治参与非法取证、刑讯逼供的愿望非常强烈。因此，司法人员必须始终将人民的权益作为开展工作的出发点和落脚点，既要注重事实真相的发现，也要牢固树立人权保障优先的程序正义观念。坚持规范、文明、理性、和平的公权力运行方式，切实维护相关诉讼参与人的合法权益。针对此问题，我们既要完善人身保全措施的司法监督，预防非法取证和刑讯逼供的发生，也要充分发挥庭审中诉讼证据质证在法庭、案件事实查明在法庭、诉辩意见发表在法庭、裁判理由形成在法庭的作用，使被告人的刑事责任决定于审判阶段而非审前阶段。

以审判为中心的庭审实质化改革，更是促成刑诉制度的现代转型的关键举措。现代化作为我国学术界研究的热点问题进入人们的视野肇始于20世纪80年代，将现代化这一命题引入法学的时间基本与此相同。1979年《刑事诉讼法》是我国刑事诉讼由传统走向现代的一个起始点，开启了当代中国刑事诉讼法治化历史进程的"闸门"，历次《刑事诉讼法》修改所逐渐确立的刑事诉讼模式，已显现出现代型刑事诉讼的某些基本特征。在全面推进依法治国的今天，有必要通过庭审实质化改革来推动刑事诉讼制度的现代转型。我国当前刑事诉讼制度变革的目标是以追求传统刑事诉讼制度向现代刑事诉讼转变，在相当长的时间内，《刑事诉讼法》的修改都将围绕如何更好地推动现代刑事诉讼制度构建的转型。随着我国社会的不断发展变化，未来不仅要建构现代型刑事诉讼制度结构，而且要着力形塑现代型诉讼价值理念。在这样的社会和时代大环境下，《中共中央关于全面推进依法治国若干重大问题的决定》中提出"以审判为中心"的司法改革意见，以及以成都市中院试点为代表的庭审实质化改革，无疑具有推动我国刑诉制度完成现代转型的意义。

六、结语

司法是一个国家法治不可或缺的组成部分，担负着解决纠纷、处理矛盾和维护稳定的重大使命，是维系社会公平和正义的化身及捍卫社会公正的屏障。党和国家出台一系列司法改革意见，不仅表明了党和国家对于公正司法的高度重视,也回应了民众对于公正司法的热切期盼。公正是法治的生命线,司法公正对社会公正具有重要引领作用,司法不公对社会公正具有致命破坏作用。审判是人民法院审理案件并作出裁判的司法活动,是诉讼的中心环节,而法庭是认定证据、查明事实、形成裁判结果的场所,可以说没有庭审也就没有裁判,充分发挥审判环节特别是庭审的作用,是确保司法公正和案件质量的重要环节,也是推进"阳光审判"的关键一步。庭审实质化改革有利于完善司法管理体制和司法权力运行机制,规范司法行为,加强对司法活动的监督,努力让人民群众在每一个司法案件中感受到公平正义。同时,也有利于提高案件的审理质量,从内至外营造良好的司法环境,确保审判机关依法独立、公正行使审判权。

主要参考文献和素材来源

1.《中共中央关于全面推进依法治国若干重大问题的决定》,载《人民日报》,2014年10月29日,第1版。

2. 李林:《完善人权司法保障制度意义重大》,http://iolaw.cssn.cn/yw/2013/197001/t19700101_4625550.shtml(访问日期:2023年1月31日)。

3. 马静华:《庭审实质化:一种证据调查方式的逻辑转变——以成都地区改革试点为样本的经验总结》,载《中国刑事法杂志》,2017年第5期,第67—70页。

4. 汪海燕:《论刑事庭审实质化》,载《中国社会科学》,2015年第2期,第103页。

5. 孙长永、王彪:《论刑事庭审实质化的理念、制度和技术》,载

《现代法学》，2017年第2期，第123页。

6. 郭彦主编:《理性 实践 规则——刑事庭审实质化改革的成都样本》，北京：人民法院出版社2016年版，第3页。

7. 李文军:《刑事庭审调查改革的理论与实践》，北京：社会科学文献出版社2020年版，第1—5页。

8. 刘春华:《指控抢劫罪判了盗窃罪 四川法院为啥没支持检察院？》，https：//sichuan.scol.com.cn/ggxw/201603/54425018.html（访问日期：2023年1月31日）。

家庭暴力绝非法外之地

——"反家暴"法治实践的故事

家是什么？是房子，是家人？是身体的充电站，是心灵的休憩室？每个人的答案或有不同，但有一点应当是一致的，家是可以为我们带来温暖与安全的避风港。然而有人却在这里遭遇此生最大风浪——时刻面临着来自最信赖家人无休止的暴力。维护家庭关系中每个人尤其是女性的合法权益离不开法治的保障，《中华人民共和国反家庭暴力法》的制定和实施，是终结家庭暴力、保护家庭关系中的相对弱势方的一次重要探索。

一、"因爱之名"的暴力

暴力不是开始于一个人卡住另一个人的脖子，它开始于当一个人说："我爱你：你属于我！"

——[奥地利] 傅立特:《暴力》

出生于 1983 年的北京姑娘董某是家中独女，从小到大被放在手中如珠如宝地疼爱。2008 年 12 月 15 日，农历十一月十八，这个 25 岁的北京姑娘特意挑选了这个好日子，将自己的一生托付给了王某——一位高大健壮的男子。他既有出众的外表，又有体面的工作，是一位进出口贸易公司的经理。董某一家人都觉得有这样的"乘龙快婿"，女儿的幸福生活会就此开始。用董某自己的话说就是："这个男人让我很有安全感，反正不管怎么说，他能保护我。"

没想到的是，结婚却是董某噩梦的开始。结婚没几天，王某就露出了卑劣的本性，隔三岔五就对董某施以暴力。有一天，董某实在受不了王某的家暴而离家出走。妻子这么一走，王某就慌了，开始到处找董某，还打电话给董某的父母，没想到的是妻子根本没回娘家。而得知女儿离家出走后，董某的父母也是异常焦急，到处找女儿。找了3天还是找不到董某，老两口便和女婿一起来到了派出所报案。听完来龙去脉后，警察问王某是不是和妻子有什么矛盾，王某却说："我们小两口好着呢，我可喜欢我这媳妇儿了。"而董某的妈妈却看出了这其中的不寻常。在疑虑和焦急的等待中，失踪7天的董某终于出现了。一进父母的家门，董某就跪在了地上。她痛苦地哭着对父母说道："妈，他经常拿我撒气殴打我！"父母这才得知，原来女儿这次之所以离家出走，就是受不了王某经常性的家暴。而此时，董某和王某刚刚结婚仅3个月。看到女儿不仅身体上处处伤痕，连精神也出了问题，老两口非常担心。为了缓解女儿的焦虑，他们带着女儿去看了心理医生。董某在心理咨询记录里曾这样写道："我对丈夫很恐惧，两次自杀，在结婚之前吃安眠药，很害怕。他的眼神、语气、说话方式让人恐惧，自己鼻青脸肿，同事看见我这样很难受。"通过测评，医生给董某看的结果是，董某是重度抑郁和中度焦虑。这样的结果让董某的父母很难理解，在他们看来女儿一直温顺乖巧，温柔贤惠，这怎么才结婚3个月就落得了这样的下场。其实，在两人刚刚相识几个月的时候，王某就殴打过董某，起初打得并不严重,而且每次打过之后,他都会向董某赔礼道歉,跪着说道:"我错了,我再也不打你了,你原谅我好吗?"每每看到王某诚心认错的态度,董某心一软就选择原谅了他,并且最终还和他结了婚。

董某没有想到的是,自己一次次的软弱和容忍,换来的却是暴力的一次次升级。而且每次殴打完董某,王某都会给自己找一些借口,说什么工作压力大,在外边老受气,这才控制不住拿老婆撒气。董某终于忍受不了了,她下定决心要和王某离婚。当董某向法院提交了离婚诉讼之后,她便回到了娘家居住,然而诉状才递交上去第3天,王某就来到董某的娘家强行带走了她。一个月后,董母才等来了女儿的电话,她表示自己和王某刚回到北京,让爸爸妈妈过来接自己。心急如焚的董家人赶紧跑过去,可到了王某的住处,男方坚决不放人。争夺了2个小时之后,董家人才把女儿带回了自己家。在过去的一个月里,王某又经常对董某拳打脚踢,还用董某父母的性命来威胁恐吓她。在这样的威逼之下,董某最终撤销了离婚诉状。在她看来,离婚的路是走不通了,唯一离开王某的做法只能是逃跑。就这样,给父母留下一封信之后,董某再次选择了离家出走。信中她写道:"因为家庭暴力,我重度抑郁和焦虑,我觉得事情解决不了,我怕面对他,不想和他一起生活了。"父母认为,女儿远走他乡,逃离王某的魔爪,未必不是一件好事。但他们没想到,3个月后,当女儿再次出现在他们面前时已经面目全非。眼前的董某浑身青紫肿胀,肚子胀得像足月的孕妇。董妈关心地问她是不是怀孕了?董某痛苦地说道不是,自己没怀孕,肚子里拧着疼得厉害。

诊断书中这样描述她的症状:"腹膜后巨大血肿,头面部多发挫伤,多发肋骨骨折,肺挫裂伤,四肢多发挫伤,瘀血。"医生这样描述:"从我们看,她基本上像是一个怀孕的将近足月的状态,腹部是鼓起来的,肺部有广泛的挫裂伤,她好像是被一群人打过的那种感觉。"由于伤势严重,尽管医生采取了一系列的急救措施,入院一周后,董某不治身亡,年仅26岁。之后公安局出具的尸体检验鉴定书上写着:董某符合被他人打伤后,继发感染致多脏器功能衰竭死亡。经事后查明,对她下此狠手的不是别人,正是她的丈夫王某。原来她离家出走之后,只在外边躲了一个月就被王某找到,并被王某连续控制了50多天。在这期间王某不断地对她施暴,最终让她脏器多处受损,腹部积液严重,不治身亡。在后来的讯问中,王某也对自己的行为供认不讳。

董某没有想到,曾经海誓山盟的爱情、10个月的新婚生活,竟然成了置自己于死地的魔咒。董某死后,法院对这起事件进行了审理,最终以虐待罪判处王某有期徒刑六年零六个月,并且赔偿董某的父母81万元。但是,董某的悲剧本不应发生,更不应该重演。

二、不再沉默的"控诉"

"我被家暴了,过去的半年我仿佛活在噩梦里,关于家暴的这一切,我必须说出来!"

我们都沉默了,然而家暴并没有停止,而是继续发生,我们真的不想再有新的受害者。不再沉默!

——微博用户宇芽2019年11月25日发表于新浪微博

时尚美妆博主宇芽(网名),在2019年11月25日的"国际反家暴日"公开了一段视频《我被家暴了》,引起了广泛关注。她在微博坦言,和前男友沱沱(网名)在一起的半年多时间里,多次遭到男友的暴力侵害。

沱沱，一个长期在微博中营造热爱生活"人设"的画家，一个口口声声保证从不打女人的"暖男"，在和宇芽分手后，却不断骚扰、威胁宇芽，甚至还砸烂她的车子，恐吓她的家人，一次次将她逼到绝境。一位替宇芽作证的朋友说，看到那个场景她特别震惊，宇芽身上布满淤青，从手臂到后背，上半身也全是各种伤口。这样的情况根本不是第一次，而是很多次。最终，宇芽爆料出了自己最后一次遭受沱沱暴力侵害的整个过程。

宇芽在微博上公布了一段视频。2019年8月21日，视频里一名男子在电梯间拖住瘦弱女子的双腿，女子倒在电梯里，死命抵住电梯边框，来来回回僵持之下，被那个男人拖进屋子，电梯门关了。宇芽说，视频中的男子正是自己的前男友沱沱，那名女子正是自己。在采访中，宇芽这样陈述：先从电梯把宇芽拖出来，然后用他穿着鞋的脚踩宇芽的正脸，在这期间还用脚踹宇芽的身体。"我甚至能闻到他鞋底踩过脏的那种味道，那种屈辱……"这不仅仅对宇芽造成了巨大的身体伤害，而且对心理也造成了极大的侮辱！而被强行拖拽出电梯已是宇芽遭前男友第四次施暴。宇芽不久后在微博中晒出第五次施暴的急诊病历，病历显示，患者"被他人打伤跌地疼痛，瘀紫"，诊断为"全身多处软组织损伤"。

每当回忆起这些经历，宇芽就泣不成声。说起经过，她要一度隐忍情绪，才能继续往下说。"他抓住我的肩膀使劲往地上一摔，很用力的那种。我当时就尾椎骨直接摔到地上，就那一瞬间我感觉自己的腿没有知觉了。我就想站起来回家，我发现自己根本就站不起来。他觉得我在装，他说'你继续装啊你继续装'。沱沱站起来，他就拉我的衣服，然后他就拖着我的衣服拖到另外一个地方，拖到门口那里。"对当时情节的回忆，每前进一步，宇芽伤痛屈辱就加深一步。

看到宇芽的遭遇后，沱沱的两任前妻也站出来指证。第一任妻子阿布（化名）说，在网上看到宇芽的遭遇后不寒而栗。她想到了10年前自己被掐住脖子，无法呼吸的经历："我刚到重庆的时候就怀孕了，只有几周时间的时候，（沱沱）朝我肚子踹了两脚，他打我耳光就是整个脑袋都发晕的那种。掐我的脖子掐到没法呼吸，（我）很害怕。去厨房拿菜刀出来说要砍死我。"第二任前妻金秋（化名）也出镜作证。她说："（沱沱）把我的头抓起来往墙上撞，他走开的时候还说'你装吧，你就继续装吧'，我说一句话他打我一下，我只要开口他就打我。"在那场短暂的婚姻中，她能清晰回忆起来的家暴，就有5次。她说："几乎没有女孩，能在第一次挨打时，就勇敢站出来，甚至连离开都做不到。"金秋说自己很后悔，如果当初能再勇敢一些，也许就不会出现宇芽的悲剧，这也是她这次站出来的主要原因。

因为宇芽的勇敢发声，重庆市江北区警方在当天就已经关注到此事，并已启动了案件调查程序。与此同时，获悉宇芽发布的情况后，重庆市妇联也会同有关机关介入调查此事，并表示，如果宇芽有需要，妇联还可以提供法律或心理方面援助。妇联也希望通过媒体呼吁，女性遭受家暴后，一定要第一时间报警，或者拨打"12338"妇女维权热线，寻求妇联的帮助。江北区公安机关经调查，陈某（宇芽男友"沱沱"）自2019年4月初至2019年8月底多次对何某某（宇芽）实施拖拽、推搡、殴打等故意伤害违法行为（何某某的损伤程度未达轻伤或轻伤以上程度）。另查明，陈某还有通过微信实施威胁他人人身安全的违法行为。针对陈某的上述两项违法行为，公安机关根据《治安管理处罚法》分别给予行政处罚，合并执行行政拘留二十日，并处罚款。宇芽为防止陈某再次对其实施故意伤害行为，2019年11月27日向江北区人民法院申请人身安全保护令。该院经审查，依据认定的事实，已依法作出对何某某的人身安全保护令的裁定。

三、让法律说"不"

40多岁的李琳（化名），凭一己之力开了一家美容产品店。但是没人想象得到，这样一位美丽能干的女人已经忍受了丈夫20多年的家暴行为。"把我打成人都变形掉了，那时候大小便失禁，可能是一直打头，就是声音也发不出来那种。"李琳接受采访的时候说道。丈夫近乎疯狂的举动，让李琳感到了死亡的威胁。最终，她下定决心向法院提起诉讼，要求和丈夫离婚。

早在2001年修改的《中华人民共和国婚姻法》中，便明文规定，"禁止家庭暴力"，并将家庭暴力作为法定离婚事由，亦明确家庭暴力受害人有权利请求公安机关制止家庭暴力。李琳清醒地意识到，丈夫的暴行，就是国家禁止的家庭暴力。法官陈静受理了李琳的离婚案件。她首先考虑的是，在离婚诉讼期间，怎样保证李琳能够免于丈夫的纠缠和更为凶狠的暴力行为。申请人身安全保护裁定此时就成为保护李琳最有效的措施。

人身安全保护裁定俗称"人身安全保护令"，是一种民事强制措施，是法院为了保护家庭暴力受害人及其子女和特定亲属的人身安全，确保婚姻案件诉讼程序的正常进行而作出的民事裁定。中国应用法学研究所研究员陈敏指出："它实际上是起了一种隔离的效果，可以禁止一方针对另一方的这个暴力行为。禁止施暴人接触受害人。"

法官陈静在为李琳颁发人身保护令时，特别向其丈夫发出告诫，禁止他殴打、威胁、跟踪和骚扰妻子。不过，在回忆此案时，陈静法官提道："（她）丈夫收到保护令的时候，当时还十分不在乎，他一看法院的一份民事裁定书还不在乎，但是我们告诉他，要是违反保护令会受到罚款、拘留，情节严重的还会予以刑事处罚。"李琳的丈夫显然并没有将保护令放在眼里，仍旧继续恐吓李琳，打电话辱骂她和家人。2013年9月的傍晚，李琳再次接到了丈夫的短信。"那天我是穿着一件蓝色的衣服，白色的裙子嘛，他发短信说，蓝白注意一点。我就很害怕，马上就跑回家了。我刚要上楼，他就把我门口堵住，就是把我头往墙上撞了，然后把我拖到门口去，就是拳打脚踢地打，他们几个人拉都拉不住他"。施暴的丈夫没有把保护令当回事，他以为自己还可以像之前那样为所欲为，但这一次，他对妻子的暴力不会被容忍。人身安全保护裁定绝不是一纸空文。经法院和公安机关共同确认，李琳的丈夫违反了保护令，被依法行政拘留。这是全国第一起违反保护令后被公安处罚的案件。对施暴者的行政拘留清晰地表明了公权力对于家暴的明确态度。李琳事后感慨："就给我感觉说，有人在保护我了，至少说法律会在保护我。"

福建省高级人民法院副院长王成全法官说："作为司法机关，及时地介入，我认为应该说，总体是有利于矛盾的解决，防止矛盾升级甚至于演变为极端的、严重的暴力犯罪。"作为人与人之间最为交错复杂、充满悲欢离合的情感纠葛，即便是生活在家暴阴影下的人们，在选择的关头也不能轻言取舍。按我国现有法律规定，家庭暴力是法定离婚理由之一，但如果不能认定家庭暴力，就有可能对受害妇女的离婚诉讼不予判离，使其被迫继续生活在暴力中。而有些女子不愿因家庭解体而骨肉离散，她们只是不想再受暴，人身保护令制度可以从法律的层面为这个群体提供保障。

《反家庭暴力法》实施之后，我国正式开启了"以法止暴"的新时代。人身安全保护令成为《反家庭暴力法》创设的重要制度，可以有效预防和制止家庭暴力的发生或者再次发生。根据《反家庭暴力法》，人身安全保护令可以包括下列措施：禁止被申请人实施家庭暴力；禁止被申请人骚扰、跟踪、接触申请人及其相关近亲属；责令被申请人迁出申请人住所；保护申请人人身安全的其他措施。2022年7月15日，最高人民法院发布"人身安全保护令司法解释"即《最高人民法院关于办理人身安全保护令案件适用法律若干问题的规定》，其中第十二条规定："被申请人违反人身安全保护令，符合《中华人民共和国刑法》第三百三十一条规定的，以拒不执行判决、裁定罪定罪处罚；同时构成其他犯罪的，依照刑法有关规定处理。"同时，该司法解释第一条专门规定，向人民法院申请人身安全保护令，不以提起离婚等民事诉讼为条件。也就是说，家庭暴力的受害人在遭受或者是面临家庭暴力的现实危险的时候，可以直接向人民法院申请。人民法院单独立一个案号，这就是一个独立的案件，不需要后续提起离婚的诉讼，也不需要一定先提起一个离婚诉讼。这无疑为遭受家庭暴力的受害人提供了更好、更为实质性的保护，体现出我国保障人权的法治理念。

为了进一步贯彻落实《反家庭暴力法》，2020年，最高人民法院、全国妇联和中国女法官协会首次联合发布了《人身安全保护令十大典型案例》，向社会表明了多方合力向家庭暴力坚决说"不"的态度和决心。2021年最高人民法院发布《反家暴十大典型案例》。同年，最高人民检察院发布了《依法惩治家庭暴力犯罪典型案例》，以进一步引导审判、检察机关依法妥善办理家庭暴力犯罪案件，推动开展反家庭暴力宣传教育，促进建立平等、和睦、文明的家庭关系。

随着《反家庭暴力法》和相关配套制度的实施,国家机关对家暴行为的"零容忍"态度和举措,为遭受家庭暴力的受害者提供了更有效的保护屏障,遭受家庭暴力的家庭成员可以不再承受"家丑不可外扬""求告无门"的痛苦。

四、法律内外见温情

湖南女子陆某也是一名家庭暴力的受害者。2012年7月27日,陆某的恐惧和由之激发的怒火将自己逼上了绝路。

在法院的判决书上,对被告人陆某作出了这样的事实认定:她与被害人结婚,婚后育有一女,丈夫好逸恶劳,经常酗酒,全家靠陆某打工维持生计,丈夫酒后经常打骂陆某,陆某多次提出离婚,均遭到丈夫的反对和威胁。2012年7月26日,案发前一天,在陆某打工的一家农家乐中,喝了酒的丈夫,见到陆某和男同事在一起,再次酒性大发。审理此案的湖南省高级人民法院刑·庭审判员邓云华谈道:"他就说(陆某)有外遇,就来火了,就追着她打,当时很多同事都劝,没劝住。没劝住还打了,到楼上去还要掐她,还拿凳子砸。"陆某回忆当时的情形称,她的丈夫甚至还要拿打火机去点火,那时候,陆某奋力去把打火机抢了,所以没造成恶果。陆某在同事的帮助下报了警,但因为没有造成严重后果,民警只是当作家庭纠纷,教育训诫了陆某的丈夫就离开了。但这起未遂事件却很快演变成了一起命案。

第二天下午,丈夫又一次酒后回到家中,因前一天陆某报警的事,殴打威胁陆某,扬言要烧毁一家人住的房子。"当时我睡在房里面,他就过去掐着我。他说,一定要弄死我,还要把我孩子从那个三楼扔下去。我自己都无所谓,就是说小孩子不能伤害,也不能伤害家人嘛。我看到桌子上有一个充电器，反正我心里就是这样想，反正你不让我活，两个人同归于尽算了。就用那个充电器，勒到他脖子上面了"。陆某陈述当时的事实。事后，陆某投案自首，考虑到陆某长期遭受家暴，以及案发后自首的情节，长沙市中级人民法院一审以故意杀人罪判处陆某有期徒刑十二年，剥夺政治权利两年。虽已是酌情处理，冲动过后的陆某仍旧无法面对自己将要付出的代价。"在看守所的时候心情很压抑吧，反正也知道自己肯定没什么奔头，暗无天日嘛，反正是十几年，见不到自己的孩子，那种心情是没法说出来的"。因为想念孩子，陆某内心非常痛苦和压抑。

这一年进入腊月的时候，繁忙的长沙市妇联工作人员，收到一位老人带来的一封信，希望妇联能够帮帮自己陷于绝望的女儿。那些朴实甚至不太通顺的陈述，表达着一个普通女子心底里最后的一线光明，挣扎在字里行间的满是对孩子的思念，和对家人未来生活的忧虑。这让见惯了悲苦命运的妇联工作者们也为之动容。湖南省妇联权益部部长彭迪说："我们这个社会不能够在她遭受暴力的时候给她足够的帮助，那我们在她犯了错误的时候我们应该也要给她重新做人的机会。"湖南省长沙市妇联副调研员蒋文京也认为："这个妇女她确实是受害方，需要一种公众的力量吧，给她一种支持。"按照我国法律规定，刑事案件一审判决后，有十天上诉期。而妇联接到陆某的信时，已是一审判决后的第五天，留给他们的时间已经不多了。长沙市妇联立即给陆某指派了富有经验的公益律师孙表华担当辩护。一场对家暴受害者的救赎赶在即将到来的春节之前迅速展开。后来孙表华陈述说："就说赶快加速地把这个手续办了，法律援助手续，那么我就到她的居住地进行居民调查取证工作。比如说，一天打四五次，然后就说六年来打几百次，我刚开始还真的不相信，真的不相信，我后来到她的邻居同事那里真的得到印证。"彭迪立即组织有关专家写出意见稿，希望法院能够特别考虑案发前一天其丈夫对陆某未遂的极端行为是直接导致这起命案的诱因。而陆某又是家里的生活支撑，对她量刑过重，可能让这个家庭成为社会的负担和未来的隐患。彭迪将连夜拟好的专家意见稿交给了陆某案的上诉主审法官邓云华。面对这份沉甸甸的托付，有着多年办案经验的邓云华格外慎重。"就在一天前，我还接待了受害人的父母，陆某的公公婆婆"，两位老人提出的请求让邓云华十分意外，"当时我以为他们是被害人的父母，来是要严惩她，他当时说，给（陆某）求情，他后来讲这个经过，说陆某这个媳妇真是好媳妇，这个儿子还真是确实很失望，但是儿子死了也还是觉得有点痛心吧，但是觉得媳妇也确实仁至义尽了"。对于这桩引起高度关注的家暴案件，湖南省高院的重视程度前所未有。合议庭成员反复讨论，虽然都同意将量刑减为十年以下，但在具体刑期上却迟迟不能统一。"也有不同的意见，哎呀，这个八年重了，可能五年最好，但是其他领导可能又有意见，这到底是死了一个人，这个五年还是轻了吧，应该还是判八年，就是反反复复，我们争议很大"。因为不能干预正常的司法程序，彭迪只能在急切的心情中设想着陆某可能面临的最好结局。

新年临近，彭迪终于在焦躁不安中等到了法官邓云华的电话，说她正在为陆某办理取保候审，让她可以出来和家人一起过年。这是一个令彭迪极为惊喜的结果。"我当时一听就特别高兴，一般来讲，不会把一个要投入监狱的人取保候审的，那意味着她出来可能不会再进去了，那一下我真的特别特别高兴"。后来，陆某也如愿地办理了取保候审，与家人们度过了那一年的春节。而法院审理此案的最终结果也是，判决陆某三年有期徒刑缓期四年执行。

其实，早在 2015 年 3 月 4 日，最高法就通报了由最高法、最高检、公安部、司法部联合制发的《关于依法办理家庭暴力犯罪案件的意见》，高度重视对家庭暴力的司法应对。其中规定，对正在进行的家暴采取制止行为，只要符合刑法规定的条件就应当依法认定为正当防卫，不负刑事责任。防卫造成施暴人重伤、死亡且明显超过必要限度，属防卫过当应负刑事责任，但应减轻或免除处罚。同时，充分考虑案件中的防卫因素和过错责任。对于长期遭受家庭暴力后，在激愤、恐惧状态下为了防止再次遭受家庭暴力，或者为了摆脱家庭暴力而故意杀害、伤害施暴人和被告人的行为具有防卫因素，施暴人在案件起因上具有明显过错或者直接责任的，可以酌情从宽处罚。对于因遭受严重家庭暴力，身体、精神受到重大损害而故意杀害施暴人；或者因不堪忍受长期家庭暴力而故意杀害施暴人，犯罪情节不是特别恶劣，手段不是特别残忍的，可以认定为《刑法》第二百三十二条规定的故意杀人"情节较轻"。在服刑期间确有悔改表现的，可以根据其家庭情况，依法放宽减刑的幅度，缩短减刑的起始时间与间隔时间；符合假释条件的，应当假释。被杀害施暴人的近亲属表示谅解的，在量刑、减刑、假释时应当予以充分考虑。

陆某是不幸的，因为她长期生活在家庭暴力的罪恶之下，但她又是幸运的，她在终结罪恶触犯刑法之时沐浴到法律内外的温情。作为长期遭受家暴侵害的被告人，她此次犯罪行为是情有可原的，这一判决也是向整个社会宣示了法律的态度，就是对于没有社会危害性的人，没有犯罪倾向的弱势群体，法律将会给予最大程度的保护。这一年，陆某的案例入选了当年最高人民法院的经典案例，作为涉家暴案件审理的典范，为各地法院在审理此类案件时提供参照。看似冷冰冰的法律其实也有温度。

五、结语

衡量一个社会的文明程度主要在于这个社会对待弱者的态度,这个社会的弱者是否得到了保护。反对家庭暴力已成为全社会乃至全世界的共识。家庭暴力是罪恶的,遭受家庭暴力的受害者是悲惨的,终结家庭暴力是对个体和家庭的双重拯救,也是保障人权的应有之义。尽管终结家庭暴力之路艰难曲折,但是任何一个为人民谋福祉的国家都不会拒绝对弱者给予保护的诉求,也不会忽略法外温情对于弱者的呵护。

主要参考文献和素材来源

1.《最高人民法院公布十起涉家庭暴力典型案例》,载《中华人民共和国最高人民法院公报》,2015年第2期,第24—29页。

2. 赵树坤、胡艾雄:《中国"反家庭暴力"话语实践变迁及其逻辑》,载《求是学刊》,2022年第6期,第94—104页。

3. 翟小功:《遭遇家暴无需忍让打破沉默依法维权》,载《法治日报》,2020年9月13日,第6版。

4. 陈虹伟:《家庭暴力致死案》,载《法制与新闻》,2010年第8期。

爱在指尖，做无声世界的"代言人"
——手语律师唐帅与残疾人诉讼权利保障的故事

中国有超过 2700 万聋哑人，生理上的缺陷，导致他们无法正常与人沟通。当他们权益遭受侵害，诉求得不到正常表达时，难以凭借自己的力量进行法律维权。

唐帅，中国手语律师第一人，在无声家庭长大的他，深知聋哑人生活的艰难，于是更加懂得聋哑人的需求。唐帅学习法律，在无声的世界里用双手为聋哑人做着最有力的辩护，成为聋哑人最信赖的律师。辩护工作之外，唐帅还对聋哑人进行普法宣传和教育，希望能有更多的人参与到这项有意义的工作中，为无声世界带去光亮，使聋哑人更好地融入社会。

一、无声家庭的希望

1985 年，唐帅在重庆大渡口一个聋哑人的家庭里出生。在得知儿子不是聋哑人那一刻，父亲抱着唐帅，差点哭出来。"我从小就出生在一个无声的家庭，我的父母都是聋哑人，在家只能用手语交流。当我出生，我父母看见我是一个健康的小孩，大胖小子的时候，我父母很高兴，特别是我父亲给我取名为唐帅，就是希望自己的儿子能够成为将帅之才。自我有记忆以来，他给我灌输的理念就是，不要学习手语，不要和我们聋哑人在一起。你在健全人的社会，你才有出人头地的机会，你不要和聋哑人打交道，聋哑人都是生活在社会最底层的、最低级的、最贫穷的、最自卑的。所以父亲决定让我与聋哑人群体隔绝，也希望我能够尽快融入健全人的社会"。因此，唐帅最终被"抛弃"到外婆家成长。

但是，在唐帅4岁那年，一场意外改变了他们一家人对手语的看法。"4岁时的某一天，父亲突发阑尾炎，急需去医院就诊。虽然在家人的共同努力下及时把父亲送到了医院，但因为聋哑人沟通不便，普通医生并不会手语，无法在第一时间掌握父亲的病情并实施救助。所以父亲被搁置在病床上等了很久，那时候疼痛让他难以忍受，整个人翻来覆去地打滚，他的汗水几乎把衣服和被单都打湿透了。也就在那一刻，沟通、传递信息的重要性就深深地印在了我的心里。也是自那件事情之后，外婆也改变了以往的态度，鼓励我要好好学习手语。因为，如果你和你的父母都不能沟通的情况下，以后父母老了，你如何赡养他们呢？如果他们病了，你怎样带他们去看病呢？"所以，那个时候的唐帅便下定决心好好学习手语。

儿时的唐帅常常到母亲工作的福利厂里玩，叔叔阿姨都喜欢这个胖乎乎的小孩，经常会用手语跟他打招呼，再用手捏捏他又胖又嫩的小脸蛋。混在聋哑人中间，他比划着学了不少手语。

"那个时候我还在读学前班，每天放学我都会到父母的厂里边，跟父母厂里边聋哑人叔叔阿姨学习手语，一个手势一个手势地学。我学习手语很快，几乎过目不忘。跟着厂里的叔叔阿姨学手语是背着我父母的，我父母完全不知道。那些叔叔阿姨也都挺喜欢我的，厂里边所有的聋哑人只要在生活上遇到什么困难，比如生病了需要就医、到银行存钱取钱等都会让我担任手语翻译来帮他们"。

"直到五年级的时候,有一天家里边来了一位客人,他是父母的同学,从外地来的,但是从我们之间进行交流的过程当中,我发现他的手语跟我们有点不一样"。从这位客人这里,唐帅了解到,在中国,各个地方的手语都存在地域差异。

"后来我才知道我们国家手语各个地方都存在各个地方的方言,所以当下我的自信心从高峰跌到了低谷。也从那个时候起,我立志要学好我们国家每个地方的方言手语"。唐帅便利用周末和假期跑到重庆的解放碑和朝天门等旅游景点,跟着从四面八方来的聋哑游客学手语。

那个年代很多来重庆旅游的人都会到"重庆地标"景点来旅游,唐帅就在那"守株待兔"。看着那些背着背包,然后两三人一组同行用手语在进行交流的时候,唐帅就上前去跟他们搭讪,然后学习他们当地的一些手语。常常一待就是一天,有时对方会邀请唐帅做导游,"有一次我同时给外国人和聋哑人当翻译,在普通话、英语和手语之间来回切换,我觉得特别自豪"。就这样过了10多年,10多年的时间唐帅学习了全国各个地方的方言。跟五湖四海的聋哑人学手语这个习惯,唐帅一直坚持到大学,如今他几乎精通全国各地的手语。

二、为无声世界发声

唐帅学手语原本只是为了方便与父母沟通。但到了2006年,一次偶然发生的情况让他的心境发生了变化。2006年,唐帅去看望一位旧雇主,唐帅称他为"叔叔"。那天,恰好碰到一位区公安局局长在他家里做客。谈话间,叔叔介绍唐帅:"小孩子很不容易,勤工俭学。对了,他有个特长,手语很棒,跟聋哑人交流一点儿问题都没有。"那位公安局局长眼前一亮，说道："现在聋哑人犯罪率高，现在整个我们司法圈很缺少这种手语真正好的人。小伙子今天晚上吃完晚饭你就跟我走，正好我们局里边现在打击了一个聋哑人犯罪团伙，你跟我走，去试试。"

当天晚上，唐帅过去的时候，现场有两名聋哑学校的老师正在翻译，重庆的夏天很热，大家都卷着袖子，大汗淋漓。叔叔对唐帅说："都几个小时了，都没什么结果，那些聋哑人怎么都不愿意说。"唐帅走进去试了试，同他们聊了聊，只用了不到一个小时，这些聋哑人全部都把自己所做的犯罪行为如实地供述了。

叔叔问唐帅："你是用什么样的方法？"唐帅讲得很直接："我没有任何方法，就是聊天。"叔叔仍然有些疑惑，追问他："为什么他们愿意跟你聊呢？"唐帅回答道："可能我比较了解聋哑人。"从小和聋哑人生活在一起的唐帅太熟悉他们的心理了，他用自然手语跟嫌疑人交流，先安抚他们的情绪，试图理解他们的感受，最终这个团伙供述了作案过程。那是唐帅第一次参加法律方面的手语翻译。之后，唐帅考取了手语翻译证，正式开始协助公、检、法部门进行聋哑人案件的沟通处理。

有一次，唐帅遇到一个19岁的广西聋哑男孩，从小父母就不在身边，没上过学，也不会手语。后来，男孩因为太饿去偷米，被发现后捅死了这家的老太太。司法机关没办法审讯聋哑人，就请了唐帅帮忙。在看守所内，唐帅和男孩同吃同住，两天过去，不会手语的男孩用最简单的肢体语言"重演"了犯罪过程。当看到这个聋哑男孩小心翼翼地用自以为很轻的动作去偷米时，唐帅有点想笑这个真人版的"掩耳盗铃"，然而他又笑不出来，不在这个世界的人，恐怕永远也无法体会这种酸楚。结束的时候，男孩闭上眼睛，低着头，伸出双手，紧握拳头做出一个被逮捕的动作。犯罪是可恶的，但他承认错误的那一瞬间唐帅又很受触动——一个没有接受过教育的少年因为太饿而杀人，究竟是谁导致了这个结果？

后来唐帅还多次帮助重庆、陕西、广西等地方的司法机关办理聋哑人案件，他回忆说："这一干就是7年，就是这7年担任和从事手语翻译的过程当中，我发现，因为聋哑人的沟通不便，沟通不畅，导致聋哑人在诉讼和法律生活当中他们存在很多不公平的事情，甚至是冤假错案。"7年间，唐帅接触了上千个聋哑人案件，却没见过一个会手语的律师。

"每每看到那些聋哑人面对这些不公和不平的时候，他们那种渴望和无助的眼神，我真的感觉到很痛心。而我的这个痛心是因为我自己的父母也是聋哑人，我能感同身受，并且换一句最通俗的语言，我们大家平时在生活上也都听见过，叫'哑巴吃黄连，有苦说不出'，但有谁能真正领会那种感受。"唐帅从小就知道这种苦衷，所以他放弃了做公务员，而成为一名律师。他心中有个强烈的声音："就算放弃工作，从头再来，也要为聋哑人发声！"

三、做一名手语律师

2011年，唐帅通过自考考取了西南政法大学法学专业。选择法学专业，唐帅有自己的考量："这么多年我总结过，聋哑人在法律维权和就医上面临的困难是最大的。我想，我既然精通手语，要么学法，要么学医，才能真正帮助到他们。"后来他用两年半时间，修完了四年的本科课程。上大学期间，他就开始到全国各地，学习各地的方言手语和国家规范手语。唐帅说："社会上超过90%的聋哑人使用的是自然手语，所以需要既懂法律又懂各地方言手语的翻译。"2012年，唐帅顺利通过司法考试，获得法律职业资格证书，成为一名专职律师。此后，唐帅通过许多途径希望能够给予聋哑人更多的法律服务。

在司法部门的工作中，唐帅发现了聋哑人面临的很多问题。一次，他见到一个因偷窃而被抓住的聋哑少女，在帮助她的过程中，唐帅意外地发现，少女身上全是烟蒂烫伤的疤痕。调查之后发现，原来她是被盗窃团伙拐卖的，那些人不仅强迫她盗窃，还会肆意凌辱她，"反正是聋哑人，怎么打骂她都没地告状啊"。那一刻，唐帅意识到，之前他一直认为聋哑人的世界只是截然不同于正常人的世界，这是完全错误的看法。正常人的世界会无形地压迫无声世界，而帮助他们，"是我们不可推卸的责任"，唐帅坚定地说。

除了生活中的困难，唐帅还发现，聋哑人在法律诉讼中也时常处境艰难。一天，一位 80 岁的老奶奶找到唐帅，激动地恳求他"救救自己的女儿"。原来，老奶奶的女儿刘颖（化名）是一个聋人，一个多月前，刘颖被指控偷了一部 iPhone 手机，马上就要面临刑事起诉，在警方的询问笔录里，刘颖也已经通过手语翻译认罪。但是刘颖却一直对母亲说，自己根本没有盗窃！唐帅意识到，这里面可能会有隐情。接下来几天里，唐帅到检察机关调取了案件审讯的录音录像，观看的结果让他很是震惊：刘颖在视频中的表述，和在笔录中的记录严重不符！视频中，手语翻译人员通过手语询问："你是否在某年某月某日，在某小区的商场里面，偷取了一台 iPhone6 的手机？"刘颖通过手语回答："我没有偷，我没有偷手机。"可刘颖笔录上的供词变成了：我偷了一部 iPhone6 手机。接着，翻译人员又问："你偷的是一部什么样的手机？"她说："我根本没有偷手机，我根本不知道是一个什么样的手机。"但她的回答在笔录上却变成了："我偷的是一部金色苹果 6 手机。"唐帅马上将这些疑点整理成辩护意见，提交检察院。最终，检察院以事实不清、证据不足决定不予起诉，刘颖的冤情得以洗清。但究竟是为什么，警方的笔录和刘颖的表述会有如此大的出入呢？

问题可能就出现在手语翻译上！"很多人并不知道，手语翻译并不一定真能和聋人交流。我国的手语大致分为两种，一种是残联推广的普通话手语。另一种叫做自然手语，是残疾人在生活过程中，自发约定俗成的语言"。公安部门请来的手语翻译，通常会是一些手语老师，但手语老师学的普通话手语和大部分聋哑人会使用的自然手语间，有着很大的区别，甚至手语也有"方言"，重庆市和其他省份的手语表达就不尽相同。这就导致了老师在与聋哑人进行沟通时，常常会因为语言的差异而产生误解。而当前手语翻译市场上，不仅存在一些不专业、翻译靠猜的手语翻译，甚至还有当着警察面向聋哑人要钱的坏心翻译，"给钱就帮你说好话！"唐帅失眠了，一直在想：会手语的人不懂法律，懂法律的人不会手语，稍有不慎就有聋哑人因为莫须有的罪名被判入狱，正义女神的裙摆从这个无声的世界上翩跹掠过，到底怎么样才能帮帮他们呢？

"窦娥"并不止刘颖一人。还有一位母亲从湖北坐动车来到唐帅办公室说："唐律师，我儿子这个案子是冤案。""你为什么那么笃定你儿子这个案子是冤案呢？你是学我们这个专业的吗？""不是，我不懂法。""那你如何判定你儿子是冤枉的？""唐律师，第一我不懂法，第二我也不会手语，但是他是我的亲生儿子，是我身上掉下来的肉，是我带大的，我很了解。我认为这是冤案，是因为我在法庭上观察到的两点。在法庭上我看到法官问我儿子话，说了很大一堆，但是翻译人员翻译给我儿子的时候就那么两三句，我儿子要进行自我辩解的时候，也是用手语比划了一大堆，但是从手语翻译给法官就只有两三句话，我觉得这个中间隐瞒省略了很多，中间有很多事实和隐情，翻译人员没有翻译出来，我觉得这个案子是冤案。"

听到这儿，唐帅就觉得这个案子肯定有问题。他接受委托以后赶到看守所去会见他儿子，后者否认盗窃事实，并且强调判决书上说的金项链、金戒指、金耳环、单反相机，这些物品从未见过。唐帅心生疑虑，问道："既然没见过，你为什么要在笔录上签字呢？"

"唐律师，我小学五年级，我字都认不了几个，我如何能看懂笔录？"

"那你为什么看不懂还签字呢？"

"手语翻译告诉我签了就可以走，但我哪知道签了以后所谓的'走'，是走到看守所里面。"

"手语翻译的手语你看得懂吗？"

"很多我都看不懂。"

"那你为什么不向公安机关反映？"

"我反映了，我一直用手在向公安（比划），我对他招手，我就一直在那比划，公安看了我两眼，然后就转头过去了，也没理我。"

最后这个案子唐帅依照证据，调取同步录音录像，结果发现也是中间翻译存在严重的问题。

"在这些涉及聋哑人的冤案中，手语翻译人员是关键，甚至是冤案的制造者。在湖南，有一位我很尊敬的刑庭法官，他审理的聋哑人案件比较多，他曾说过，现如今在涉及聋哑人刑事案件中，真正的审判者不是法官，不是律师，也不是检察官，而是手语翻译人员。这句话足以让我们大家深思。也就是说他们完全可以翻手云，覆手雨"。唐帅说，"我并不是要给所有'聋哑恶人'辩护,相反,有一些人,正是我要伸张正义的对象。但是,更多的聋哑人自始至终都不知道自己依法所享有的诉讼权利和义务到底是什么,这就会导致整个的诉讼程序出现不公,甚至是错误。程序不公必然会导致实体不公,这是'毒树之果'的可怕之处,也是我执着于此的原因"。

"曾经我有一个法律援助的案件,我到看守所会见聋哑人的时候,我问他说,公安机关指控你实行盗窃5次,每一次时间地点我都分别跟他叙述清楚了,我说是那么回事吗?聋哑人跟我说,唐律师,(如果)做了我承认,没做的我绝对不承认,前面两次是我做的,后面三次不是。我就觉得奇怪了,后面三次不是你做的,你为什么要在笔录上签字并且还盖手印?"

"唐律师,我小学都没毕业,我没有阅读能力,并且我那个时候是因为我和我的老师在学校发生了肢体上的冲突,被学校记过开除了,所以说笔录上写了什么我根本就不知道,而且唐律师我要告诉你,手语翻译就是当年和我发生冲突的那位小学老师"。聋哑人回答说。"我的天!完全赶上了电视连续剧的情节"。唐帅感慨道。按照法律的规定,跟本案有关系的,可能影响本案公正审理的人员是不能参与本案审理的。

对于被告人和犯罪嫌疑人,本有权利申请相关人员回避,但是聋哑人压根都不知道有什么权利,甚至也从来不了解法律到底有哪些规定。

唐帅曾说过,他由"手语翻译"转为"手语律师"的一个重要理由是,"手语翻译"代替的是聋哑人的"嘴","我做律师,就是希望能成为防止出现冤假错案的一道重要防线"。

四、普法，从线下到线上

因为不懂法，当聋哑人的权利受到侵害时，绝大多数人的苦楚只能往肚子里咽。所以，唐帅在帮助聋人代理案子的同时，还主动对聋人进行普法。做了律师之后，唐帅直接接触和参与聋哑人的案子越来越多，开展普法活动的机会也随之不断增加。

近年来，唐帅一直担任重庆市大渡口区残联的法律顾问，每月都会专门挤出时间，按时给区里的两百多个聋哑人开设公益讲座，告诉他们最基础的法律常识。

但是，对唐帅而言，现场普法还远远不够。受限于现场普法的场地、人员、时间等因素，很多聋人不能亲临现场参加普法讲座。那有没有什么办法可以让聋人群体都能够参与到普法活动中来呢？

为了有效地服务于聋人，唐帅拿出自己的全部积蓄，委托网络科技公司研发了一款手机软件，名为"帮众律师"，旨在为各类残疾人提供法律咨询与服务。这个手机软件的功能很简单，就是通过文字来解答聋哑人群体遇到的法律问题，一问一答。后来，唐帅发现聋哑人的文化水平确实不高，大多数聋哑人没有阅读能力，理解不到文字所表达的意思，所以最终普法效果并不明显。与此同时，虽然这款普法软件对聋哑人是免费使用的，但后台的制作团队和律师团队却是收费的，相关费用均由唐帅个人支付，随着时间推移，唐帅个人已无法支撑软件正常运营，因此，在坚持了 1 年零 7 个月之后，软件便没再使用了。

不过，唐帅本人并没有放弃探索有效帮助聋哑人的渠道。为了给聋哑人进行有效的普法，甚至是提供法律咨询和服务，唐帅团队在以前手机软件版本的基础上进行改良，制作了"帮众法律服务"微信公众号，这个公众号最大的亮点是不再仅仅停留于过去提供一对一的文字解答，而是通过提供线上实时视频进行一对一的手语解答，线上视频一对一方式来进行法律咨询和解答。视频显然比文字更直观，用手语就可以让聋哑人看明白。通过视频上的一问一答，聋哑人收获良多。为了让这个平台和后面的团队能够运行下去，公众号开始收费了，但是怎么收费的呢？"按照我们重庆市司法局的规定，律师向当事人提供法律咨询，收费标准是每小时200—2000元人民币不等，但是我们为了帮助聋哑人只算成本费两个小时39.9元，所以现目前这款帮众法律服务微信公众号上线以后，确实很火爆，全国那么多聋哑人都在上面排着队，每天我们的手机就是不停地铛铛铛发出声响"。

随着社会的发展，包括聋哑人在内的普通民众的日常收入和消费水平也不断提高，金融诈骗团伙开始把目光放在了更容易受骗的聋哑人群体，金融诈骗问题逐渐成为困扰聋哑人日常生活的重要因素之一。针对聋哑人易被金融诈骗的现实，在2018年8月，唐帅试着自己创办了一个《手把手吃糖》的普法栏目。为了警示广大聋哑人，他特意以"庞氏骗局"为内容，制作了《手把手吃糖》第一期的普法视频节目。视频画面里，有一左一右两个唐帅，左边的唐帅用较慢的语速解说着什么是"庞氏骗局"，右边的唐帅打着手语，中间则是配合解说的动画。动画中，唐帅用"一只狼用高额回报欺骗兔子"来做比喻，向聋哑人群体科普此类"庞氏骗局"，以及卷入集资诈骗泥沼之后，"小白兔们"妻离子散的惨状，告诫他们提防身边那些不怀好意的"恶狼"。唐帅将节目自比为"糖"，使用简单易懂的自然手语，"希望节目像糖果一样，每个聋哑人都吃得下去"。

"当然,不仅仅是普法讲座和普法视频,方法还有很多。不论我究竟是不是全中国唯一的'手语律师',既然,现在我抢先站了出来,虽说一个人应对全国近3000万人的聋哑人群体纯属'杯水车薪',但也必须要坚持并创新"。

从2020年下半年开始,唐帅团队通过短视频平台给全国的聋哑人进行普法,以提高全国聋哑人的法律意识,树立起聋哑人真正对法律的认知,树立起聋哑人知法、懂法、守法、用法,才能真正地减少聋人的刑事犯罪率,更让他们自己能懂得在具体的司法案件当中,如何自我保障和实现诉讼权利的最终目的。也就是说,提高聋哑人的法律意识以后,让他们能够跟我们一样真正平等地参与到法律生活当中,从而提高他们的生存以及生活的价值和质量。

"短视频的普法采取两种形式,第一种是在直播的时候或者拍普法视频的时候,我们会将平常聋人咨询我们最多的问题,或者是我们办理案件发现聋人遇到最多的一些问题总结出来,把这些案例总结出来,以案例进行讲解,然后让他们从中学到法律知识,增强法律意识。除此之外,我们也会在直播的时候现场去接受聋人现场提出的问题,并在现场及时进行解答"。

几年来,通过线上和线下的方式,唐帅的团队已为近16万聋人提供了法律咨询和援助。令唐帅欣慰的是,通过直播间里的交流,他发现聋人群体的法律意识正在提高。

五、可以是"第一",但我不做"唯一"

唐帅一直努力着,不让自己成为"唯一"。

"虽然利用互联网极大地提高了服务效率,但是个人的力量毕竟非常有限，我需要更多的同伴，我必须要扩充自己的团队，这是当下最为迫切的需要。可是现实并不乐观。既要懂法律又要精通手语，包含了两方面的要求。精通手语，尤其像唐帅那样精通方言手语和自然手语，已然是不大容易达到的要求。且不说健全人学手语有多困难，最关键的问题在于，健全人能否完全地融入无声世界，充分地理解无声世界的思维模式和人格特质"。唐帅认为，提高聋人群体自身的法律意识、培养聋人法律职业者也尤为关键。"实际上，要改变这一切，并且能够为聋人群体带去精准普法的，能够为他们提供精准有效的法律服务的最好的对象，实际上也是聋人本身"。

聋人群体没有学法律专业的人，也很难出现法律职业人士，这就会导致聋人这个群体的法律意识会一直淡薄，陷入一个难以破壁的恶性循环。唐帅说："想到了这一点，我就赶紧做了一个社调。调查发现，我们国家的高校以及高校的法学院没有一所学校招收聋人学法律。我就觉得很奇怪，但后来我就觉得这样更不行，因为如果这样的状态一直持续下去，无法对聋哑人这个群体进行有效的或者精准的普法宣传。"为了解决这些问题，唐帅做了一个决定，招收聋人到律所来，教他们学习法律。

2017年，唐帅向全国范围的高校发布了聋哑人大学生招聘启事，从近百个报名的聋哑人当中挑选出了5个，组成了一个特殊的团队。从2017年8月开始，唐帅对5名聋哑大学生进行了为期一年的法律知识培训，也可以说是要求很严苛的"魔鬼训练"，不仅仅是学习法律专业知识，还要培训反应力、临机处置能力、逻辑判断能力，等等。这项训练的终极目标，是将他们培养成为法律职业者。事实证明，聋哑人学法律是可行的，他们学得懂！

很多人会问唐帅，你培养聋哑人做律师，他即便做律师，在法庭上也听不到法官说的是啥，也不能说清楚，甚至无法说话，怎么和人沟通呢？有什么用呢？"我招的这5个聋哑人是有特色的。他们代表了两类群体。这5个人当中其中3个戴上助听器是有一定语言听力能力的，并且平常他们是有一定的语言表达能力的。准确来说，他们就是属于健全人和聋人中间界限当中的人，如果他们成为律师，则是最好的服务者。剩下的两位则是精通普通话手语和自然手语的"。这5个聋哑人学员当中，有一个"90后"女孩谭婷已经通过了国家统一法律职业资格考试，成为全国目前唯一一位聋哑人律师。

谭婷和唐帅会在视频平台上录制短视频，每周做一到两次直播，平均每周观看直播的聋人有5000多人。直播间没有声音，但气氛活跃，聋人排着队和两人连线。唐帅和谭婷总是耐心解答，对着镜头打着手语，告诉聋人如何维权，如何挽回损失，再遇到类似问题怎样去防范。如今，律所的另一位助理已经通过了法考客观题考试，有望成为中国第二位聋人律师。"当然，两个手语律师也是远远不够的。如果按照1万个聋人需要有1个手语律师的比例，我希望有一天，能看到社会上出现3000个手语律师，3000个手语检察官，3000个手语法官"。

从2020年开始，作为西南政法大学外聘教师，唐帅会利用周末时间，教法学专业的学生手语。早上8点半，在西南政法大学一间教室里，唐帅会站在讲台上，为"卓越公共法律服务人才实验班"的40名大二学生上法律手语课。每次课前，唐帅都要和学生们说一句话："3000万聋人在等着你们。"学生们学得很认真。两年间，班里超过一半的学生已经可以用手语跟聋人正常交流。针对全国聋哑人等弱势群体缺少专门法律服务人才的问题，西南政法大学于2020年11月在全国率先开设了"卓越公共法律服务人才实验班"。实验班采取小班教学模式，制定单独的人才培养方案，选聘校内外优秀师资授课，实行导师制，专门培养面向弱势群体提供专业法律服务的特殊法治人才。小班教学，制定单独的人才培养方案，填补了中国特殊人群法律服务人才培养的空白。2021年6月，西南政法大学正式成立"法律有声"公共法律服务平台，通过线下指导与线上咨询相结合的方式，为听障群体、低收入群体、农民工、老年人、青少年等特殊群体，提供便捷、优质、高效的法律咨询服务。

六、结语

面对全国2700多万的聋哑人，"中国手语律师第一人"唐帅竭尽全力为无声人群做着最有力的辩护，把正义的声音带到无声的角落里。唐帅也期待着能有更多的人与他同行，早日出现一支既懂法律又精通手语的律师队伍，把法律声音无声地传递给这个特殊群体，让那些无声者感到温暖、看到希望，将他们被边缘化的身影拽回，助力他们更顺利地融入社会大家庭。他始终坚信，那些将爱凝聚在指尖飞舞的力量，终将为无声世界带去光明和希望。

主要参考文献和素材来源

1. 李燕燕:《无声之辩》，天津：天津人民出版社2020年版。

2. 周文冲:《手语律师唐帅：让法治阳光照亮无声世界》，载《新华每日电讯》，2022年7月7日，第7版。

3.郭路瑶:《无声的正义》,载《中国青年报》,2018年4月4日,第10版。

4.陈青冰、周思宇、蒋彪:《聋人律师谭婷:让法治之光点亮无声世界》,载《新华每日电讯》,2022年7月21日,第8版。

人生有味,不止于生计和盈亏

——"渡娘"与人的全面发展故事

人权事业,归根结底在于实现人的全面发展。人,作为人权的主体,其天然地就是一个个有血有肉,有着自己的喜怒与哀愁的活生生的人。因此,人权事业进步的故事,不仅仅存在于那些振奋人心的宏大叙事之中,也注定要体现在那些或许不会被任何历史书所记载的"普通人"身上。我们这个故事主角,正是这样一个平凡的人——"渡娘"孙德红。当谈及自己的经历,孙德红多次告诉我们,"我的故事很平凡,只是一个十分平凡的故事"。然而,正是这个"平凡的故事",恰恰能够集中展现新时代下每一个中国人为了实现自我发展而做出的不平凡奋斗。

一、初识"清欢渡":"人间有味是清欢"

正值盛夏,作为三大火炉之一的重庆,温度时不时达到四十一二度。阳光炙烤之下,即便是打着遮阳伞,人的皮肤仍然避免不了被灼伤。南方的炎热与北方的炎热极为不同:北方的炎热以太阳光为载体,人们只要离了阳光,在室内或者夜晚,就感觉没那么炎热,但是南方的炎热似乎附着在空气中,只要人还生存在空气中,暑热就会一直笼罩不散。不过相较于同处酷暑中的其他人们，重庆人可能庆幸，除了在工作地点、家中没日没夜地使用空调，他们在周末、暑假的纳凉计划中多了一个选项——缙云山。

缙云山位于重庆市北碚区嘉陵江温塘峡畔，古名巴山，早在《黄帝内经》里就有记载。因山间常年云雾缭绕，色赤如霞，古人称"赤多白少"为"缙"，故名缙云山。缙云山总占地面积76平方千米，与嘉陵江小三峡、合川钓鱼城一并被定为国家级自然风景名胜区。景区有佛光岩、相思岩、舍身崖、黛湖、白云竹海等众多优美的自然景观。除了丰富的自然资源，缙云山还是佛教圣地，拥有1500多年的历史，与四川青城山、峨眉山并称为"蜀中三大宗教名山"，有缙云寺、温泉寺、白云观、绍龙观、复兴寺、石华寺等八大古刹和晚唐石照壁、明代石牌坊、宋代石刻等名胜古迹，王维、杜甫等历代文人名士都曾在这里留下足迹。

丰富的自然资源和人文资源让缙云山成为重庆对外宣传的一张名片，也是重庆市民度假、避暑、休闲的不二选择。人们旅游休闲的需求催生了缙云山的食宿产业——酒店和农家乐。这两种不同形态的存在满足了人们不同的消费需求。比起动辄上千元甚至几千元的高端酒店住宿，农家乐是许多普通家庭能够承担的消费。人们花上几百元就可以与亲人、朋友一道在缙云山上与自然环境亲密接触几天。缙云山北温泉街道白云竹海附近就形成了农家乐一条街，有大小农家乐60多家。农家乐一般由当地村民"靠山吃山"，利用个人的宅基地进行修建，也由村民个人或者家族进行经营。"雷氏山庄农家乐"也曾是缙云山上诸多的农家乐之一，不过现在已经改头换面。山庄的经营者孙德红在2017年决定对农家乐进行提档升级。在一系列软、硬件改造之后，"雷氏山庄农家乐"更名"清欢渡",拥有 50 多间客房的农家乐变成了只有 13 间客房的民宿,孙德红也从农家乐老板摇身一变为民宿的经营者。她和她的"清欢渡"在当地小有名气,认识她的人,总是亲切地称呼她为"渡娘"。

从重庆主城区出发,在高速路上行驶一两个小时,就可以抵达重庆市北碚区。很多重庆市的市民对北碚区的缙云山并不陌生,缙云山历来有"重庆后花园"的美誉。林海苍茫,四季叠翠,为重庆的城区筑起一道绿色屏障。缙云山国家级自然保护区更有着"植物物种基因库"的美誉。从北碚往缙云山方向行进约十几分钟便进入了林区,映入眼帘的是一块块修剪整齐的草坪,草坪上修剪出了一排大字"绿水青山就是金山银山"。很多年未到缙云山的游客可能会发现其中的"变与不变":不变的部分是缙云山依然郁郁葱葱,空气清新怡人,森林覆盖率一直维持在 95% 以上,并且有大面积的常绿阔叶林,不改它中亚热带森林生态系统的天然底色,而变的部分是相较于之前野生感十足的自然森林,缙云山景区明显有了规划的痕迹,添了几分精致。在盘山路上行使约十来分钟,就到了缙云山国家级自然保护区的门口。因为目前还在疫情管控期,景区仔细检查了每位游客的健康码和行程码后,游客便可以驾车或者步行进入景区。车辆在山间缓缓行驶,途径了一个又一个景点,洛阳桥、明代石坊、缙云寺……此时导航系统提醒我们距离"清欢渡"还有两三公里。不到十分钟,我们就抵达了目的地,看到了一栋镶嵌着大块玻璃的灰白色建筑隐没在山间,犹抱琵琶半遮面地露出主体建筑的一部分。沿着小路走上几步,视野豁然开朗,背倚缙云九峰、青山绿树环抱、白墙黛瓦的"清欢渡"民宿酒店出现在眼前。阵阵凉风袭来,眼前一览众山小的开阔视野,让人忘却了重庆 40 多度的高温,不禁感叹,缙云山不愧是一个极清凉的避暑胜地。

清欢渡民宿酒店是一个主体三层高的砖木建筑，外观以白色为主，辅以木色和灰色作为配色。民宿的大堂、房间以大片的玻璃作为屋顶或者窗户，视觉上给人以清透的感觉，也让整个建筑显得十分轻盈。与周围的青山绿树融为一体，相得益彰。虽然是人为建造的酒店，但建筑采用的物料和配色显然充分考虑到了周围的自然环境，所以并没有破坏自然、与自然环境格格不入的感觉。进入酒店大厅，左边的区域摆放了一大张原木质地、不规则的木板作为茶台。住宿的顾客正在茶台上饮茶，右边的区域摆放了几张桌椅以及沙发，客人们正在低声交谈。民宿酒店年轻的服务员统一身穿褐色的围裙在大厅里穿梭，他们为我们找位置倒了茶水后，告诉我们孙总马上过来。

不一会儿，一个身着淡蓝色布衣、身材比较娇小、略施粉黛的中年女性向我们走过来。因为之前在电话中有过短暂联系，未有过多的寒暄，她便大方热情地向我们介绍起"清欢渡"的布局来。顺着大厅往内走，映入眼帘是一个较大的茶台，上面摆着一些茶具。左边是书屋和另外一个封闭的茶室。提到这个书屋，她颇为骄傲地告诉我们："这个空间特意做了挑高，顶上特意安装了三面大玻璃，可以望见窗外的绿色植被。天气好的时候，阳光会透过玻璃洒进来，不仅让书屋光线充足，也很有自然的氛围。"右边是原木色的吧台，服务人员正在制作茶饮和咖啡。

总观清欢渡的外观、大厅的布局和装饰，看得出设计者花了颇多心思和精力，让这个远离市区、坐落于群山中的民宿有了与自然和谐统一的设计风格。随着人们收入的提高，消费品也在升级换代。在吃穿住行方面，消费品和服务除了发挥满足人们的基本需求功能外，还需要满足人们的品质需求、审美需求。初见"清欢渡"，相较于城市中的"网红"酒店、民宿，它看上去也许并不十分华丽、惊艳，但是它带着清新、雅致的气息，还有城市中的酒店、民宿望尘莫及的自然风光、自然资源。

谈及"清欢渡"的设计风格，孙德红十分乐意分享这一段经历。她说："设计师是我做农家乐的时候认识的朋友，他组建了一个专业的设计师团队对农家乐进行了改造。我首先告诉他，自己想做成一个什么样的民宿，设计师团队根据我们的需求去进行风格定位。'清欢渡'是在保留原有农家乐的框架结构基础上改造而成的，主要是软件的升级。主要的设计理念还是从自然出发。我们每个房间都有自然风景，每个房间都和大自然融合在一起。"当我们提出要参观房间时，她略有抱歉地告诉我们，恰逢暑假，民宿生意比较火爆，所有房间都满员了。因为客人没退房，所以没有办法参观房间。我们坐在民宿外的庭院中，和住宿的客人一样，喝着茶、望着山下的风景聊起来。"清欢渡的每个区域、房间我都参与了设计和规划，每一个角落我都很喜欢，这是我赖以为生工作的地方，也是我的家，在这里工作和生活都是一种享受。清欢渡的名字源于苏轼的词《浣溪沙》中的'人间有味是清欢'。我非常向往苏轼的生活状态，他是文学家、书法家、画家，同时也是美食家、生活家，很会享受生活。在现代，城市中的居民生活节奏很快。我们在森林中给他们打造了一个森林里的家，他们就可以回归自然，享受人间自在、清淡的欢愉"。看着庭院的水泥地上精心铺着的灰色或白色小石子，很难想象这样连庭院地面也要美化到位的民宿是由一家农家乐改造而成的，同样也很难想象眼前这一位用普通话侃侃而谈、落落大方的女性是缙云山的村民。单从外形、打扮和气质来看，这位自称"山里人"的女性跟城市中的人并无两样。

二、敢拼敢干:"路是自己走出来的"

孙德红1978年出生于重庆市北碚区澄江镇,谈及经营"清欢渡"之前的过往,她用"求生存"来概括。出生在缙云山,和山里人一样,"求生存"唯一的选择就是外出务工,靠双手来生存。孙德红十几岁便去了云南打工,在当地的鞋厂当学徒。在小工厂中待了不长的时间,1995年孙德红回到了家乡,然后在家乡结婚、生子。在外务工回到家乡后,孙德红来到了丈夫的家乡缙云村,在景区内的餐厅当服务员,收入大概是每月100元至200元。那个时候,她观察到城区的街上有人卖小吃豆腐脑,但是缙云山景区却一家都没有。她认为自己做豆腐脑挑出去卖,肯定有市场,能比当服务员挣到更多的钱。孙德红的家离景区不远,翻过一个山垭口就能到。她思考了一下,觉着实现的难度不大,于是马上就行动了。孙德红说自己的性格一直如此,"只要有了一个想法后,觉着难度不大,自己能做,就马上去准备这些事情,就开始行动"。她认为自己能成为农家乐的老板,也是由个人的行动力决定的。"万事开头难,只要行动起来,就会轻松很多,行动了就能做成,光说不做是做不成的"。积累了一些资金后,孙德红发现缙云山开始兴起了农家乐,她也萌生了开农家乐的想法。

农家乐一般由当地的居民利用自家的宅基地修建而成,她想既然都要修房子,干脆就利用宅基地来修房子、办农家乐。她说:"和挑着豆腐脑去景区卖的思路一样,豆腐脑需要的是原材料,而农家乐需要的是房子。"1998年,孙德红一家开始修建房屋兴办农家乐,一直到2017年农家乐转型。

"农家乐"是在我国80年代开始兴起的集乡村旅游、休闲农业为一体的项目,在借鉴国外的乡村旅游模式之上,与中国特有的乡村景观、民风民俗等融合在一起,具有鲜明的乡土烙印。"农家乐"模式在增加农民收入和提高农民生活水平、缓解农村剩余劳动力问题、调整农业产业结构等方面发挥了很大的作用。可以说,"农家乐"模式增加了农民们的收入,也有利于农村的脱贫工程。正是在这股浪潮下,孙德红发掘自家背靠青山的自然资源优势,"雷氏山庄农家乐"应运而生。拥有50多间客房的农家乐,为孙德红全家带来了不错的收益。"坐山吃山""坐山靠山"的谋生思路让北碚缙云山的农家乐产业不断扩张,满足了人们从观光到休闲不断升级的需求,同时也解决了村民们的生存问题。看着眼前的"清欢渡",我们已经很难想象它的前身"雷氏山庄农家乐"的踪影。农家乐对于很多居住在重庆的人们来说,并不陌生。重庆位于青藏高原与长江中下游平原的过渡地带,有"山城"之称,拥有20多个大大小小的自然保护区,这成为重庆发展农家乐得天独厚的条件。很多人都有去农家乐休闲的经历,但是很难对其有深刻的印象。农家乐的建筑样式、园林风格、室内陈设、菜肴品种、娱乐项目等同质化倾向严重,文化含量低,产生了严重的无序竞争。孙德红回忆起这段开办农家乐的时光,她认为虽然开办农家乐的收入维持了家庭的开销,但是自己并不喜欢这种生活方式,甚至产生了排斥心理。"做农家乐就是为了生存,就是不喜欢也得做。因为一家人要生存,生活需要来源。山上有很多农家乐,大家其实差不多,没有太多竞争优势。要不就打价格战,或者只能去喊客,追着车子跑。喊客是我最不喜欢的事情,心里很难受,觉着很丢脸,但是为了生存没有办法。说是农家乐的老板,其实是比服务员更辛苦的工作。客人比较多的时候,每天走路都要小跑。说话交流靠吼,声音每天都是嘶哑的",经营农家乐给孙德红的家庭带来了收入,但是她对这份职业并没有太强的认同感。

2017年,澄江镇的政府工作人员对农家乐进行走访,建议孙德红对农家乐进行升级,并告诉她很多农家乐经过转型后价格已经涨到几百元一天,并且不用喊客,客人自己会去。经历了多年的无序竞争,孙德红的家庭决定投入多年的积蓄加上贷款共200多万元对农家乐进行提档升级,其中100多万花在了请专业设计师团队上。其实在孙德红感受到残酷竞争决定转型之时,农家乐的粗放、无序发展已经对缙云山的生态造成了威胁,这意味着这样的发展模式不可持续,政府不得不为缙云山减负,大力拆除违章建筑,修复生态,发展生态产业,重新探索一条发展之路。"清欢渡"民宿重装开业不到一个月,2018年6月,缙云山打响了生态环境综合整治攻坚战。很多农家乐存在在屋顶、林地随意搭建彩钢棚,或者将宅基地住房加高、加宽等违规装修行为,虽然属于违规建筑,但毕竟村民和农家乐经营者投入了资金和精力,用村民的话来说,这些农家乐是他们"一锅铲一锅铲铲出来的"。那段时间矛盾频发,村民们或者拒不拆除违规建筑,或者聚集在坝上讨要说法。后来干部们通过走访农户,制定环境保护公约,召开院坝会议让大家意识到了,因为层次低、没特色,游客在逐年减少,环境确实到了要整治的地步。按照规定,"清欢渡"的顶楼4间"星空房"被列为违规加盖项目。这是"清欢渡"最得意的设计,也是房价最高的4间房。经过了一段时间的内心挣扎,孙德红主动拆除了楼顶加盖的四间"星空房"。

孙德红坦言:"当时真不知道还能不能挺下去,毕竟才经营了几个月,就损失了100多万元。那个时候贷款比较多,资金压力很大。预算是200多万,其实花了400多万。抵押了自己的房产,向银行贷了款,还向亲戚朋友借了很多钱。那个时候已经花掉了所有的积蓄,还要面临还贷款的压力。"但乐观的她很快重整旗鼓,参加政府组织的考察学习,更加投入地推进农家乐到高端民宿的转型工作。令孙德红没有想到的是,以前农家乐的住宿标准是 80 元到 100 元,却总是吸引不到客人,到马路边上去招揽客人是农家乐老板们每天的重要工作。但是转型后的"清欢渡",价位在 400 元到 1200 元之间不等,客人们却会自己来,收入不降反升。营业的利润从农家乐时期的每年 10 余万元到现在的 100 万元。到暑假旺季的时候,清欢渡的房间一房难求。

正好有一位客人离开,孙德红带我们参观了其中的一间客房,原木色的装饰色调和楼下大厅风格保持了一致。站在落地窗前向外眺望,群山合抱、绿波荡漾的山景沁人心脾,门外是镶嵌在密林中的露台。孙德红向我们介绍这个房间的价格在 800 元左右。靠森林没有露台的房间 400 多元,比较大的露台套房能够看见晚霞的房间 1000 多元,综合起来看,均价在 700 左右。孙德红说自己并不是一个很擅长言辞和沟通的人,但是每当她向人介绍起清欢渡来,总是滔滔不绝,并且带着几分自豪。谈及当时陆续投入了三四百万资金时的风险,孙德红云淡风轻地说:"我们没有考虑过会失败,当然也有担心,万一没有这么多高端的客人来怎么办?当时我们考虑了,这笔投入就算投资给自己的住宅了。大不了自己家住,少请一点员工,成本会慢慢回收回来。只要政策稳定,只要不搬迁,生意肯定能做。"

孙德红笑着告诉我们,因为她出生、生活、工作都在缙云山,所以对缙云山的一切都非常了解,就像一部百科全书一样,加上她是"清欢渡"的管家,大家都称她为"渡娘"。

2020 年,一位阿根廷导演到"清欢渡"拍摄了关于她的纪录片,取名为"渡娘道"。孙德红说:"我觉着他的名字取得很好,就像你们问我，如何理解我的人生道路。其实就像这位外国友人理解的一样，他们对我的理解就是道路需要自己走出来，要自己去发展，要有闯劲。可能我们这个年龄段的人，有的人有知识有文化，有自己的事业，有的人东一下西一下也就过去了。但我们得靠着自己的闯劲，路是自己走出来的。"

三、升级转型："我收获了发展和尊重"

孙德红说农家乐转型为民宿，需要资金、设计师、员工，等等，她就去专业的圈子找资金、找设计师团队、找资源。有志者事竟成，人需要有这个志气，然后需要实现志气的胆量和方法。政策稳定下来后，孙德红一家于 2018 年成立了"重庆清欢渡酒店管理有限公司"，注册资金为 300 万元，孙德红是公司的第二大股东。孙德红说，由农家乐转型为高端民宿，资金、客源都不是最大的障碍，硬件包装也并不困难，难的是软件升级。以前经营农家乐，每天她都风风火火，家人之间交流嗓门也特别大。她也并不在意自己的形象，有时候穿着拖鞋就到马路上去招揽客人了。但是通过到浙江等地的观摩学习，孙德红意识到首先要调整自己的行为模式，不能沿用以往的说话、做事情的方式。转型发展，首先管理者要发展个人的综合素质。孙德红报名参加各种民宿管理培训班、到外地去参观学习、参加同行的交流学习，"清欢渡"慢慢形成了现在的经营方式。孙德红说，要把服务做得非常细致，及时满足客人的需求。维持清洁卫生，给客人提供餐食，如果仅仅是自己的家人，人手肯定不够，达不到高端民宿的要求。清欢渡的员工 10 多个人，有一半是孙德红家人，一半是员工，也包括一些以前在农家乐工作的老员工。孙德红要求员工注意服务细节，改变以前在农家乐工作时候的大嗓门，轻言细语地提供服务。要让客人感受到山里的舒缓节奏，提供服务的人员自己就需要慢下来。

和我们最初采访前认为，农家乐经营者升级的原因是环境整治或者经济驱动不同，孙德红一再跟我们强调，民宿升级、打造"清欢渡"这个品牌并非单纯为了发家致富。经营了17年的农家乐，积累了一定的资金，农家乐转型并不是发展唯一的道路。打造精品高端民宿更大的动力来自孙德红全家对美好生活的向往，对美好生活方式的追求。孙德红坐在"清欢渡"庭院中吹着山间的风，缓缓地告诉我们："以前做农家乐的时候，每天都很忙碌地求生存，根本没有时间和精力去欣赏美景，更别说享受生活了。就是为了住在山里面，能够享受这座山，也给客人提供一种享受的氛围，所以我们才去进行提档升级。"

经营"清欢渡"的过程中，除了视野得到了拓展，个人的经营管理能力得到了提升，令孙德红意想不到的是，这个民宿还给她带来了新的朋友、新的世界。孙德红说，以前办农家乐的时候，自己完全是一个服务员的角色，纯粹地为客人提供服务，不会产生平等的交流。但"清欢渡"带来了一批年轻有活力、知识储备量很高的消费群体。他们会平心静气地跟孙德红进行交流，教她使用年轻人爱用的APP做宣传。虽然身在深山，即便是足不出户，孙德红也可以了解到很多外界的讯息。"做民宿之后，我觉得最大的收获就是客人的尊重。客人尊重我们，会尝试去懂我们。他们会和我们平等交流，不会认为我们就是服务员，不会认为我们就是农家乐老板"。孙德红如是说。以前经营农家乐的时候，只需要为客人提供餐食服务。现在的孙德红，学着喝茶、做咖啡和西点、做简单的烘焙，不仅自己要学而且还要带着员工一起学。因为要给客人提供多元且新鲜的餐食，这些都是员工必须学习的技能。"我虽然是一个农村妇女,但是我学会了喝咖啡、做咖啡,甚至还会拉花,以前我们农村就觉得蛋糕、西点这些离得我们很远,现在我还能做。还有一方面,我认识了一些专家,从事自然工作的教育者,跟他们一起去学习、做一些关于自然的事情。我一个没有文化的人,可以跟教育扯上关系,我就觉得很有收获感"。从孙德红的表情可以看出,她十分满意现在的身份和工作状态。"清欢渡"做出了成绩,得到了客人的认可。旺季和周末,孙德红带领团队为大家提供高质量的服务;淡季和非周末,她们整理花园、菜地,享受山间的自然生活。孙德红觉着"清欢渡"的每一处她都很喜欢,待在任何地方她都觉着很自在。

谈及未来的计划,孙德红说虽然缙云山上也有很多网红的民宿,但是"清欢渡"不同之处在于,这里就是她的家,就是她们全家生活的地方。她不好意思地说道:"我们还有些宏图大志,将我们的民宿做成一个森林民宿的样板,希望我们的经营理念和经营方式可以推广到中国的其他地方。让客人每次来,都有家的感觉,我们有信心把我们的民宿做成百年的风景老店。"

孙德红在与我们交流的过程中,更倾向于分享"清欢渡"的设计理念、空间构造、经营理念,等等,很少谈到收益的问题。虽然"清欢渡"让孙德红一家的收入上了很大一个台阶,但她更强调"清欢渡"让她收获了尊重、发展的机会以及享受生活的空间。她告诉我们:"现在很多人都问我,'你们这个民宿应该挣钱很多吧?'其实我现在真的考虑的就不是挣钱的问题了。民宿没有大家想象中那么挣钱,但它挣得真真切切就是人的生活。我觉得一家人平平稳稳在一起,然后又有了生活来源。不一定需要挣很多钱,但是我家里的开销够了。现在这种生活状态蛮好,慢慢悠悠的,节奏能够自己把控。我跟大家坐在一起,你们能听我讲故事,我就觉得蛮开心。"

四、何谓"人的发展"?

孙德红的故事是缙云山上农家乐经营者经历的缩影,也是一名农村女性的蜕变之路。孙德红这样总结自己的人生道路,做农家乐老板时是"求生存",当高端民宿管家时是"图发展"。我们并不想将这个故事简单地贴上"发家致富"励志故事的标签,而是想从孙德红们"求生存"到"图发展"的转变来探讨何谓"人的发展"。

当谈到"发展"这个概念,对于组织体来讲,衡量"发展"的指标有产能、效益、增长率等,规模是否得以扩大,效率是否有所提升,等等;对于"人的发展",我们往往会联想到收入提高、生活改善、教育水平提升、个人综合素质提升。总之,我们容易以指标数值抽象地去衡量"发展",但是当我们介入生动的个人故事,会发现鲜活的个案源源不断地拓展了我们对"发展"的理解,也丰富了我们对"人的发展"内涵的认知。从孙德红的故事中,我们至少可以从两个直观的维度深层次理解"人的发展"这一命题。

一方面是人与空间的关系。虽然空间往往被视为客体,但人与空间的关系却可以窥视主体意识的变化、发展。我们不遗余力地描述"清欢渡"所处的空间和它本身的空间结构和装饰,以及采访孙德红对这个空间的评价,就是为了观察"清欢渡"形成的空间与人之间的关系。孙德红从最初在小作坊里务工、在景区餐厅当服务员和小生意人、农家乐老板再到民宿的经营者,可以看到她的工作、生活空间不断升级。在这个过程中,人对空间的需求从最初的功能性质升级到审美性质,空间成为人审美意识的载体。这个现象说明了孙德红经济实力大幅度的提升和审美意识的觉醒。孙德红虽然一直身处缙云山,但正如她讲述的那样,在求生存的阶段,从来都没有意识主动去欣赏缙云山的美景,她的工作是为来缙云山欣赏美景的顾客提供服务。缙云山形成的审美空间与她并没有直接的关系。但是随着收入和知识量的增加,人与空间的关系也在不断地发生变化。孙德红与来缙云山游览的顾客一样,有时间、有精力也有能力成为欣赏缙云山风景的主体。孙德红及其家人在闲暇时间协助专家开展自然研究、自然教育,说明孙德红们在文化创造、意义产出方面谱写了精彩的一笔,他们已经成为文化空间、审美空间、意义空间的缔造者。

另一方面是人与经济收益之间的关系。在我们来采访孙德红之前,我们已经收集了不少有关她的报道,对她的故事并不陌生。孙德红的转型、"清欢渡"的成功得益于"乡村振兴""环境综合整治"等政策的出台,也有她本人敢拼敢干、脚踏实地的性格、家人们的支持等形成的合力。孙德红的故事并不仅仅是"乡村振兴""环境综合整治"政策的注脚。当我们以"人的发展"视角去看待这样的故事,会发现其中折射出对"个人收益最大化"这一目的的超越。我们在报道中看到孙德红曾经告诉过记者,"清欢渡"客栈可以比较轻松地帮助她的家庭实现百万的年收入,她完全可以乘胜追击、扩大规模继续进行资源积累。但是孙德红宁愿选择牺牲经济收益让生活慢下来,改变自己的生活方式,学习插花、茶道等技能,学习自然知识,充分享受生活,提升客栈的文化属性,在这个过程中实现个人的价值和对美好生活的追求。统观孙德红的生活历程,她既没有受过高等教育,也没有在大城市中经受多元信息的洗礼,但是得益于互联网的发展,即便是在深山足不出户,也可以接收各种讯息，进而整合讯息服务于个人的发展。孙德红在这个过程中，不断地修正自己与经济收益之间的关系。从孙德红的故事中我们可以看出，她已经跨越了单纯追求经济效益的阶段，将自己视为"目的"而非追求经济效益的"手段"。

五、结语

缙云山一行，让我们不仅了解了"渡娘"的故事，更直观地感受到了一种空间文化。空间文化的背后，是人对价值与意义的追求，对尊重和理解的渴望。孙德红们已经加入了文化空间、美学空间和意义空间的生产，在空间创造的过程中逐步实现人的全面发展。在新时代中，我们相信并且期待有更多这样的故事发生。

主要参考文献和素材来源

1. 杨双双:《缙云山：破解生态和民生"双保"难题》，载《今日中国》，2020年第6期，第36—38页。

2. 周闻韬、陶冶:《从"靠山吃山"到"养山富山"——重庆缙云山的"绿色辩证法"》，载《重庆日报》，2020年8月24日，第5版。

夜间街市里的成长与希望
——夜间经济与美好生活的故事

"我想那缥缈的空中,定然有美丽的街市。街市上陈列的一些物品,定然是世上没有的珍奇。"这是百年前郭沫若先生对星空的想象。而这天上街市的美妙意境在今天已不再渺远,它会带着那些曾经"世上没有的珍奇"款款踱入我们身边的夜间街市。夜晚是白昼的倒影,但又不单是对白天的复刻。夜间经济里,摊开了人们奋斗的剪影和生活的闲趣,书写着市井里的安全感和信任感,见证成长,也孕育希望。

一、箪食瓢饮,尽是人间烟火气

夜间经济的故事,是讲述从古至今人们从未停下的对美好生活向往的故事。

中国的街市经济最早可以追溯到商周时期,《周易》中已有"日中为市,致天下之民,聚天下之货,交易而退,各得其所"的记载。但街市发扬光大却是在盛唐,比起商周时期街市的"自由散漫",唐朝的街市更加井然有序,不仅对开市关市的时间有严格规定,还对不同种类商品的交易场所有所限制,各类摊贩按照"同类而聚"的原则形成了各种各样的"坊",称为"坊市"。真正意义上的"夜市"出现在宋朝取消了宵禁制度之后，老百姓们开始光明正大地"享受夜生活"。《东京梦华录》中有言，"每五更点灯，博易买卖衣服、图画、花环、领抹之类，至晓即散"，街头巷尾，一派灯火通明、繁盛喧嚣，这也使得夜市经济流传千年，得以在今日继续传承和发扬。

改革开放之后，夜间经济的发展更是成为现代中国经济发展繁荣稳定、百姓生活幸福温馨的一个缩影。1984年，在千年商都广州的西湖路，全国第一个灯光夜市开张了。夜市上人群熙熙攘攘，形形色色的个体户和小商贩、宵夜大排档、服装摊、日常用品摊应有尽有。那个时候，脑子活络的人，白天工作，晚上夜市里摆摊，已经开始尝到了开放的市场经济的甜头。在电视、电脑等家电尚未飞入寻常百姓家的年代里，在茶余饭后和家里人一起去夜市逛逛走走，看看琳琅的商品，尝尝热闹的烟火气是主要的家庭团建项目，已经成为一代人共同的回忆。2020年，受新冠疫情影响，许多行业受到冲击，在疫情基本被控制住后，"地摊经济"这个名词又重回百姓视野。全国各地陆续出现了各种各样的灯光夜市，慢慢形成了稳定的夜市街道，很多城市恢复了久违的"烟火气"。

夜市从傍晚开始。天色慢慢暗下去，空气逐渐躁动起来，马路上排队挤满了各种往来的车辆，喇叭在不停作响。夜色进一步降临，一盏盏路灯接连点亮，咕辘辘的小摊车和街面地砖碰撞的声音，开始从城市的各个角落，涌向街市。

在广州江南西，夜色中最先红火起来的是一个叫做飘香乳鸽的摊位，老板刚刚摆出货品，一平方米的小车周围就有了十几号人。这是一个现炸现卖的家庭作坊，老板和老板娘四五十岁的样子，老板负责招呼、收款、发等号牌，老板娘负责收号牌、整理打包，周末提早放学回来的高二孩子小元负责控制好炸乳鸽的油温和时间。小元说道，父母一般下午五六点就出摊，这样能占上个好的位置。但要使乳鸽飘香不是件容易的事情，基本要准备上一整天，处理清洗、腌制乳鸽就几乎要忙到中午，午饭后稍休息一下，就马上要开始卤制，一整套程序完成后，还要静置两小时，让滋味更好地渗入。父母很辛苦，所以周末放学了，就赶紧过来搭把手。"那你被同学看到，会不好意思吗？""不会。他们来买，也要排队。哈哈哈哈。"小元爽快地笑出了声，还有些骄傲。他说："同学们多来帮衬，生意好的话，就能早点回家。父母也不用那么辛苦。"原来，父亲工厂倒闭，母亲身体不好，疫情后更是雪上加霜，双双没有了工作，但总不能坐以待毙，好在还有一门手艺。因为独特的腌制酱料和工艺，加上现场热油锅的刺激，小元家的炸乳鸽不仅成了街市中最受街坊们欢迎的摊位，还受到了许多网红博主的青睐。现在每天会有很多人慕名而来，有时炸乳鸽还供不应求。老板说，他也会担心那些视频给他带来太多的流量，毕竟摆摊只是个权宜之计，攒够钱了，也想着在夜市中尽快占一个固定的铺面，认真开始自己的事业。老板的"凡尔赛"发言羡煞了夜市中的其他摊友。烧烤摊、冰粉摊、水果摊、饰品摊、鲜花摊、玩具摊，大家都抓紧了时间做着准备。

意外的是，也有越来越多的"90后""00后"的"斜杠"青年加入夜晚出摊的队伍，体验不一样的身份角色。小文就是其中一员，她的一天忙碌且充实。白天在写字楼上班，晚上在小摊上打个充电灯，在街市上吆喝兜售自己利用周末时间精心挑选的小饰品。小文说："摆摊比想象中的要难很多，总是看的人多，买的人少。有时和客人讨价还价一个小时，才能成交一两单。但要是占的位置好，遇到周末、节假日，也能赚不少。"但小文觉得，无论再辛苦，靠自己努力挣来的钱总是很踏实，与现实生活中真实的人进行面对面交流的体验也比想象中愉快。街角拐弯处，她可爱的"摊友""同事"们也各自卖力，他们唱歌跳舞，表演魔术。这些美好的艺术总是能帮助她一扫生活阴霾，重新发现快乐的源泉，打开对未来的想象。

无论是出于衣食住行的需要，还是享受生活的目的，"夜生活"最重要的还是要解决人们尤其是女性夜间出行的安全问题。《新快报》最新的调研显示：在"00后"群体中，夜内消费女性占比达72.4%。夜间经济重塑着城市人的休闲、娱乐、社交消费的新场景，对政府的治理能力提出了更高的要求。发展夜间经济是一项复杂的系统工程，既需要科学的顶层设计，也需要完善的政策体系，更依赖于完善的城市基础设施和配套的公共服务，为百姓能平安、自在地享受"夜生活"提供保障。

2019年北京市商务局印发《北京市关于进一步繁荣夜间经济促进消费增长的措施》，坚持"市场主导、政府引导、分类培育"原则，着力发展"时尚活力型、商旅文体融合发展型、便民服务型"夜间经济形态，营造开放、有序、活跃的夜间经济环境，助力国际一流和谐宜居之都建设。其中共涉及13项具体措施。随后，上海、广州、成都、南京、深圳、杭州、天津、苏州、哈尔滨等多个城市也陆续推出关于发展夜间经济、促进消费增长的措施和实施方案。比如，创新城市管理、环境卫生、社会治安、交通管理等社会管理方式，提供足够的停车位，改善夜间灯光及照明系统；提高夜间治安安全系统和加强应急情况管理应对，护航夜经济；协助明确固定及临时夜市经营的时间、地点、经营范围等规则；适当延长博物馆、图书馆、音乐厅等开放时间；在节假日延长公共交通时间，等等。慢慢地，夜间经济公共服务的新格局也正在形成——政府推动、市区联动、部门间互动、多方参与，更多的市民参与夜间经济，享受经济发展的成果，提升生活的幸福感和获得感。

二、锦衣夜行，寻找"突然的自我"

马斯洛曾提出一个需求层次的金字塔理论，一个人从底部的需求层次开始，会依次有生理的需求（如食物、衣服等）、安全的需求（如生命、工作保障）、归属和爱的需求（如关系、友谊、社交）、尊重的需求，以及自我实现的需求。通过满足多层次的需要系统，人最终是要重新找回做人的价值，从而实现自我超越。在某种意义上，人最根本的权利，就是一个人的生存、发展以及自我实现的权利。如何看待发展中的人，看待未来社会的人，就会如何定义夜间经济。如今的夜间经济，在满足人们幸福感、安全感的基础上，更加注重服务于人的交往、尊重和自我实现的需求。

"95后"正开始成为夜间经济市场消费的主力军。比起传统的夜市模式，这些年轻人们更青睐如酒吧、Livehouse、戏剧、密室逃脱、剧本杀、24小时便利店、不打烊书店等体验式、娱乐式、互动式、沉浸式的多元消费的融合体验。同时，越来越多的夜间经济，开始融合了"Z世代"的消费模式，出现了一些更加前卫的新形式，如街潮运动、车尾箱市集、快闪夜市等。还有一些小众圈子，如脱口秀、动漫、电竞、极限运动等主题场馆，为小众爱好者提供社交的平台。其实这也是对每个"夜生活"参与者的提醒：无论你觉得自己有多"奇怪"，你都不会是孤身一人。

夜幕降临，有越来越多的年轻人愿意在白天的忙碌结束后走上街头，在车水马龙里体会一下城市的兴盛和繁华，倾吐一天的喜怒哀乐。对这些年轻人来讲，夜生活意味着更放松愉悦的生活。

"于总"经营着一间酒吧，是这座城市的文化坐标之一。"现在的夜生活和过去不一样了。过去大家在烧烤摊上吃吃闹闹，借酒浇愁，而现在，大家更注重身体的健康，除了压力的释放之外，也有更多情感的愿望和需求"。一段时间里，"于总"几度撑不下去，坦言经营一家酒吧，每天都像是在做大型的文化策划活动，工作节奏快、压力巨大，生活节奏挑战大。说到为什么继续坚持，"于总"分享了自己的初衷："现代人的压力太大，想要创造一个解压、治愈的空间。酒吧经常邀请乐队出演，有一次请了一个比较厉害的国外嘉宾，当他在舞台上，用他的音乐去忘我地表达自己、征服他人的时候，场下的很多年轻人一瞬间情绪崩不住，全都哭了。那是一个很触动我的时刻。我会想，他在哭什么呢？长夜痛哭，那肯定是每个人的背后都有一个不一样的故事。辛苦工作一天的人，在这样的一个空间现场，在看见偶像的一瞬间，能够放下压力，解下面具，痛哭一场，然后重燃生活的希望和勇气。知道自己喜欢什么，要什么，成为什么。那我的工作，就很值得。"

夜间经济的繁荣，常常被看作是城市经济便利度和活跃度的晴雨表。一个城市的夜间灯光越明亮，也意味着这个地区经济越活跃，公众的安全感也越强。同时，夜间经济正从单一的功能需求，开始向精神消费需求发展和转变。夜间经济其实不仅是提供物理的空间平台，提供人与人之间的交流平台，它有时也能够提供一种精神文化滋养的平台。

佛山创意产业园，正在进行着这样的实践。佛山创意产业园是中国十大夜市之一，第一批国家级夜间文旅消费集聚区，也是国内最早一批的创意园区。一种观点认为，中国已进入"存量市场"，消费升级的本质就是从物质消费向精神消费升级，精神消费就是将"无聊"变为"有聊"，夜间经济的出现就是为了满足人们的精神需求，解决无聊。"夜间经济不应当囿于黑白色的灰暗，而应当是彩虹色的。彩虹色是自带疗愈的，生命本身也是丰富多彩的。每天夜里，走在人群里，你会感受到自己真实地活着，不再孤单"。一位受访者说道。

三、全力生长，暗夜里孕育光明与希望

夜间经济的另一个面向就是，黑夜之后是黎明，孕育之后就是生长。

伴随着城市经济的发展和城市生活方式的转变，消费经济从形态到内容，都需要不停地进行转型和升级。商务部《城市居民消费习惯调查报告》显示，我国居民有 60% 的消费发生在夜间，而大型商场 18 时至 22 时的销售额，占全天销售额的 50% 以上。另外，相关数据显示，截至 2020 年底，中国夜间经济规模已突破 30 万亿元，较 2019 年同期增长了 5%；2021 年达到 34.8 万亿元；预计 2022 年，将突破 40 万亿元。如果照此规模测算，每个晚上全国人民整体消费达到近千亿元！夜间经济需要被重新认知，也正在被重新定义。

在消费升级浪潮的带动下，夜间的商业和市场，也已不再局限于餐饮，各地陆续都开始打造集夜宴、夜饮、夜唱、夜购、夜游、夜玩等多元业态一体化的消费场景。接下来，越来越多的城市开始意识到了夜色背后隐藏的巨大经济价值，纷纷开始推出政策措施发展"夜文旅"。越来越多的城市，也开始把夜间经济当成展现城市独特风貌的重要载体。

2019 年元宵节，近 600 岁的故宫首开夜游模式。巨幅千里江山图、清明上河图在古城墙上熠熠生辉，这个中国"最大的四合院"亮起灯来，焕发生机，对接了元宵赏灯的古老文化传统，唤醒公众对传统节日、传统文化的互动兴趣，也拓宽了人们文化消费的时空轴。此次开放，门票开售即罄。如果没有赶上这次展览，还请不要急着遗憾，京

城之外也有好景万千。到杭州，你可以乘坐大型宋风画舫"宝石舫"，夜游西湖，伴着湖面倒映的城市霓虹，安静地徜徉于白堤、断桥、平湖秋月、三潭印月和雷峰塔等西湖盛景之间；到洛阳，你可以到对岸远眺龙门石窟，看着密布于峭壁之上的众多窟龛灯光亮起，正像万盏孔明灯冉冉升起，如梦如幻。也有城市在发展夜间经济时，选择了"品牌化"道路。2020年开始，许多城市都推出了自己的夜间经济品牌，比如重庆的"不夜重庆"生活节、济南的"夜泉城"、苏州的"姑苏八点半"，等等。

大城市里的年轻人恣意享受着夜间经济带来的崭新的生活方式，但夜间经济也并未忽略三四线城市和郊区的人们。四川乐山、江西景德镇、山东潍坊等二三线城市所开发的"沉浸式"夜间文旅项目也得到了消费者们的青睐，对于工作生活节奏更慢的小镇青年来说，因为房租通勤等生活开销较低，有时反而会成为夜间消费的"顶梁柱"。中国旅游研究院数据显示，目前全国已经有200多个城市推出夜游线路、夜间演艺和展演等夜间文旅振兴计划，吸引众多游客前往。围绕着历史文化街区、文旅休闲街区、文化古城（特色小镇）、旅游度假区、主题公园、文旅演艺、文体商旅融合型等项目的数量也越来越多。

在线下的快速成长之外，夜间经济也正在开辟线上战场。美团外卖的数据显示，最受全国人民欢迎的夜宵时段为21点—22点，这个时段的外卖订单量约占夜宵外卖订单总量的40%。而在广州、深圳这样的一线城市，晚上21点—凌晨4点的夜宵时段外卖订单总量达到60%，其中22时至凌晨1时，餐饮外卖订单常出现明显的增长。夜晚的21点—22点，也是购物网站淘宝成交的最高峰，夜间网购消费占全天消费的比例超过36%。脱离了时间与空间限制的线上夜间经济，为消费者提供了更方便快捷的服务方式,满足消费者的即时需求,也延长了商户的经营时间,为其带来更大的经济利润。

夜间经济不仅创造着就业岗位,带来了发展机会,也是留住和吸引年轻人的"杀手锏"。在以人为本的城市竞争中,夜间经济愈发达的城市,也展示着其城市品位和未来发展的可能性。小高是产业规划专业的"洋"博士,毕业后回到中国。吸引她回到中国的一个很重要的原因,是中国经济难以置信的内在生命力。"一旦实现了0—1的突破,那从1—99,它就是一个野蛮生长,它的生长非常迅速,而且这种叠加式的很快速,所以就是这种不规律性,对我来讲是有很深刻的吸引力的,让我这种研究产业规划的人十分着迷。"在她看来,夜间经济的灵魂,其实并不在于街区改造或灯光效果,而在于其内在的精神性和成长性。

学习和成长是创意产业十分看重的价值。几乎就是将创意产业的"魂"扎在人性最深的一点。学习是立身之本,而成长则代表着一个人看到自己的本质,愿意去做改变,改变自己,影响他人。2021年4月,佛山创意产业园开始清晰梳理并表达自己的底层运营逻辑,坚持打造现代服务园区和城市居民线下精神消费平台二合一的中心——"城市成长中心"。园区着力打造"25小时"玩乐公园,以"四街八公园"为呈现,四街是美食街、餐饮街、酒吧街与市集街,八公园则是音乐、文化、生态、运动、狂欢、宠物、爱情、灯光艺术八大主题公园。一年之间,夜间经济消费人群即翻了一倍。

"一位业界人士"说:"我们倡导的是一种积极的、有生命力的夜间经济和成长文化,因为有这个所谓的元气在,你才会感受到这个园区和其他的夜市的不一样。夜间经济的基因,本身就是突破、创新、成长的基因,面对现实、全力成长,让沉浸其中的人和公司,实现最快速的成长和迭代,以至于自我超越。我们希望每一个人在这里都能有所收获。我现在每天活得很踏实,在创产的工作学习,也让我每天活得很真实。"

四、结语

从地摊经济到餐饮、娱乐、文创、旅游的商业综合体;从衣食住行吃喝玩乐,到满足人们社交、休闲、娱乐、文化的多元化、高品质的生活需求;从打造经济文化聚集区、高质量的文化"IP"打卡地,到探索夜间经济独特的理念和成长的内涵:在这片土地上,夜间经济正在如火如荼地进行着、发展着。人们讶异地发现,我们生活的城市在不知不觉中有了"两副面孔",白天,它是飞速运转的钢铁森林,而到了夜晚,它就变成了活力四射、包罗万象的心灵归宿,繁华之下偶有奋斗者的疲惫与倦怠,但更多的还是人们对梦的追逐和对美好生活的向往。

主要参考文献和素材来源

1. 郭静原:《夜经济彰显文化特色——2021年中国夜间经济发展规模将超过36万亿元》,载《经济日报》,2021年12月29日,第12版。

2. 赵晓晨:《成长中的佛山"夜经济",正酝酿打出"王炸"》,http://www.21jingji.com/article/20220817/herald/2f18d017eea46097faf160abc8acbfb5.html(访问日期:2023年2月1日)。

3. 艾媒产业升级研究中心:《2019—2022年中国夜间经济产业发展趋势与消费行为研究报告》,https://www.iimedia.cn/c400/65686.html(访问日期:2023年2月1日)。

数字生活不能让任何一个人"掉线"

——科技与人权的故事

"嫦娥奔月""日行千里"不过是古人们的幻想,而现代科技的发展则使这些幻想成真。尤其是20世纪60年代信息技术革命的爆发,使得人类在短短60多年间获得了远超过去任何时代的技术进步。互联网、人工智能、大数据、5G、区块链技术、智能手机等新鲜事物仿佛出现在一夜之间,全新的技术时刻刷新"人类改变自己"的时间记录。数字时代、人工智能时代,便利了人类的生活,在提升人权保障物质条件的同时,也给人权保障带来了新的挑战。

一、"旧时王谢堂前燕,飞入寻常百姓家"

人活一生,谁能无憾?我们总是会因为行色匆匆而错过许多事物,可能错过了一场轰轰烈烈的爱情,也可能错过了一份令人满意的工作。但我们始终不曾错过的是科技进步带来的时代变革,不会错过成为历史和时代的见证者的时刻。

从1952年新中国第一条铁路——成渝铁路通车,到1958年我国第一台内燃机火车头"巨龙号"的诞生,再到2007年我国高铁开始建设;从1987年我国第一台手机开通服务,到1998年第一台国产手机出厂,再到2013年智能手机开始在我国普及：尽管我们不曾亲身经历过那么多光辉的"第一次"，但我们总能在科技发展历程中，准确寻觅到自己确切的"点"。

回望过去10年，整个世界的科技发展日新月异。不同的是，这些尖端科技不再是过去那种隐而不宣的"秘术"。当前量子科技、航天科技、人工智能、大数据、5G、区块链等前沿科技，越来越被老百姓所熟知。科技从技术转化为生产力，甚至是产品力的速度大大加快。我国自主研发的大量先进技术和装备逐步转化为生产力，成为快速推动产业升级的"利器"。"天问"探火星，"嫦娥"登月球，"神十三"和"天和"核心舱成功对接，我国深空探测实现了重大跨越；2016年，我国在酒泉通过长征二号丁火箭将世界首颗量子通讯试验卫星"墨子"号送入太空，它的发射成功使我国在世界上首次实现卫星和地面之间的量子通信。"深海勇士号""奋斗者号""海斗一号"等的研制成功，标志着我国具备了万米全海深谱系化的探测能力。超级计算机、高速铁路、智能电网、第四代核电、特高压输电技术等都进入世界先进行列。我国科学研究水平和学科整体实力大幅度上升，若干学科方向已经达到国际领先水平，科学研究机构、大学、领军科技企业的研发能力在全球地位明显上升。高新技术企业从10年前的不到5万家增至现在的33万家。北京、上海、粤港澳大湾区三大国际科技创新中心，在全球科技创新集群排名中均进入前十。

曾经的四大发明——造纸术、指南针、火药和印刷术在过去几千年间，改变了人类历史和生活；而当今中国社会新的"四大发明"——高速铁路、扫码支付、共享单车和网络购物，更是在短短的几年间就给老百姓的生活带来了翻天覆地的变化。

正像庄子所说："天地有大美而不言，四时有明法而不议，万物有成理而不说。"古人敬天法地，面对大自然的鬼斧神工，往往只有望洋兴叹的无尽感慨。而"可上九天揽月，可下五洋捉鳖"，则是现代人对未来科技会解决人类大多数问题的坚定信心。

在历史上，人们总是会因为土地与人口的矛盾，而不断产生冲突，爆发战争。这一数千年持续的"治乱循环"，曾不断威胁着人类社会。但随着科技的发展，人类发明了化肥、培育出了杂交水稻，一系列的成果使得粮食产量逐步提升。如今的中国可以养活 14 亿人口，并且历史性地解决了绝对贫困问题。这不仅是人类的奇迹，更是人类智慧的必然成果。

因此，在不远的未来，诸多在今日看来难以治愈的绝症，可能会被不断提升的医疗科技所攻克；能源问题可能被风能、太阳能、核聚变技术所解决；气候问题可能会因碳封存技术的发展而不再成为问题。科技改变生活，不仅仅是人们一句耳熟能详的口号，更是未来社会所秉持的理念。或许，现在很多看来无解的问题，随着科技的突破，都将迎刃而解。

二、"科技是手段，人是目的"

如果说工具的产生是人类试图解决生活困难的产物，那么科学的诞生则是人类对这一问题的最终答案。当前，通信技术、大数据与人工智能等高精尖科技正在以前所未有的程度，进行着深度融合。它们正全面融入工业生产、交通运输、教育医疗、军事安全等各个领域，并深入到每一个平凡之人的生活之中，为他们带来便利，更能够使特定群体的人权保障从"可能"变为现实。

吉林长春的张超凡在出生时便失去了左臂。小时候的她，曾因为空袖子而成为同学们的"笑柄"，于是她整天躲在房间里和画笔为友。但在家人的陪伴和鼓励下，她又重新燃起了对生活的希望。凭借着自身的努力和乐观，她不仅获得了书法绘画比赛的金牌，更是成为全国美术特长生状元。而大学时，去偏远山区支教的经历让她萌生了教育创业的想法。2015年她放弃北京保研返乡创业，创办了"超凡公益梦想课堂"，帮扶了400多名残疾人子女或自闭症儿童学习中国传统文化。为了帮助更多特殊群体点亮希望之灯，10年间她进行了700余场公益宣讲，覆盖28个省份。她的事迹被央视《新闻联播》《焦点访谈》、《人民日报》等百余家媒体和栏目广泛报道。媒体亲切地称呼她为"挥着翅膀的追梦奋斗者"。

为了让像她一样的残疾朋友们更好地实现无障碍生活，张超凡受邀成为一家高科技企业智能仿生手的体验者。在装配中心，经过多次测试后，项目负责人还是摇了摇头，陷入了沉思。因为张超凡的左臂残肢太短，再加之是自幼缺失，系统几乎采集不到肌电神经电信号，这意味着开局就是一个"坎儿"。但她没有放弃，坚持每天9小时的高强度训练。为了增强信号，她练习抓握动作。一批批的"硬核"水果都被张超凡抓烂了，直到第十一天，在张超凡和科学家们的努力下，他们终于成功了。仿生手能够明确地识别张超凡的屈伸信号，并第一时间做出反应，那一瞬间张超凡感觉自己仿佛抓住了"新生命的脉搏"。在接下来的38天里，张超凡的手臂练瘦了很多，她仿佛真的练就了"超能力"。张超凡说："通过38天的数据采集以及封闭训练，让我真切感受到了'手部重新生长'的本体感。"这是人生另外一种神奇的旅程，这令她可以解锁用左手写书法、骑自行车、放风筝、玩魔方。于是，她写下她的第一幅左手书法作品——"星星之火，可以燎原"。

大学毕业以后因为一场意外，古月失去了自己的左手。刚毕业的他，本对人生充满期待，十分向往靠自己的双手创造属于自己的精彩人生，而这场意外打乱了他全部的节奏。左手截肢以后，肌肉发生萎缩，生理上的退化让他害怕失去关于左手的记忆。偶然的一次机会，古月接触到了智能仿生手。佩戴上仿生手后他每天重新学习、锻炼，强化手的记忆。过程虽然艰难又痛苦，但古月却十分高兴："它对我而言是一种重生，是一种生活，新的开始。"古月在受访时谈道："我曾因为打不开一瓶水而暴跳如雷，也曾因为一个陌生的眼光而沮丧不已，智能仿生手改变了我，它带给我很大的安抚作用，现在我可以轻松搬起一个箱子，像过去一样拧开水瓶盖喝水，撕开包装袋，系鞋带，等等。"现在的他，只需戴好智能假肢，引导他回忆肌肉运动，采集他的肌电神经电信号，很快就能发出动作指令，抓起桌上的杯子喝水、用电脑打字、写毛笔字了。现在的古月已逐渐开始挑战过去未曾尝试的新事物，比如在综艺节目上弹钢琴、攀岩等。

同样，对不少行动能力受限的老年人来说，各类高科技助力的康复辅具是晚年生活的好帮手。但不同之处在于，由于部分产品市场价较高，老年人往往不愿购买，社区租赁成为有效解决这一痛点问题的方式之一。上海58岁的曹阿姨在租赁一款便携式助浴宝产品时说道："我妈妈89岁了，已经卧床9年，平时洗澡都是我用湿毛巾给她擦，老觉得洗不干净。我也想给她尊严，这款助浴宝就蛮好的。如果用租赁的方式，价格我们比较能接受。"

三、科技之殇

对新兴技术本身，我们已经有了一定的认识，但对于它们可能对社会、政治和心理影响，对公民与国家之间的关系、冲突行为，我们的经济、心理以及人权的影响，我们的了解要少得多。哪怕是市值数十亿美元的科技公司及其工程师也未必能意识到他们的发明会产生什么后果。社交媒体平台将我们联系起来，但越来越多的研究表明，社交媒体也可以被用来散布仇恨、传播错误信息、加剧冲突，从而破坏整个社会的凝聚力。曾经掀起一场种族之间的仇恨可能需要举国之力，但如今，社交媒体可以用微不足道的成本轻易地实现这一目标。

2016年因德国弗莱堡奸杀案、波鸿中国女留学生遭性侵案、维也纳女大学生被三人轮奸等恶性事件的作案嫌疑人均为难民，尤其是弗莱堡奸杀案的犯罪嫌疑人为未成年难民，导致德国网友对难民的仇视情绪高涨。早在2015年8月，德国司法部长赫科·玛斯（Heiko Maas）就向脸书（Facebook）网站发信说：德国司法部收到大量投诉，在互联网上种族主义和排外的煽动性言论泛滥，尤其在脸书上，但Facebook却没有对此采取有效控制措施。随后，德国联邦议院通过了《网络强制法》，主要针对社交媒体网站，要求此类平台在接到政府命令的24小时内，删除仇恨言论、假新闻和非法材料，否则会面临最高5000万欧元的罚款。Facebook、Twitter、Google、YouTube、Snapchat、Instagram等社交媒体网站全部归入新法律的管辖范围。

2018年3月，"剑桥分析丑闻"首次被曝光——政治数据分析公司剑桥分析（Cambridge Analytica）利用剑桥大学教授亚历山大·科根（Aleksandr Kogan）开发的第三方APP，在没有征得用户授权的情况下，收集了全球共计 8700 万 Facebook 用户的个人数据，这些用户来自美国、英国等国家。剑桥分析公司利用这些用户数据，在 2016 年美国总统大选中针对目标受众推送广告，试图影响选民的政治倾向，进而影响总统选举结果。而 Facebook 在这起风波中也扮演了不光彩的角色。据美国联邦贸易委员会（FTC）调查发现，Facebook 多次使用欺骗性披露和设置来破坏用户的隐私偏好。Facebook 采取的这些策略方便公司与第三方应用程序共享用户的个人信息。另外，对于那些违反平台隐私政策的应用程序，Facebook 未采取有效措施。其后，Facebook 向 FTC 支付 50 亿美元和解金，并同意在平台上建立更多的隐私保护措施。

大数据杀熟、网络内容低俗、网络沉迷等互联网负面舆论也不断出现，这也是算法歧视的一个重要表现形式。胡女士于 2020 年 7 月 18 日在携程 APP 预定了舟山希尔顿酒店一间豪华湖景大床房，支付价格 2889 元，次日却发现酒店该房型的实际挂牌价加上税金、服务费仅为 1377.63 元。如此夸张的差价，使胡女士认识到：作为携程钻石贵宾客户，她非但没有享受到会员优惠，还支付了高于实际产品价格的费用，遭遇了"杀熟"。胡女士长期使用携程预订机票、酒店等产品，因此她质疑携程是否利用用户"画像"，如价格不敏感、不索要发票等消费习惯，抬高价格，欺诈销售。同时，胡女士质疑携程 APP 是否在此前消费中也存在"大数据杀熟"行为，或对其他消费者存在"大数据杀熟"。

法院经审理后认为：上海携程商务有限公司应当赔偿原告订房差价并按房费差价部分的三倍支付赔偿金，且在其运营的携程旅行 APP 中为原告增加不同意其现有《服务协议》和《隐私政策》仍可继续使用 APP 的选项，或者为原告修订携程旅行 APP 的《服务协议》和《隐私政策》，去除对用户非必要信息采集和使用的相关内容。"目前大多数

APP 在使用之前,都会要求用户概括性地同意它们的用户协议和相关隐私政策,从这个案子的判决中我们就要杜绝这种概括性的要求用户授权的行为"。庭审法官介绍道,这对于保护公民隐私,杜绝"大数据杀熟"有着重要意义。

因此,尽管数字时代的技术变化具有变革性,但这种变化并不总能推动可持续发展或减少不平等现象。如今,在一些国家,拥有智能手机的人比能够获得清洁水或足够卫生设施的人还要多。在过去三年中,人工智能不断得到应用,但饥饿人口的数量也在增长。尤其是现在,技术变革主要由私营公司推动,这使得社会科学家、政策制定者、政府和立法者更难以跟上。在联合国早期出现的重大创新事项,例如原子能的利用和载人空间探索,都是在政府主持下进行的,国家和国际政策都能跟得很紧。

许多人认为,由于技能和数字化所创造的财富集中在少数国家的少数公司手中,全球不平等现象越发严重。男女之间参与数字世界的机会也不平等,通过数字世界发展受益最多的是男性。联合国教育、科学及文化组织和国际电信联盟共同设立的联合国宽带促进可持续发展委员会,于 2017 年 3 月发布了一份报告。该报告指出,男性和女性上网存在数字性别鸿沟,在全球范围内这个差距为 12%,在最不发达国家达到近 31%。

四、跨越数字鸿沟

不知不觉间,"银发社会"悄然而至。"十四五"期间,我国老年人口将突破 3 亿,我们的社会已经从轻度老龄化正式迈入中度老龄化。互联网的飞速发展的确为人们的生活带来许多便利,但很多老年人窘困于

"数字鸿沟"的现实也不可忽视。

近日,吉林长春一段"老人不会用手机买菜,哭求超市店员卖菜"的视频引起众多网友关注。网友发布的视频中显示,一位大爷来到超市门口想要买菜,店员向他告知因疫情原因,超市物资需要从网上购买。但大爷因为年纪大了不会使用手机买菜,双方沟通多次无果,大爷无奈恳求对方:"可怜可怜我。"此事一出,有许多网友表示,可以设身处地地感受到大爷的困窘与无奈,也很心疼大爷的遭遇,因为谁家都会有因为不够"时尚"而被时代拒之门外的老人。据官方报道,大爷此前与家人一起居住,社区封控后大爷开始独居,其间工作人员上门为其做核酸时,也曾了解过大爷的生活情况,大爷一直表示生活正常。事发当天,大爷因为家中储备物资不多,所以就下楼买菜。防疫人员劝说大爷在家中等待社区帮助无果,于是只好跟随大爷一起来到超市,之后就出现了网络上的那一幕。所幸,大爷所在社区的网格长在忙完当天的防疫工作后,及时为大爷送来了蔬菜包、大米、饼干和牛奶等生活物资。

大爷的遭遇或许在年轻人看来很是罕见,但"因为不会用手机而导致生活不便"的案例却司空见惯于老年人群体。即使是受到过高等教育的老年人,也常常会跟不上如今"智慧生活"的节奏。李叔叔退休前是武汉军区空军司令部的军人,有着各样的奖章荣誉,退休之后他便留在了武汉。疫情期间,因为没有智能手机,李叔叔日常买菜、出行扫码都很不方便,只能靠邻居和社区帮忙。作为一名退伍军人,李叔叔从不夸耀自己的过去,只是在疫情期间,对着当年抗击非典的奖状时不免感叹,曾经,他也是奋斗在前线的战士,而17年后,他却成了最需要帮助的那个人。时代裹挟着人前进,但总有些人被甩在了后面。李叔叔平时使用的老人机勉强可以应付日常生活,但在一些突发状况面前,没有智能手机就意味着许多不便。于是在疫情结束后，李叔叔赶紧买了一个智能手机。但新的问题又来了，谁来教他呢？远在北京的女儿，自然不能时刻指导。即使儿女在身边，老人也是不愿意麻烦自己儿女，让自己成为他们的负担的。

李叔叔的故事，让全国网友都记住了这群被数字时代边缘化的老人，而李叔叔只是全国亿万老人的代表之一。互联网时代是人机交互的时代，视觉、听觉、触觉在接入互联网的过程中尤为重要，而老年人多感官的衰老都为他们的"触网困难"埋下了伏笔。在一项调研中，有67.5%的老人认为上网时的字号、字间距不符合他们的生理状况，难以看清文字；有62.88%和58.63%的老人认为手机音量过小、提示音太短；访谈过程中也不乏有老年人提到使用智能手机触屏操作过于灵敏等问题，一位受访者（73岁）表示："智能手机非常容易按错，接电话都需要'严阵以待'。"在视觉、听觉、触觉交互失灵的背后，是老人们接入互联网的鸿沟，是老年群体被迫脱离互联网社会的"前奏"。除此之外，操作复杂、更新过快的智能系统也成为老年人入网的"拦路虎"。一位大型互联网公司的开发人员表示，智能手机的UI图标、交互逻辑其实不太符合老年人的思维定式，很多老年人在极简图标面前并不能看图知意，也很难理解智能手机目前通用的操作手势；年轻人习以为常的图标和操作逻辑不断给老年人带来难题，削弱他们的触网意愿。智能手机作为当下接入互联网的主要接口，各类手机应用争相迭代、花样翻新，当年轻人在新潮的功能中畅游冲浪时，老年人却被复杂拥挤的图标、高频转换的界面拒之门外。在调查中，软件更新频繁、无意中跳转到新页面、关不掉各类弹出式信息三类情况均给超过60%的老年人带来了"触网"难题。有受访对象（59岁）表示："一不小心就会点到广告一类的内容，还很难关掉。""手机太灵敏，不知道一碰会发生什么。"此外，调研中还了解到，目前仍存在部分老年人识字率低、受教育程度不高的情况，他们在接入互联网的过程中难以识别界面内容。老年人在日新月异的互联网环境中难以适应，任何一款新功能、任何一次灵活的界面转换都可能会造成他们在互联网中的"迷失"，成为阻拦他们"入网"的道道关卡。另一项调查显示，有47.75%的老年人明确表示不太愿意学习新应用软件，有15.37%的老年人在上网时遇到困难会直接放弃处理，可以发现，很多老年人在接触互联网的过程中自身主动性非常低。究其根本，是他们上网时难以顺利解决遇到的问题，而遇到困难时产生的求助行为也会使他们产生心理不适，有46.57%的老年人表示求助会有"不好意思"的感受，入网障碍和求助行为给老年人对互联网的使用带来了沉重的心理负担。这些入网障碍不断积攒，最终引发了老年人抵触入网的心理。

另外，随着在线支付、数字货币等技术的广泛运用和互联网环境本身的复杂性，诈骗陷阱、虚假信息等在各式伪装下往往难以辨认。这一点对老年人来说尤为关键。在一项调查中显示，有47%的老年人担心遭遇网络诈骗，一位70岁的受访老人表示"不可能在网络上花钱"，而访谈中几位表示不担心网络诈骗的受访者也都曾经购买过"智商税"产品；"我的手机里不放钱，所以不太担心诈骗"。在手机支付、网络购物盛行的当下，为了防诈骗、远离互联网财务焦虑而放弃电子支付这项功能，也是老年人难以融入互联网社会的一种体现。

2021年7月24日，重庆市沙坪坝区上演了一场反诈大战。八旬老人吴阿婆平日喜欢炒股，并在网上结识了一名"导师"，此人向吴阿婆推荐炒股群，还不定期发送"听课"链接供她学习，吴阿婆很快就成长为"黄金会员"。后来,"导师"借口帮吴阿婆实现财富增值保值,推荐她购买一支收益较高的原始股,并指导她下载APP,开通账户。吴阿婆先后来到多家银行进行转账、开通网银等操作,工作人员发觉吴阿婆使用的APP十分可疑,当即提醒:你可能受骗了。吴阿婆记得"导师"告诉她,"千万别找银行工作人员、别找警察,因为这是内部福利,知道的人越少越好"。吴阿婆深信不疑"导师"的指导,反倒认为银行"多事儿"。银行工作人员果断报警,面对民警的劝说,吴阿婆还是坚持转账。作为西南政法大学反诈研究团队成员,获悉这一情况,谢玲火速赶往现场,试图阻断诈骗团伙对吴阿婆的心理控制。"吴阿婆这类特殊人群,需要有针对性的心理疏导"。经过2个小时的沟通疏导,吴阿婆终于松口,向民警展示了与"导师"的聊天记录和APP界面。当她明白真相后,后怕不已。

"再先进的技术也不太可能替代情感和近身服务,因此,发展智慧养老要提倡以人为本,要防止'智慧不养老,养老不智慧'"。民政部养老服务司相关负责人在接受采访时说道。

如今,各地积极探索养老服务智能化,助力"养老"变"享老",为老年人的生活增添温度。前不久,上海市长宁区的一个贴心举动引发广泛关注:长宁区江苏路街道给辖区内的独居老人安装了智能水表,智能水表一旦12小时内读数低于0.01立方米会自动报警,居委会干部会第一时间上门探视老人,并将核实情况上报街道责任科室。

小小的智能水表背后,是上海编织的温情为老服务网络。不但如此,长宁区正为区域内特困老人逐步构建起"1+3"智能守护网。其中,"1"是为每户特殊困难家庭提供一份综合电子健康档案,"3"是为500户经济困难老人提供智能"康养宝"六件套健康大礼包,为5000户高龄独居老人提供烟感报警、红外监测、智能手环等"安康宝"三件套智能产品，为2055户纯老、独居、高龄老人家庭提供社区关爱服务电话，推行特殊困难群体互助关爱计划。

"要进一步为老年人提供实时、快捷、高效、低成本同时又具备物联化、互联化、智能化特征的养老服务"。上海市民政局负责人在接受采访时表示。2020年4月，上海市民政局联合上海市经信委梳理形成首批12个智慧养老应用场景需求，助推智慧养老产品和服务落地应用。

据悉，这12个应用场景需求主要有四类：一是安全防护类，共6个，包括老年人防跌倒场景、老年人紧急救援场景、认知障碍老人防走失场景、机构出入管控场景、机构智能查房场景、机构智能视频监控场景；二是照护服务类，共2个，包括老年人卧床护理场景、家庭照护床位远程支持场景；三是健康服务类，共2个，包括老年慢性病用药场景、机构无接触式智能消毒场景；四是情感关爱类，共2个，包括老年人智能语音交流互动场景、老年人智能相伴场景。

这些场景有的是长期困扰老人且亟待解决的，有的则是新冠疫情期间产生的。比如老年人年龄越大，发生跌倒及因跌倒而受伤或死亡的风险越高，但能预防跌倒和减轻伤害程度的智能设备，不少还停留在实验室阶段；比如部分认知障碍老人容易发生走失行为，但现有的一些产品如智能手环、智能腕表等，尚存在需要频繁充电、设置麻烦等问题。

正如上海市民政局负责人所说："随着核心关键技术的突破，智能养老服务产品的供给已得到极大丰富。智慧养老要充分考虑老年人的实际情况，最大限度方便老年人的生活，让技术运用和需求满足更好衔接。"

五、结语

科技是一把双刃剑。尽管科学技术的发展使得许多人的社会生活越来越便利，但也给人们的生活带来了种种挑战。隐私泄露、算法歧视以及数字鸿沟，这均是现代社会的新问题，并强烈冲击着我们现代社会的道德伦理。但我们应当始终记得，科技仅仅是手段，人才是目的。应当相信科技最终是为了给生活增添温度，也只有持续不断地增进人民福祉，未来科技才能真正解决人类社会的种种问题。

尊重和保障科技时代的人权已成为人权事业发展的新趋势。中国正积极推进科技创新与人权保障平衡发展：通过科技呵护人的生命、价值和尊严，实现人人享有人权，人权也逐步成为科技创新与科技运用的衡量标准。二者相互影响，相互促进。新时代的社会发展现状也表明，科技能够为人权事业提供强大动力，科技是人类同疾病较量最有利的武器，能够为每个人的尊严、生命权、健康权、发展权等提供有力支撑，也为缩小贫富差距、缩短教育鸿沟、改变生活方式，实现每个人自由而全面发展注入新机制、新方式。同时，在尊重和保障人权这一根本价值尺度之下，科学技术及其成果产品的运用，也将更加合理，更加符合社会的伦理标准，从而真正地造福人类。

主要参考文献和素材来源

1. 徐智、张瑞雪、孟映辰、刘宴君、白雪蕾：《数字时代如何助力老年人"老有所安"》，载《光明日报》，2022年7月28日，第7版。

2. 任欢、颜维琦、常河、刘茜、陈建强：《科技赋能，"养老"如何变"享老"》，载《光明日报》，2021年1月19日，第10版。

3. 余建华、徐少华:《浙江一女子以携程采集非必要信息"杀熟"诉请退一赔三获支持》,载《人民法院报》,2021年7月13日,第3版。

4. 深燃:《我们卧底粉丝群,揭开明星健康宝照片被倒卖背后的产业链》,https://mp.weixin.qq.com/s/497Z4AKp-_GKP-KrCjjvIQ(访问日期:2022年11月3日)。

5. 重庆发布:《险!街头反诈,只为保住吴婆婆的40万!》,https://mp.weixin.qq.com/s/p_ltjpMS14219LsjPil6lw(访问日期:2023年1月3日)。

6. 尹阿珂:《长春封城后,这位买菜老人被全网心疼》,https://mp.weixin.qq.com/s/kTIA6L3OqsCYc3K-J7rZpw(访问日期:2022年10月31日)。

7. 楼十二:《这个武汉老人与智能手机故事背后,是他们对美好数字生活的向往》,https://mp.weixin.qq.com/s/Tb99MBJpzKxDrsdFclXwmg(访问日期:2023年1月15日)。

8. BrainCo:《科技助残:9位残疾人与他们的铁"掌"人生》,https://mp.weixin.qq.com/s/cmJBACVd5FouQVeFkW8oLg(访问日期:2023年1月31日)。

9. 顾杰:《上海老年人能用上哪些"黑科技"产品?来这里看看》,https://www.shobserver.com/news/detail?id=305111(访问日期:2022年11月10日)。

10. 民政老龄研究中心:《以人为本,推动我国智慧健康养老高质量发展》,https://mp.weixin.qq.com/s/HTG_oXEpKQc_c1fn7LgdNw(访问日期:2022年12月3日)。

刷脸时代的信息自决

——"人脸识别第一案"与个人信息权益的故事

"摇一摇头,眨一眨眼,张一张嘴……"随着一声"面容采集已完成"的指令,我们在那一瞬间与信息采集方达成了人脸信息使用的"合意"。这种快捷的交互在不经意间完成人与机器之间的"对话",以至于很多时候人们甚至并未意识到自己已经作出同意或妥协。但是,一系列司法和立法实践正让通过法律矫正对个人信息的过度采集和滥用成为可能。

一、"我好像没同意你这么干"

2019年4月,郭某携妻儿到杭州野生动物世界游玩。在工作人员的劝说下,原本只打算购买单次入园门票的郭某购买了在一年内可以无限次使用的年卡。在交纳完1360元的费用后,他被告知需要去年卡中心办理开卡手续,在年卡中心郭某得知园区采取指纹识别入园,游客办理年卡需登记姓名、身份证号码,还要拍照和录入指纹用于入园验证和身份识别。郭某对如此复杂的过程表示疑惑,但由于孩子哭闹和妻子的催促,只能搁置争议。

本以为只是生活中的一件小事,没曾想在10月17日,郭某又收到杭州野生动物世界园区升级为人脸识别入园，需要游客前来激活并取消原指纹识别入园的信息。在朋友圈里对园区的"多此一举"进行吐槽之后，郭某想到也可能是诈骗分子作祟。于是在26日，郭某和同事一起去野生动物世界了解情况，在年卡工作中心和工作人员确认了人脸识别短信内容的真实性，店堂公告上对这一通知也进行了公示。

因妻子叶女士不同意办理人脸识别注册，双人年卡失去意义，无奈之下，郭某希望通过协商退款的方式取消年卡消费。在等待售后人员的过程中，郭某和同事发现，园区并没有专门用来人脸识别的机器设备，而是仅仅依靠工作人员使用手机对游客"扫脸"的方式管理游客入园。不仅如此，在向工作人员质询为什么变更入园方式和手机刷脸的安全性问题时，对方只潦草地回答是出于打造智慧景区的需要，并且手机绑定的人脸识别系统很安全。从这样敷衍的答复里，郭某无法确定人脸识别技术的提供方是否公开，刷脸入园是否是相关政府部门的要求和简陋随意的刷脸设备是否安全等关键信息，野生动物园区将"告知"等同于"双方认可"的做法也欠缺法律上的合理正当性。另外，园区给出的退款方案是扣除已入园的费用（将办卡后入园游玩的次数和单次费用累计折算），退还剩余部分。两个成年人单次入园费用共计440元人民币，如果按照这种计算方式，郭某不仅退不了款，甚至还要补交"欠款"。在失望和愤怒的驱使下，郭某用一天时间准备好起诉材料后，于28日前往法院准备起诉。

二、被习惯了的"人脸识别"

法学专业出身并从事法学教育和研究工作的郭某，能够敏锐地察觉到指纹、人脸识别背后的风险。然而对大多数普通人来说，这些"高科技"仿佛是一夜之间就从人们脑海中的幻想变成触手可及的现实，成为如今人们日常生活的一部分。出于对更高端技术的信任和对更先进、便利生活的向往，人们习惯了人脸识别技术充斥于日常生活的各个角落，并逐渐对其放下防备。但事实上，人脸识别技术没有那么"高大上"，也并非人们期望的那样安全。

你有没有思考过，在每天都要遇到的几百号人里，你是如何区分他们到底是"熟人"还是"陌生人"的？如果在一群面孔中，你能准确无误地找到你的朋友，那么恭喜你！你已经是一个"人脸识别"技术的熟练工了。"人脸识别"几乎是与人的视觉共生的人类"先天认知技术"，看到某个人的脸、构成记忆、形成与个体绑定的他人认知，这个自然而然的过程就是我们的"出厂设置"。而科技意义上的"人脸识别"则是一种基于人的脸部特征信息进行身份识别的生物识别技术，是指用摄像机或摄像头采集含有人脸的图像或视频流，并自动在图像中检测和跟踪人脸，进而对检测到的人脸进行识别的一系列相关技术，通常也叫做人像识别、面部识别。

可以说，如今的"人脸识别技术"是站在巨人的肩膀上发展起来的，它与人类自带"人脸识别"功能的工作原理十分相似，都是先要通过摄像头（眼睛）对信息进行识别和收集，再利用电脑（人脑）分析、处理录入的面部特征，将识别到的面部特征与人的身份进行匹配，从而快速完成身份认证。

那么，"人脸识别"识别什么呢？我们可以"简单粗暴"地理解成，"人脸识别"技术就是在我们的脸上建立了一个平面直角坐标系，主要利用分布在人脸上从低到高 80 个节点或标点，通过测量眼睛、颧骨、下巴等面部关键信息的间距来进行身份认证。标点把特定人的面部转换成数字表示,这种"人脸"的数字表示就是我们所说的特征向量,它包含特定顺序排列的一系列数字。一旦我们将每个图像编码成特征向量,问题就变得非常简单了,因为我们可以通过计算向量之间的"距离",来判断两张"人脸"的相似程度。机器学习算法可以智能地标记出所需特征,也可以做一些简单计算,如鼻子长度与前额宽度的比率。

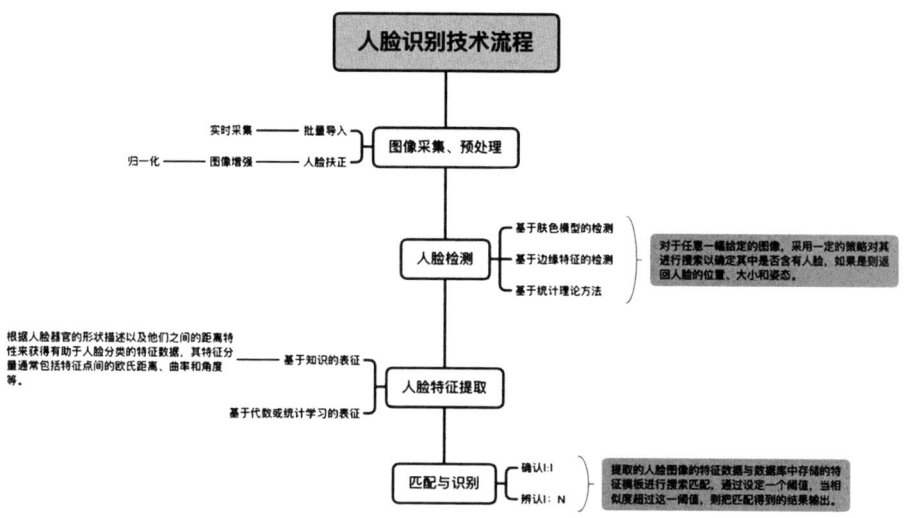

图1 人脸识别技术流程(根据相关材料自制)

曾被认为是在科幻艺术作品中才会出现的技术设计,正迅速成为我们日常生活中不可或缺的一部分,在享受技术变革带来的快捷、收益时,其背后的风险也不容忽视。由于人脸识别技术的非接触性和非强制性,用户不需要和设备直接接触,甚至都不需要给出同意,就能被获取人脸图像,再加上人脸识别应用市场的管理水平和技术条件参差不齐,一些技术安全不达标的企业厂商,其数据库极易被攻击和干扰,从而引发大规模的数据泄露危机。据《北京青年报》报道,网络上公开兜售人脸数据的情况并不少见,且价格极为低廉,5000多张人脸图与其配套的具体信息，打包价只要 10 元钱。被肆意买卖个人隐私的多数当事人则对此一无所知。

让我们回到本案中，在郭某看来，杭州野生动物世界一无采集人脸信息的法律法规授权，二无将人脸识别作为年卡用户入园唯一方式的必要性，三无保障用户个人信息不被滥用的能力。园区升级后的年卡系统利用人脸识别技术收集游客面部特征等个人生物识别信息，该类信息属于个人敏感信息，一旦泄露、非法提供或者滥用，很容易对自身的人身和财产安全造成威胁。

三、我们真的同意了吗

《个人信息保护法》《最高人民法院关于审理使用人脸识别技术处理个人信息相关民事案件适用法律若干问题的规定》（以下简称"《人脸识别司法解释》"）以及《中华人民共和国民法典》（以下简称"《民

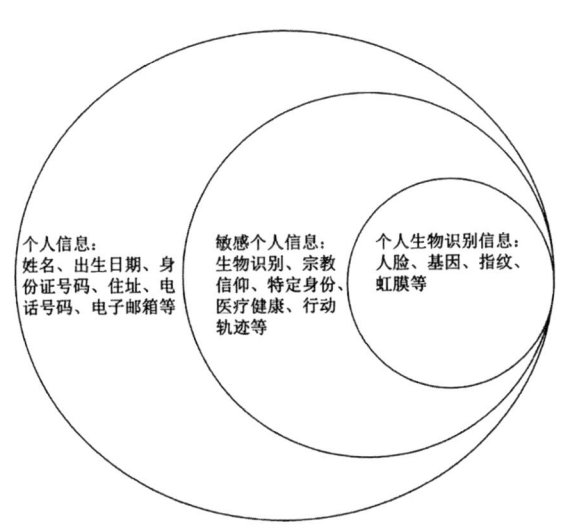

图 2　人脸信息、敏感个人信息与个人信息的从属关系（根据相关材料自制）

法典》）均将人脸信息归属于"生物识别信息"。人脸信息是生物识别信息中社交属性最强、最易采集的个人信息。根据《民法典》第一千零三十五条，处理自然人个人信息的，应征得该自然人或者其监护人同意，但是法律、行政法规另有规定的除外。该条款重申了《网络安全法》《消费者权益保护法》和《个人信息安全规范》等相关法律法规、国家标准所确立的知情同意原则。

知情同意原则最初是医疗领域的一项法律术语，作为处理医患关系的基本原则，即心智健全的成年人有权利自主决定如何处置自己的身体，随后又延伸到医学研究领域。"二战"后，人们出于对战争期间惨绝人寰的人体实验的反思，确立了一系列保护生物医学研究中受试者权利的基本原则，成果集中反映在《纽伦堡法典》中。《纽伦堡法典》最重要的成就之一便是确立了知情同意原则，法典第一条规定，"人类受试者的自愿同意是绝对必要的"。步入信息时代后，人类享受着自由获取信息带来的便利，也经历着无处藏身的信息泄露危机。对个人信息的收集、披露、储存、利用必须被充分告知且经过本人同意成为一项共识。早在1980年经济发展与合作组织(OECD)颁布的《有关隐私权保护及个人数据跨国流通的准则》中就有规定，个人数据的收集应当合法、公正，并取得当事人的同意。这一准则在国际上奠定了早期个人信息保护的基础。

在《个人信息保护法》出台之前我国已有相关法律法规提及知情同意原则。《网络安全法》第二十二条第三款规定："网络产品、服务具有收集用户信息功能的，其提供者应当向用户明示并取得同意。"该法另在第四十一条规定："网络运营者处理个人信息应当经过被征集者同意。"《全国人民代表大会常务委员会关于加强网络信息保护的决定》

第二条规定："网络服务提供者和其他企业事业单位在业务活动中收集、使用公民个人电子信息，应当遵循合法、正当、必要的原则……并经被收集者同意。"2021年8月20日，全国人大常委会正式通过并发布《个人信息保护法》，这是我国对个人信息保护的重要立法。该法在知情同意的基础上，引入了"单独同意"的要求，如第二十九条中"处理敏感个人信息应当取得个人的单独同意"。

观念上的共识加上法律上的强制性规定，似乎给我们描绘了一幅理想图景：每个人都能够在充分了解他人使用个人信息的目的和风险之后，以其充分的理性自由地选择是否同意授权。但现实生活中，总有各种无奈和意想不到的方式将"被迫同意"包装成"自主选择"，总有各式强制或变相强制的手段来规避或架空知情同意原则。

科学技术的发展本该为人们提供更多的选择，但越来越多的公众场所引入人脸识别技术时却将其作为唯一的选择。杭州野生动物园为便利管理游客入园而推广使用人脸识别技术，既未与郭某及时进行协商，也未征得郭某的同意，而仅以短信告知"即日起，未注册人脸识别的用户将无法正常入园"，违反知情同意原则的规定，此其"罪"一；在郭某上门咨询求证时，野生动物世界的工作人员再次明确强调"不注册人脸识别将无法入园"，该行为属于以明示的方式表明不履行原合同约定的主要义务，此其"罪"二；杭州野生动物园作为商业组织虽有自主决定入园系统采用何种方式的权利，但接受与否，消费者也有选择的自由，然而动物园单方面以拒绝入园的方式强制推广，且不提供其他入园选择，也不向消费者提供退票选择，是迫使消费者选择接受，本质是变相的强制，此其"罪"三。

面对三条"罪状"，杭州野生动物园辩称，在办年卡录入指纹的环节，已经通过拍照收集了人脸信息，合同履行过程中发短信通知年卡客户来办理的是"激活"手续，而非再次收集人脸信息。需要注意的是，郭某和妻子办卡时，签订的是采用指纹识别方式入园的服务合同，野生动物世界收集郭某及其妻子的人脸信息，超出了必要原则的要求，其行为本身就不具有正当性。尽管野生动物世界在指纹识别的"年卡办理流程"中规定流程包含"至年卡中心拍照"，但其并未告知郭某与其妻子拍照即已完成对人脸信息的收集及收集目的，郭某与其妻子同意拍照的行为，不应视为对野生动物世界通过拍照方式收集两人人脸识别信息的同意。类似扩张解释的情形并不在少数。基于某一目的所收集的信息能否再用于另一目的？商场运营者、展会举办者甚至参展者等通过监控影像中的人脸信息对用户进行识别，并对用户进行跟踪分析，从而根据用户的关注点和兴趣对其进行后续的精准营销。高校在实行"刷脸入校"时，直接告知学生，为减少学生负担，系统将直接采用师生校园卡照片或新生报到时的照片。这实际已改变了信息主体提交信息时的用途，以便捷为名获取大家从未做出过的同意。

信息时代，每人每天都承受着大量的信息轰炸，面对千篇一律的格式条款和冗长的隐私声明，用户难以从中捕捉到真正有效的信息。"使用就是同意""不同意就无法进入下一步"的霸王条款已经成为服务提供方心照不宣的默契。以"温水煮青蛙"的方式，用户的警惕性被缓慢地侵蚀，甚至有了"只是简单使用个APP，能有什么事儿""用的人那么多，不能轮到我倒霉吧"的侥幸心理。更过分的是，实际操作中的隐私政策等协议往往并不直接显示，而是需要另行点击查看，如此一来，懒得看，没时间看，看不懂，看了也没用，同意不同意最后都得同意，破罐子破摔的"摆烂"反而成为大多数人的"理性"选择。

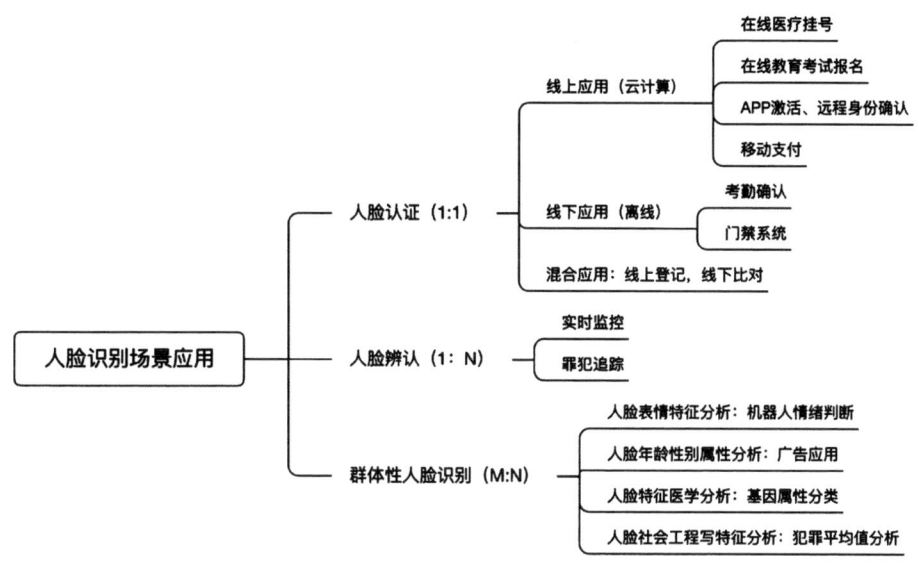

图3　人脸识别的场景应用（根据相关材料自制）

四、"赢了，但没完全赢"

根据起诉状来看，郭某最初的诉讼请求仅要求野生动物世界赔偿双人年卡费用，承担诉讼费用。在看到野生动物世界的答辩状和证据材料后，郭某将诉讼请求增加至8项：要求确认被告"年卡办理流程"告示中的"扫描指纹后激活年卡""凭年卡即指纹正常使用"等内容无效；确认野生动物世界于2019年7月12日发送的短信通知中的"请未进行人脸激活的年卡用户携带实体卡至年卡中心激活"内容无效；确认野生动物世界于2019年10月17日发送的短信通知中的"园区年卡系统已升级为人脸识别入园，原指纹识别已取消，即日起，未注册人脸识别的用户将无法正常入园"内容无效；确认野生动物世界"年卡办理流程"告示中的"人脸注册激活领取年卡""凭年卡及人脸扫描入园"等内容无效;"年卡使用说明"告示中的"持卡人游览园区时需同时验证人脸识别及年卡入园"内容无效;判令野生动物世界退还原告年卡卡费1360元;判令野生动物世界承担原告郭某往返野生动物世界处、法院的交通费;判令被告野生动物世界在第三方技术机构见证下,删除原告于2019年4月27日办理年卡及之后使用年卡时提交的全部个人信息(包括但不限于姓名、身份证号码、手机号码、照片、指纹信息),并承担相应的技术见证费用(以见证当天的实际支出为准),以及本案诉讼费用由野生动物世界来承担。

店堂告示(格式条款)的效力认定问题是本案的争议焦点之一。郭某认为,杭州野生动物园在店堂告示中未进行个人信息安全风险警示说明,违背了《消费者权益保护法》第二十六条的规定,那么此行为能否最终导致该格式条款无效呢?在接受《方圆》杂志采访时,郭某向记者解释说:"不论是指纹信息还是面部特征信息都属于个人生物识别信息,动物园都不应该强制收集。根据《消费者权益保护法》和《网络安全法》的相关规定,消费者可以要求法院确认该动物园强制收集指纹和人脸识别信息的格式条款内容无效。"

但一审法院并未支持郭某的此项诉讼请求。一审法院认为:第一,经营者在个人信息保护领域的说明义务,仅限于告知消费者其将被收集个人信息,无须进一步强调所收集的个人信息可能招致泄露的风险。经营者若已告知收集行为,即构成对消费者消费知情权和个人信息自主决定权的保障,无从苛责。第二,哪怕前述说明义务包括个人信息泄露风险,该消极的不作为也无法落入《消费者权益保护法》第二十六条第二款"作出排除或者限制消费者权利、减轻或者免除经营者责任、加重消费者责任等对消费者不公平、不合理的规定"这一积极作为的涵摄之下,依然无法导致该条第三款"格式条款、通知、声明、店堂告示等含有前款所列内容的,其内容无效"的法律后果。

本案的另一争议焦点是杭州野生动物园以短信通知的方式单方作出变更入园方式的行为是否合法。具体而言,该短信通知行为所引起的系列问题包括:第一,被告在未征得原告同意的情况下,发送短信告知原告未注册人脸识别将无法正常入园是否构成违约?第二,被告后续作出的救济措施,即以"人脸识别"为主,"年卡+身份证"双重验证为辅的入园方式可否视为合理变更?第三,若违约成立,违约金应如何计算?

第一个问题的答案较为明确。首先,原被告之间形成的初始服务合同(指纹入园)合法有效,依法应被全面履行。其次,在合同的后续履行过程中,被告未经原告同意,擅自更改入园方式(合同履行方式),在原告初次上门咨询时,被告以指纹入园设备已停用为由,拒绝原告以指纹方式入园的请求,使原告陷入接受人脸识别或无法享受年卡权益的僵局中。被告的行为无疑属于以明示的方式表明不履行原合同约定的主要义务的行为,根据《合同法》第一百零八条的规定,原告作为守约方,可以在履行期限届满前要求被告承担违约责任。

那么被告后续提出的允许原告在未进行人脸识别的情况下,以"年卡+身份证"双重验证的方式入园,可否视为合理的补救措施,进而免除其违约责任呢?客观而言,"年卡+身份证"双重验证的方式,与最初合同约定的按压指纹入园相比,无论从入园的时间还是从入园的手续而言,都增加了原告履行合同的负担,无法视为与原入园方式等同便利度的履行方式;从当事人视角而言,原告也并不认可该补救措施。原告一方面担心该双重验证方式将沦为口头承诺,有可能在后续履行时遭拒；另一方面也不希望自己作为入园的"另类"，在入园时受到明显的差别对待，影响其接受服务之心情。综上，一审法院对该补救方式作出"客观上增加了郭某履行合同的负担，侵害了消费者的信赖利益"之认定，即并不能以该补救措施作为对违约责任的规避。

同时，针对原告不要求解除合同，但要求被告退还年卡卡费并赔偿交通费的诉求，法院认为该诉求之重点在于被告之赔偿责任和相应的赔偿金认定问题。最终，一审法院既未采取全额退还年卡费，也未采取按照年卡费的价格减去原告入园次数乘入园单价的赔偿金方案，而是以卡费为基数，根据利益损失天数进行赔偿认定。

而本案中最受瞩目的个人信息使用边界问题，一审法院并未展开论证。2020年11月20日，浙江省杭州市富阳区人民法院一审判决野生动物世界赔偿合同利益损失及交通费共计1038元，删除办理指纹年卡时提交的面部特征信息，但驳回了其他的诉讼请求。郭某认为，确认杭州野生动物世界店堂告示、短信通知中相关内容无效等诉讼请求是其提起诉讼的核心请求，与之相比，判决野生动物世界删除郭某办理年卡时提交的面部特征信息、赔偿郭某合同利益损失及交通费共计1038元等判决结果则显得太过于微不足道。郭某不服一审判决，遂上诉至杭州中级人民法院。2020年12月11日杭州中级人民法院立案受理该案，并于同年12月29日公开开庭进行审理。

较之一审人民法院虽然将指纹和人脸信息认定为生物识别信息，但未对生物识别信息作特殊保护的判决，二审法院明确将包括人脸识别信息在内的生物识别信息认定为敏感个人信息，并要求处理方谨慎处理和严格保护。同时，野生动物世界欲将其已收集的照片激活处理为人脸识别信息，这一行为已经超出事前收集目的，违反正当性原则，故应删除郭某办卡时提交的包括照片在内的面部特征信息。此外，鉴于野生动物世界停止使用指纹识别闸机，致使原约定的入园服务方式无法实现，也应当删除郭某的指纹识别信息。据此，二审在原判决的基础上，增判野生动物世界删除郭某办理年卡时提交的指纹识别信息。一审二审判决结果均回避了杭州野生动物世界是否违法收集和使用个人信息这一核心事实，郭某认为，这样的判决结果仍是"隔靴搔痒"，于是他进一步向浙江省高级人民法院申请再审，被裁定驳回。

作为"人脸识别第一案"，该案在案件定位、个人信息的权利属性、将生物识别信息和一般个人信息等同、对合法正当和必要原则的解读等方面，都引发了激烈的讨论。唯一能达成共识的，恐怕就是人们对此案"生不逢时"的感叹。有人说2019年才见到"人脸识别第一案"，权利意识觉醒太迟；也有人说此案的"抢跑"是个遗憾，审理时《个人信息保护法》还只见草案未见出台，否则人民法院本应有更加确切的法律适用。清华大学法学院劳东燕教授认为："这样一起本来具有重大时代意义的案件，判决的内容却撑不起它的时代意义。这是一个标志性的案件，却未能产生标志性的判决。"就郭某本人而言，他认为这是一场"没有胜诉的胜诉"，因为"杭州野生动物世界强制刷脸的情况得不到任何改善，反而会更加理直气壮地强制年卡用户刷脸，判决结果实际上开了一个坏头。这会增加类似单位滥用人脸信息的底气"。

五、"第一案"之后

最初得知郭某将起诉野生动物世界时，家里的长辈和亲戚都表示反对，认为"打官司并不算一件好事"。郭某也曾试图动员身边办了年卡的朋友们一起去起诉，朋友们在赞同和钦佩他的同时，也坦诚地告诉郭某："郭老师我很佩服你，但是我们做不到，我们家里人不支持，必须要带小孩子去玩的，因为那个地方确实很适合小孩子玩。"面对亲人和朋友的不赞同，郭某并非没有失落，但他很快就重新振作起来。在这次案件中，郭某先是连续三天给调解员打电话，争取转为立案的机会；再每次往返100多公里奔波在杭州市野生动物世界和法院之间。虽然最终也没能取得预想中的效果，但郭某认为，自己的"较真"是有意义的，"我花费时间和精力到法院去起诉，不可能就是为了这点年卡钱。如果通过这次纠纷，技术方、法律政策制定者、普通老百姓能够通过讨论的方式来达成一个（使用人脸识别）最低限度的共识，我觉得这个案件就是有意义的"。

郭某并不是唯一一个"较真"的人。2021年3月，26岁的顾某在网上签约租住了天津诚基经贸中心的一套公寓。在入住当天，他从房屋中介口中得知，小区只提供人脸识别的方式出入。顾某与多数怕麻烦的租户一样，虽然心生怀疑，但还是硬着头皮让物业拍照录入人脸，登记姓名、身份证号等信息。安顿下来后，顾某发现，人脸识别机旁边就有刷门禁卡的位置，但物业不给办理门禁卡。他曾向保安询问，对方表示人脸识别是"为了业主的安全"。顾某又向物业表达了对小区强制住户人脸识别的不满，物业人员则答复他，安装人脸识别门禁经过了业主委员会的同意，还有街道和社区这些官方组织的参与。

2021年8月，最高人民法院推出了《人脸识别司法解释》。司法解释实施第二天，顾某再度向物业公司表达拒绝刷脸的诉求，要求其他通行方式，但仍然被拒绝。8月9日，顾某委托律师向物业公司快递律师函，物业公司对这张"最后通牒"仍是视而不见，他决定起诉物业公司。9月3日,天津市和平区人民法院对顾某的起诉立案,案由为"隐私权纠纷"。顾某的诉讼请求包括三项:要求物业删除他的人脸信息,停止对他人脸信息的处理,并出具相关信息已删除完毕的书面证明;为他提供其他能保证隐私权的便利出入诚基中心的方式;赔偿律师费和诉讼费用。庭审中,顾某除了援引《人脸识别司法解释》第十条和第八条之外,还提到当时已由全国人大通过、即将生效的《个人信息保护法》第十五条,"基于个人同意处理个人信息的,个人有权撤回其同意。个人信息处理者应当提供便捷的撤回同意的方式"。一审法院认为,诚基中心居住人员众多,使用顾某人脸信息,是按照天津市疫情防控的相关规定和要求,"确为疫情防控的必要措施和需要"。此外,顾某提供的相关证据并不能证明自己的信息已被泄露,也就无从证明城关物业侵犯了他的隐私权。最终,一审法院驳回了顾某的全部诉讼请求。二审上诉时,上诉案由变为"个人信息保护纠纷"。

二审法院认为,城关物业于2020年2月启用人脸识别系统作为业主及物业使用人出入验证方式,能够更精准识别出入小区人员,使小区管理更加安全、通行更加高效,在新冠疫情防控中发挥了较大作用,并不违反法律规定。但是,顾某办理入住时,虽然同意城关物业提取其人脸信息作为通行验证方式,但此后多次就城关物业提取人脸信息作为唯一的验证通行方式提出异议。城关物业拒绝为顾某提供其他验证方式,这种做法违反了《人脸识别司法解释》第十条的规定。二审法院最终判决,城关物业应积极履行法律义务,删除顾某的人脸信息,为其提供其他验证方式,并承担顾某因本案诉讼支出的律师费等合理费用。在规范小区物业对业主个人信息的采集方面,顾某的胜利为其他被侵犯了个人信息的受害者点燃了希望。

六、结语

个人信息保护是一项综合性的系统工程，我国在监管人脸识别技术，保障公民个人信息和隐私的法律规制从无到有、从一般到专门化，未来还将继续在数据采集合法性、数据应用必要性和个人权利与公共福祉最大化之间寻求平衡等方面更加精细化。郭某的故事已然成为人们反思技术应用的"蝴蝶翅膀"，法治的进步不能仅仅依靠个案推动，但个案打开了法治改革的缺口。如何在技术开发者、使用者、公众、管理者之间形成闭环和有效监管，尤其是在以新兴技术为代表的新兴领域，防范和治理风险将更加考验相关部门的治理和监管能力。

主要参考文献和素材来源

1. 郭某诉杭州野生动物世界有限公司服务合同纠纷案，杭州市富阳区人民法院（2019）浙0111民初6971号民事判决书。

2. 郭某诉杭州野生动物世界有限公司服务合同纠纷案，杭州市中级人民法院（2020）浙01民终10940号民事判决书。

3. 毛亚楠：《人脸识别第一案：告的是什么》，载《方圆》，2019年第24期，第14—17页。

4. 卢越：《人脸识别第一案落锤 如何拒绝"丢脸""偷脸"仍待解》，载《公民与法（综合版）》，2021年第4期，第33—34页。

5. 古其铮：《国内人脸识别第一案始末》，载《民主与法制》，2021年第25期，第24—28页。

6. 苑苏文：《天津人脸识别第一案背后："我的脸我做主"》，载《中国新闻周刊》，2022年第24期，第46—47页。

7. 劳东燕:《"人脸识别第一案"判决的法理分析》,载《环球法律评论》,2022年第1期,第146—161页。

8. 张勇:《人脸识别安全风险与应对策略浅析》,载《信息系统工程》,2022年第9期,第51—54页。

9. 覃建行:《以防疫为由只提供"刷脸"门禁 法院为何判其败诉》,https：//china.caixin.com/2022-06-08/101896510.html（访问日期：2023年1月31日）。

翻译神器解难题,司法审判"加克斯"

——"智慧援疆"保障少数民族诉讼权利故事

语言是民族文化的载体,诉讼权利是公民的基本权利。保障少数民族群众在诉讼全过程中使用本民族语言的权利,虽然并不容易,但是却不容回避。

"8秒钟,20页判决书!万万没想到,这样一个'翻译神器'能在如此短的时间内将汉语判决书完整准确翻译成哈萨克语,在庭审现场立等就拿到判决书,真是见证奇迹的时刻啊!"2021年5月22日,乌鲁木齐市乌鲁木齐县永丰镇公盛村哈萨克族牧民哈某在开完庭后难掩兴奋,"同样是双语民事纠纷,我上次的案件翻译判决书用了三天,这次才用了8秒,法官加克斯(很好)!宝贵加克斯(很好)!"

一、"80后"福建小伙"援疆"逐梦

"从祖国的东南到西北,是我此生最浪漫的旅程;从首都到边疆,智慧援疆、技术援疆、理念援疆是我事业最丰满的经历"。提起自己的"新疆梦",陈宝贵难掩欣喜。1981年12月,陈宝贵出生在福建省的一座海边小城。作为土生土长的闽南人,虽日沐海风听潮涨潮落不甚惬意,但自年少起他便对神秘的边塞新疆情有独钟。"茫茫沙海浩无边,

偶见胡杨立海间""天山牧场牛羊盛,塞外胡杨品貌皎""明月出天山,苍茫云海间"……这就是他的诗和远方。这些年,陈宝贵因求学北京、奔忙工作等缘由一直未能探访梦中的新疆。但作为最高人民法院信息中心数据管理处处长的他一直关注着新疆,并且试着研究大数据司法和智慧司法如何能更好运用于少数民族语言诉讼案件,更好保障少数民族当事人合法权益。

2020年9月,在得知中央和国家机关、国家企业开始遴选第十批援疆干部的消息后,陈宝贵喜出望外,毫不犹豫报名并成功入选。提及自己的申请援疆经历,陈宝贵打趣称,报名申请援疆时的心情如填报高考志愿般忐忑期待,入选后的心情更真切如被向往的学府录取般激动。那年深秋,他告别家人,踏上了为期三年的智慧援疆、技术援疆、理念援疆之旅。抵疆后,陈宝贵被任命为乌鲁木齐市中级人民法院副院长,分管民商事审判、信息技术、审判管理、政策研究等部门,并联系指导基层人民法院工作。

二、"语言管辖"背后有无奈

上任后,为尽快进入工作角色,陈宝贵发挥特长用大数据分析新疆地区涉少数民族语言案件的审判质效情况,通过实地调研座谈等形式尽可能多了解民族地区司法状况。近年来,依法治国、依法治疆方略不断深入推进,新疆民族地区处于社会转型期的关键时刻。面对价值观念多元化、利益诉求多样化和社会矛盾纠纷日益尖锐化的现实,民语系案件及双语案件数量大幅增加,双语法律人才短缺问题日益凸显,诉讼语言及法律文书的翻译更是影响民族地区司法审判实践的一大制约因素。乌鲁木齐下辖的"七区一县"几乎都有哈萨克语案件,但只有乌鲁木齐县法院有能熟练审理该类案件的哈萨克族法官。为因地制宜提供精准司法服务，提升案件审判质效，最大限度保障少数民族群众基本权利和诉讼权利，乌鲁木齐市中级人民法院开创了"语言管辖"审判新模式，明确在乌鲁木齐市域内涉哈萨克族当事人、诉讼语言为哈萨克语的案件均交由乌鲁木齐县法院集中管辖审理。"语言管辖"为化解乌鲁木齐全市乃至新疆少数民族纠纷提供了审判新模式，为保障少数民族权利开创了新范式，但"语言管辖"也间接导致许多外区当事人多跑了些"冤枉路"。

其实，"语言管辖"亦是对庭审语音翻译、语音识别转写和民族文字与汉字互译痛点的真切反映。陈宝贵在调研乌鲁木齐县人民法院永丰渠人民法庭一段时间后发现，该法庭审理的90%以上的案件为民汉双语案件，汉、哈、维等多种语言交织使用的情况尤显突出，且承办法官基本都为少数民族，部分少数民族法官双语种、多语种语言文字不够精通、信息化应用能力欠缺。受制于此，大量双语案件审判周期拉长，也有部分当事人对裁判结果表示不服。陈宝贵担心长此以往此类情况势必会对法律的规范性、严谨性和准确性产生挑战。而法律文书翻译中存在的隐患也时常令陈宝贵辗转反侧。经调研发现，目前新疆法院审理的双语案件，法律文书翻译多采取外包形式。因我国现行法律法规尚未对法律文书翻译外包、翻译资质、费用承担、法律后果等作出明确规定，民族地区地方规章制度亦留空白，法院对于如何选择和聘请翻译人员、翻译人员应具备什么样的资质、翻译的性质是什么，以及翻译工作如何进行等都没有详实的操作办法。稍有差池，就会影响诉讼当事人的合法权益。

陈宝贵反复研读我国宪法和法律关于保护和发展少数民族权利、文化的法规政策，以及政法机关为保障少数民族语言、诉讼权利采取的各项举措。他发现，不仅《宪法》第一百三十九条规定"各民族公民都有用本民族语言文字进行诉讼的权利。人民法院和人民检察院对于不通晓当地通用语言文字的诉讼参与人，应当为他们翻译。在少数民族聚居或者多民族共同居住的地区，应当用当地通用的语言进行审理；起诉书、判决书、布告和其他文书应当根据实际需要使用当地通用的一种或者几种文字"，《中华人民共和国民族区域自治法》《中华人民共和国刑事诉讼法》《中华人民共和国民事诉讼法》《中华人民共和国行政诉讼法》和《中华人民共和国人民法院组织法》等多部法律也都对充分保障少数民族使用本民族语言文字进行诉讼的权利作了明确、具体的规定。这些年，新疆法院在培养少数民族法官、双语法官满足新疆民族地区多种语言诉讼需求方面花了不少力气。比如，精挑细选185人分别赴清华大学、中央民族大学、国家法官学院进修；坚持每年分别举办一期为期一个月的维汉、哈汉"双语"培训班，已有600余人参训。最高人民法院、国家民委等相关部门大力加强、支持双语法官培养培训工作，采取拓宽双语人才招录渠道、开展多层次培训、组织编写双语法律培训教材和工具书等系列措施加大对实用型"双语"法官的培养力度。2021年以来，新疆法院充分把握最高人民法院和援疆省市法院业务专家来疆挂职时机，组建混编合议庭和融合审判团队，学习先进审判理念，全方位、多角度、按梯次提升"双语"法官的审判业务素养和执法办案水平；充分利用援疆省市法院资源优势，每年选派600名左右少数民族法官赴内地19个援疆省市法院跟案学习、挂职交流。经过不断的努力，确实取得了不少成效，但法官提升多语种水平需循序渐进且周期漫长，短时间内难以产生立竿见影的效果。

中国有句古话:"欲筑室者,先治其基"。民族地区的审判工作中,只有以准确的语言表述、翻译庭审语言及法律文书,法官与当事人之间、当事人之间、当事人与辩护人之间沟通无障碍,才能更好地保障少数民族使用本民族语言诉讼的权利和各民族群众合法权益。于是,陈宝贵下定决心要发挥专业特长,将智慧法院建设成果作用于基层法庭民语系案件、双语案件庭审及文书制作,针对民族地区开发一款多语种翻译系统,实现庭审语言同声传译,为少数民族案件当事人解纷,为人民法院审判解难。

三、"翻译神器"搭建"解纷云梯"

行成于思,行事风格雷厉果敢的陈宝贵向单位主要领导汇报并上会通过后,立即躬行实践,展开调研论证。他抽选案件管理及信息技术部门精兵强将,亲自带队在全市法院系统内摸底调研,专题座谈会上鼓励一线法官、书记员畅所欲言,汇总办公、办案过程中的需求和困难;深入牧区、"巴扎"向少数民族当事人了解少数民族群众对人民法院裁判结果、审理案件、法律文书制作、翻译质效的满意度与期待点;组织邀请公安、检察院、律师代表研讨对庭审语言和法律文书翻译的现实需求与改进方向;邀请国内相关行业顶尖技术研发公司工程师面对面讲解法律类智能语音助手及翻译软件功能,制定论证定制化智能翻译系统方案;通宵达旦与技术研发团队讨论对接,专门针对少数民族受众群体优化系统……经过10余次的反复论证、试验,最终以适应法庭实际应用为目标,确认了语音转写、文本互译、OCR识别、语音合成等4大类、19小类保障当事人使用本民族语言诉讼权利的应用场景。

经过为期3月余的多次实地实证调研,陈宝贵发现,位于乌鲁木齐南山牧场的乌鲁木齐县人民法院永丰渠人民法庭对多语种智能语音翻译系统的需求尤其强烈。永丰渠人民法庭距离乌鲁木齐市区约 1 小时车程。在经历法庭布局优化调整后，司法服务覆盖 3 个乡镇，18 个村，辖区内有多个民族居住。因 90% 以上的案件为民语系案件，乌鲁木齐县法院依照辖区特点，相继打造"马背法庭""毡房法庭""赛力克"调解室，主要依托"巡回化+固定化"审判模式，解决少数民族群众诉讼难问题。但受限于现实条件，也存在电子诉讼推广情况欠佳、成效不明显等问题。庭审语言翻译及法律文书翻译更是成为制约案件审判效率的痛点。以该法庭为试点，可以更全面更多方位研发多语种智能翻译系统的功能、性能。陈宝贵深知，倘使多语种智能庭审辅助系统得以成功研发，必将成为"马背法庭""毡房法庭"向"云端法庭"升级迭代，"云速"保障少数民族权利的最优助推器。

经过充分的前期准备，陈宝贵精心细化方案并提交乌鲁木齐市中级人民法院党组会议讨论。会上，陈宝贵演示并梳理出切实保障少数民族诉讼权利得到充分实现、为全区法院推广应用提供经验、提升工作效率、减轻书记员工作量、节省司法经费等六个方面的应用价值，建议研发多语种智能翻译系统，并建议将乌鲁木齐县人民法院作为试点单位。经过陈宝贵的扎实的论证和生动的演示，会议一致表决通过决定以乌鲁木齐县人民法院永丰渠人民法庭为试点，由乌鲁木齐市中级人民法院联合科大讯飞公司共同研发服务于新疆审判工作的多语种智能翻译系统。

时间不等人，想做成事的人只能赶时间。如何在每天只有 24 小时的刚性约束条件下，拥有更多时间？答案很简单：加班。陈宝贵加起班来有一个特点，就是"无差别加班"：白天黑天都是平等的，周末与平时也没谁高人一等，至于探亲假，不休也罢。这位工作狂白天办理案件、处理各种事务性工作,晚上加班熬夜赶进度,周末实地调研试点永丰渠人民法庭论证模拟场景,放弃回京探亲假,拉着研发团队开会、调试系统……单位同事见此不忍,每每劝他劳逸结合,他总会笑着搬出他那套"歪理邪说":家人都不在身边,"孤家寡人"在单位更充实。而且时间紧迫,只能挤时间提速升级搞研发……

功夫不负有心人!在陈宝贵与研发团队的坚持与不懈努力下,2021年5月,国内首创"汉语、维吾尔语、哈萨克语"等多语种智能庭审辅助系统研发问世。该系统以智慧司法成果为依托,运用信息技术攻克庭审语言记录、翻译难关,实现了双语、多语案件庭审笔录和法律文书的极速、准确翻译。令人惊喜的是,多语种智能庭审系统研发成功后一经试用,就展现了"斜杠"天赋,"身兼"智能书记员、随身翻译官、诉讼服务好助手、案件可视化评查官等"数职",极大释放了智慧司法效能,缓解了人民法院"案多人少"的矛盾,为更好保障各族人民群众权利插上了"智慧的翅膀""信息的翅膀"。

第一重身份:"智能书记员"。多语种智能庭审辅助系统能够在多语种庭审过程中实时将维吾尔语、哈萨克语语音转换为维吾尔、哈萨克文字,并实时翻译成汉语进行庭审记录,破解了传统庭审模式中庭审时间受书记员打字速度、翻译速度的制约,由"1—2位书记员+双语翻译人员"的记录模式转变为单书记员模式,大幅缓解了当前新疆法院普遍存在的双语书记员紧缺、庭审过程中翻译工作滞后、案件审理过程复杂度高等问题,普通少数民族语言案件审理周期可缩短近一半,减少了少数民族案件当事人诉累。乌鲁木齐县永丰镇牧民哈某因草场纠纷向法院提起了诉讼,此次案件庭审中运用了多语种智能语音翻译系统,庭审结束后他开心地表示:"我牧场还有牛羊要管,一天都离不开人。现在有了这个智能系统,我开完庭当天就能拿到判决,当天就能赶回去,一点也不耽误事。"

第二重身份:"随身翻译官"。多语种智能庭审辅助系统能够实现多语种(汉、维、哈)文书之间的快速文本互译,满足在卷宗翻译、双语文书翻译、裁判及通知文书翻译等场景下的翻译需求。以一份19页的哈萨克语裁判文书为例,正常情况下翻译成汉语版需要1—2天,使用多语种智能翻译系统只要6至10秒就可以完成初步翻译工作,极大地提高了法律诉讼和司法业务中的文书翻译效率,在节省为聘请翻译人员支付高昂翻译经费的同时,也更直接、更及时、更智慧地反映了少数民族当事人的诉求。为进一步提升转写和翻译的准确率,陈宝贵又多方协调,成立联合攻关技术团队,通过丰富语料库、定制模型等方式优化系统,确保翻译准确率达到95%以上。全国人大代表、北京乾坤(乌鲁木齐)律师事务所律师法蒂玛禁不住赞叹:"过去,哈萨克文版判决书翻译起来很麻烦,至少需要好几天,现在好了,智能翻译系统用90秒就能翻译过来,简直是神速!"

第三重身份:"诉讼服务好助手"。为了使多语种智能庭审辅助系统成功、稳定地应用于庭审现场,陈宝贵又与研发团队合作,将该系统服务进一步延伸至法院办公终端,方便法官随时应用民语文本在线翻译、语音输入、语言转写等功能,极大地提高法院服务各族群众的工作效率和便捷度。目前,多语种智能翻译系统已在乌鲁木齐市辖区所有基层法院和人民法庭完成推广应用部署,在人民法庭现有科技法庭嵌入系统推广应用。乌鲁木齐市两级法院在诉讼服务窗口配备智能翻译机,提供便捷服务,实时翻译少数民族群众咨询的问题,实现多语言文字同步屏显,并同步播报合成语音,为当事人和法官提供便捷有效的沟通交流方式，打破多民族语言的沟通障碍，最大限度地减少少数民族群众诉累，保障少数民族群众权益。试点推广反映良好，得到当事人和法官认可。乌鲁木齐市中级人民法院立案庭兰莉庭长感慨："以前，囿于语言不通，我们立案窗口专门配备了少数民族法官接待少数民族当事人。宝贵副院长组织研发的多语种智能庭审辅助系统打破了语言壁垒，方便了当事人和法官沟通交流，我们十分感谢援疆干部宝贵副院长！"

第四重身份："案件可视化评查官"。为有效解决民语系案件"监管难"和"评查难"问题，助推提升民语系案件审判质量，陈宝贵又试点将多民族语言智能翻译系统成功引入审判管理体系，通过智能化文本翻译技术，实现民语案件可视化监管评查。乌鲁木齐市中级人民法院研究室石玉刚主任表示："过往，民语系案件评查难度较大，我们需调动全市法院民语系案件审判力量来评查，周期长且效果不甚如意。多民族语言智能翻译系统的成功'破冰'，为新疆法院系统更好保障少数民族诉讼权利、合法权益提振了信心与底气。"

随着多语种智能翻译系统的不断成熟完善与应用领域的更为广泛，该系统被推广至新疆维吾尔自治区全区法院人民法庭使用，经新疆高院决定由陈宝贵担任技术顾问，建设"多语种智能互译语音云平台"。2021年10月，新疆维吾尔自治区高级人民法院在上线科技法庭智能语音系统、完成庭审语音同步转化文字并自动生成庭审笔录的基础上，与乌鲁木齐市中级人民法院和科大讯飞公司合作，从多语种智能语音转换技术入手，以前期维汉庭审语音转写为起点，扩展了汉、维、哈庭审语音转写的翻译功能，并将新疆高院和乌鲁木齐市、喀什地区以及布尔津县的298个科技法庭纳入"多语种智能互译语音云平台"试点范围。该语音云平台自2021年10月上线以来，已使用6675次、时长3765小时，转写文字3057万字；多语种语言案件审理时间缩减了50%。据统计，以陈宝贵牵头研发的多语种智能语音翻译系统为原型的"多语种智能互译语音云平台"，在新疆维吾尔自治区全区法院298个科技法庭应用率达100%，汉语、维吾尔语、哈萨克语语音转写准确率可达95%以上。多语种智能翻译系统在全区法院的应用，为人民法庭架起了化解矛盾的专业化、智慧化、定制化服务"云梯"。

由陈宝贵牵头研发并推广至全疆的多语种技术在法院行业的试点应用，不仅提高了民语系案件、双语案件、多语种案件的审判质效，更是新时代智慧庭审、智慧法院保障少数民族群众使用本民族语言文字参与诉讼权利的有力举措。2021年7月，最高人民法院院长周强调研考察乌鲁木齐县永丰渠人民法庭，在真切感受到多语种智能翻译系统为新疆少数民族当事人带来的便捷和成效后指出："在民族地区人民法庭，加大力度推广应用多语种之间的语音转化和自动翻译系统，提高审判质效，更好地保障少数民族群众的诉讼权利。"

四、新疆人民的"儿子娃娃"和"宝贵智多星"

"不到新疆，不知祖国疆土之大。从南疆到北疆，从东疆到首府，动辄要走上千公里的路程。新疆各族人民群众为了打一场官司，在路上耗费的时间太长了。要让数据多跑路，尽量让群众少跑腿、少误工。"陈宝贵是这样说的，也是这样做的。作为"80"后援疆干部，在援疆近两年的时间里，他秉持"紧跟时代步伐，依靠数据跑路，不断创新思路"的工作理念，结合新疆各族群众实际司法需求，发挥信息技术和法学跨界复合专长，致力于智慧援疆、技术援疆、理念援疆，扎根边疆、奉献边疆，用前沿科技赋能诉讼服务工作，不断提升诉讼服务和审判辅助智能化水平，为司法为民、公正司法、保障少数民族权利提供有力支撑。2021年，陈宝贵协助新疆维吾尔自治区高级人民法院在科技法庭智能语音系统基础上，推动全区法院完成了维吾尔语语音转写服务的全覆盖。

陈宝贵牵头研发的多语种庭审翻译系统，被新疆各族群众亲切称为"援疆宝贵牌翻译神器"。如今，在"援疆宝贵牌翻译神器"的加持下，不出家门，不跑冤枉路，动动手指就能获得诉讼服务。"触手可及"的"云庭审"已成为新疆各族群众和内地省市当事人来疆打官司时的新选择。2022年8月，"新疆法院多语种智能翻译系统"被中国电子政务理事会评为《中国电子政务年鉴》智慧法院典型案例。

少数民族当事人在亲眼看到、亲身感受到"翻译神器"等智慧司法成果后，纷纷将陈宝贵唤作"宝贵智多星"。人民调解员维吾尔族大叔库尔班，在了解了"宝贵"的事迹后，语重心长地说："我从事少数民族民事纠纷调解工作很多年了。我深知语言无障碍沟通对化解纠纷的意义有多重大。'宝贵'以一己之力解决了困扰民族地区很多年的难题，是真正的儿子娃娃！维吾尔族有句谚语，'没有比智慧更宝贵的财富！''宝贵'不仅是法院的宝贵财富，更是新疆各族群众的宝贵财富！"

"以一己之力，聚众人之智，才能成众人之事"。陈宝贵深谙"一人之力难为继"的道理，想方设法搭建更多交流平台，才是智慧援疆保障少数民族权利的长久之策。他坚持"走出去""引进来"相结合，将援疆之路由东南串联至西北，由沿海延伸至广漠。在他与家乡福建相关部门的多方协调沟通下，乌鲁木齐市中级人民法院分别与福州市中级人民法院、宁德市中级人民法院建立合作关系，签订了《友好法院合作框架协议》，为新疆人民法院在人才培养、司法审判等方面注入更多援疆活力。他为保障少数民族权利积极担当、主动作为，多次对接最高人民法院多个部门，协调解决技术对接、疑问法律问题解答等问题，为新疆各族人民群众谋得众多实实在在的技术福利、智慧福利。"宝贵"智慧援疆、技术援疆的故事在天山南北广为流传。2022年6月22日，新疆维吾尔自治区高级人民法院为陈宝贵同志记个人二等功。

五、"宝贵"不止一个

"愿做雪莲绽天山，甘为幽兰吐芬芳"是陈宝贵用实际行动践行"胡杨精神"，深入践行司法为民宗旨，将信息化建设融入保障少数民族诉讼权利的真实写照。像这样的干部，不止陈宝贵一个。自1997年起，尤其是党的十八大以来，中央部委、19个省市加大对口支援新疆工作。25年来，中央部委、19个援疆省市累计两万多名援疆干部和技术人才援疆建设，实施了一大批重点民生项目，医疗、教育人才"组团式"援疆不断深入，技术援疆、智慧援疆综合效益不断提质，极大地促进了新疆保障少数民族权利事业的发展进步。

中共中央、国务院制定实施的十个"五年计划"中，始终把新疆基础设施建设项目、农业基础发展项目、现代工业体系建设项目等列为国家重点项目，政策向南疆等少数民族地区倾斜，针对少数民族推出一系列优惠和特殊的政策，顺利实施保障少数民族权利。近年来，为优化新疆产业结构布局，中央政府把东南沿海较发达地区的一些企业、工厂搬迁至新疆，从内地调进工程技术人员充实到新疆初建的骨干企业中去，推动大量少数民族工人到内地企业进修实习，在很短的时间内为新疆培养了一支工程技术骨干队伍。全国其他省市还以对口的形式向新疆提供了大量的资金、技术和人才支援，为新疆更好保障少数民族各项权利发挥了重要作用。一方面，发达地区派技术人员、教师、医生、企业管理人员等各类专业人才作为援疆干部，到新疆地（州）县挂职，传播并示范先进的技术和观念；另一方面，新疆党政机关工作人员、经济管理部门工作人员和各类专业技术人员分批到内地对口支援省市挂职学习。近年来，根据中央政府的要求，由北京、浙江、天津、山东、辽宁、江西、上海、河南等8个省市和15个国有骨干企业，对南疆33个县（市）进行经济、科技、文化全方位对口支援。从1989年起，中央政府组织内地80多所高校支援新疆。从2000年起，北京、上海、天津、南京、杭州、广州、深圳、大连、青岛、宁波、苏州、无锡等12个发达城市在所属的省级重点高中举办了新疆高中班，每年招收1540名新疆民族学生，政府向这些在校学生提供财政补贴。"授人以渔"式地培养少数民族人才，已成为新时代更好保障新疆少数民族权利的重要动力。

六、结语

"宝贵牌翻译神器"是新时代我国不断推进司法便民改革和升级保障少数民族语言权利、诉讼权利以及各项合法权益的一个缩影。虽然只是缩影，但也足以表明有些西方媒体故意抹黑的所谓文化灭绝之论的荒谬。至于新疆少数民族的民族权利保障得好不好，新疆群众心中有杆秤，最好由他们自己来评说。

主要参考文献和素材来源

1. 中华人民共和国国务院新闻办公室：《新疆各民族平等权利的保障》，载《人民日报》，2021年7月15日，第5版。

2. 中华人民共和国国务院新闻办公室:《新疆人权事业的发展进步》,载《人民日报》,2017年6月2日,第9版。

3. 中华人民共和国国务院新闻办公室:《新疆的文化保护与发展》,载《经济日报》,2018年11月16日,第11版。

4.《奋力建设团结和谐、繁荣富裕、文明进步、安居乐业、生态良好的美好新疆——中共新疆维吾尔自治区委员会"中国这十年·新疆"主题新闻发布会实录》,载《新疆日报》,2022年8月28日,第1版。

5. 王书林、刘文旭、张婷:《新疆建设"多语种智能互译语音云平台"——汉维哈多语种法律文书秒互译》,载《人民法院报》,2022年1月31日,第1版。

6. 王书林、史翔:《新疆法院紧抓"双语"法官队伍建设》,载《人民法院报》,2020年6月9日,第1版。

7. 周强:《新疆法院基层人民法庭蹲点手记》,载《中国审判》,2022年第7期。

8. 王茜:《最高法国家民委在高校设立双语法官培训基地》,http://www.chinalporg.cn/newsitem/277465217(访问日期:2023年1月30日)。

为了雪域高原上的美丽世界

——西藏自治区的环保故事

健康的环境是实现人类尊严的基本条件和标准。数百年来,全人类为在清洁、健康和可持续的环境中实现有尊严和福祉的生活而不懈地奋斗着。时至今日,环境权利已成为一项被普遍承认的人权。1972年《联合国人类环境会议宣言》首次对环境权作出权威定性;2022年7月,联合国大会以161票赞成、8票弃权的结果通过了一项关于环境健康的历史性决议,宣布享有清洁、健康和可持续的环境是一项普遍人权。

1953年人类首次登上最高处后,珠穆朗玛峰作为一种理想和荣耀,成为各国登山者们征服的对象。然而,珠穆朗玛峰上大量的人类活动也带来了一系列的环境问题。中国特色社会主义进入新时代以来,在"国家尊重和保障人权"的价值导向和国家人权行动计划框架下,一场由法治导向、政府统筹、社会参与、国际合作的环保行动在珠穆朗玛峰北侧开展起来。通过构建一种紧密而深入的伙伴关系,有效、合法和可持续的治理行动使干净、清洁和充满活力的珠穆朗玛峰从承诺逐渐变为现实。

一、登顶珠峰：征服还是伤害？

在中国的西南部，世界的第三极屹立于此。年均 –20℃ 以下的气温，积年不化的白雪给"大地的女神"珠穆朗玛峰覆上纯洁的面容，8848 米的海拔上"长寿五天女"的宫殿更给珠穆朗玛峰带来神秘和神圣。1953 年 5 月 29 日新西兰登山员埃德蒙·希拉里从南坡成功登上珠穆朗玛峰的最高处后，珠穆朗玛峰越来越成为登山者的目的地。许多登山者以登上顶峰凝望女神或在女神居住的宫室感受原始和自然为目标，他们渴望征服地球上离天空最近的地方。

在这条通往顶峰的路上，有生命铸成的"路标"——许多登山者无法承受恶劣的气候长眠于此，而当后续的登山者看见他们时，就知道自己已经到达"禁区"了。在这其中最具有代表性的就是"绿靴子"。在珠穆朗玛峰海拔大约 8500 米的一处避风石穴里，身着鲜艳绿靴子的一名登山者侧躺在此，仿佛是登山途中的劳累让他停下来在这儿小憩。但实际上他已经在这儿为登山者"指路"20 余年，冰雪的侵蚀早已经让他和身下的岩石连在一起，难以分开。

与他同样埋葬在珠穆朗玛峰冰雪之下的是每年数以万计的登山者和游客留下的生活垃圾。4 月结束，迎来登山季的珠穆朗玛峰开始变得拥挤。每年登山季都会有 700 至 800 人尝试登顶珠穆朗玛峰。由于登山人数过多且空气稀薄，他们常常不得不在寒风中戴着氧气面罩排队数小时才能到达山顶。在海拔 8790 米的地方，有一块大概 12 米高、几近垂直的冰岩石断面。这块名叫希拉里台阶的岩石山壁是登山者们登顶前的最后一道障碍。当他们一个一个以蜗牛般的速度越过希拉里台阶，他们终于到达顶峰。

而在他们登顶的身后，却到处都是废弃的荧光灯帐篷、空氧气罐、啤酒罐、燃气罐、电池，以及人类的粪便。每个登山者在登顶前都会在山上花费数周时间，在此期间，平均每个人会产生大约 8 公斤的垃圾，而这些垃圾大部分都留在了山上。虽然，在珠峰大本营有带大型收集桶的帐篷厕所，在这里排泄物会被集中处理，但再往上攀爬，就只剩下冰天雪地的露天旱厕。没有人确切知道山上有多少垃圾，但它们数以吨计。垃圾从冰川中溢出，营地里堆满了人类排泄物。气候变化导致的冰雪融化让更多的垃圾暴露出来。废物和细菌破坏着珠穆朗玛峰的自然环境，并对居住在珠穆朗玛峰区域的人们构成严重的健康风险。

如果说珠穆朗玛峰上的登山者遗体是自然对人类的威慑的话，那么，从珠峰大本营到山顶上的垃圾，则是人类对自然祛魅和征服过程中留下的伤痕。

二、夏尔巴人：命运安排的"珠峰清道夫"

在中国和尼泊尔的交界处，住着这样一群"超能力者"——夏尔巴人。他们生活在平均海拔 4500 米的喜马拉雅山两侧，长期高海拔的生活练就了夏尔巴人强健的身体素质和出色的攀登技巧，这让他们成为"天赋异禀"的登山者。1953 年埃德蒙·希拉里登顶珠峰就是在夏尔巴向导丹增·诺盖的协助下完成的。

然而，对夏尔巴人而言，高山赋予的独特天赋也是他们得享正常生活的束缚。在中国境内，夏尔巴人集中居住在西藏自治区樟木和陈塘两地，与尼泊尔境内的夏尔巴人隔山相望。相传，夏尔巴人是西夏党项人的后裔，在北宋末年为了逃避蒙古人和藏族人的追杀而从西北地区逃亡到此处。高原深处隔离了追杀,但也隔绝了与外界的紧密联系。恶劣的生存环境、闭塞的交通状况、匮乏的物资和普遍较低的受教育程度,使得夏尔巴人在职业上没有太多的选择。由于珠穆朗玛峰登山商业化,每位登山者至少需要一名当地工人负责做饭、搬运设备和指导探险,天赋异禀的夏尔巴人无疑是最合适的人选。当然,对于一些夏尔巴人而言,登上珠穆朗玛峰顶也许是一种英雄般的梦想,但对于他们中的更多人而言,这仅仅是他们"不幸"命运之中的一条谋生之路。

为了养家,夏尔巴人摘下传统头顶上以鲜花和孔雀羽毛点缀的帽子,穿上登山服,成为登山向导。夏尔巴女性脖子上由两百多个银环连成的项链、胸前的银制小串子、腰间的银带、手腕的大白海螺,也变成了登山用的头灯、冰镐、冰爪、风雪镜……过去夏尔巴人背上背着的是家庭生活物资和孩子,现在变成了登山者的行李、为登山者铺路的梯子和无法独自完成登山的登山客。

谋生成为夏尔巴人接受命运的理由,但这样的工作也让他们感到困惑。他们不明白,如果珠穆朗玛峰不是登山者心中的圣地,那么为什么每年都会有成百上千人要花上数十万攀登珠穆朗玛峰;如果登山者是真的如他们一般热爱这片圣地,又为什么要给珠峰留下塑料微粒、细菌和疾病。登山者渴望征服的顶峰、理想和荣耀,对于夏尔巴人来说是敬畏神圣的信仰和他们日以为常的家。现在,成堆的垃圾、粪便,亵渎了他们的信仰,更增加了他们在自然环境里的生存风险。为了维护他们的圣山和生存的环境,夏尔巴人在高风险的向导工作之外又负担起了清理高海拔地区垃圾的任务。海拔5200米是一条临界线,5200米之下清理垃圾还有机器可以运作,而在海拔更高的地方想要清理垃圾则需要人力操作，夏尔巴人扮演着"高山医生"的角色。

每次登山，临行之前的"煨桑"仪式气氛沉重悲伤，但又能给人带来些许安慰。在煨桑台上，摆放着撒着青稞酒和桑面的松柏枝，一旁摆放着油果、桑面、酒、酥油、水果。煨桑炉里飘出的霭霭烟雾与山顶的云混在一起，仿佛是夏尔巴人与珠穆朗玛峰紧紧相连的过去和未来。祈福的喇嘛念诵着莲花大师当年写下的经文，给登山的人们系上保佑平安的红绳，祈祷一切平安顺遂。松柏枝燃烧的香味舒缓了家人的忧虑，同样他们也希望这种香气能平息登峰给山神带来的打扰。

但山上的天女似乎并不会因为他们的虔诚而更温柔地相待。在山上，"清道夫"夏尔巴人一边背着氧气瓶负重前行，一边穿过冰雪和陡崖捡垃圾。有的时候他们需要在夜间穿越冰瀑，有的时候雪崩和大风会将营地夷为平地，任何一个不小心都可能让他们跌入冰雪之间的裂缝悬崖，任何一个天气的变化都可能让他们的生命受到威胁。即使是天生有强健的体魄，在这样的条件下，夏尔巴人仍面临着身体和心理的双重伤害。珠穆朗玛峰让世界认识了这些封闭村落里的人，但死亡的数字，是他们重新让世界记住的方式。

然而，就算是夏尔巴人冒着生命的危险清理垃圾，他们的付出相较于珠穆朗玛峰上堆积的垃圾仍是杯水车薪，珠穆朗玛峰上的垃圾仍然在成倍增长。在最靠近珠穆朗玛峰顶端的"死亡地带"，那些陈积多年的垃圾纹丝未动。

治理珠穆朗玛峰不是生命的献祭，要清理珠穆朗玛峰的污染，保护生态，仅仅依靠夏尔巴人作为"清道夫"是完全不够的，需要一场国家、社会和个人共同参与的全方位行动。

三、珠峰治理：全方位的环保行动

在珠穆朗玛峰的北侧，一场法治导向、政府统筹、社会参与、国际合作的全方位环保行动正在展开。

早在1994年，中国政府就颁布了《中华人民共和国自然保护区条例》，条例将自然保护区分为核心区、缓冲区和实验区。禁止任何单位和个人进入核心区，对核心区的科学研究活动进行限制，必须经过自然保护区所在省级人民政府行政主管部门批准。核心区外围的缓冲区，允许进入从事科学研究观测活动。缓冲区外围的实验区，可以进入从事科学实验，旅游以及驯化、繁殖珍稀、濒危野生动植物等活动。

在海拔5154米处，珠穆朗玛峰的卓玛山顶，莲花大师修行的神圣洞穴隐藏在绒布沟东西侧，这个洞穴就是绒布寺。站在绒布寺，它身后连绵的珠穆朗玛峰山脉和顶峰清晰可见。喇嘛阿旺桑杰在这座寺庙里守护女神的住所和登山的人们已经20多年了。以绒布寺为界，海拔再往上就是珠穆朗玛峰自然保护区的核心区。为了优化对珠穆朗玛峰的保护，2018年，经国务院批准，保护区进行了重新调整。调整后，绒布寺一带被划为实验区，依据条例可以进入从事科学实验、教学实习、参观考察、旅游等活动。与功能区同样调整的是由当地群众搭建的几十顶帐篷所组成的食宿区，也就是珠穆朗玛峰的游客大本营，位置后撤至绒布寺以下，海拔5000米左右一带；同时移动的还有标注珠峰海拔的石碑和大本营标志牌的迁移安装工作。这意味着，这里是游客在景区内可到达的距离珠峰最近的位置，如果想要去到绒布寺以南直线距离约6公里处的海拔5200米的"珠峰大本营"，或者继续往海拔更高的地方攀登，登山者则必须申请并满足登山的条件。

2006年，西藏自治区颁布了《西藏自治区登山条例》，通过许可证制度对登山活动进行管理，登山团队必须向西藏自治区体育行政主管部门提出登山申请，经过审核批准获得登山许可证后才可以进行登山活动，其中具备必要的生态环境保护措施是登山团队获得许可证的必要条件之一。

除了预防和限制之外，更多积极的实现生态保护的措施也在展开。新时代以来，一系列的专项治理计划和制度，使得更加清洁的珠穆朗玛峰逐渐成为现实。2018年起，日喀则市人民政府编制了《西藏珠穆朗玛峰国家级自然保护区总体规划（2021—2030）》，制定了《日喀则市关于珠峰大本营垃圾问题专项整治的工作方案》，推出了《珠穆朗玛峰国家级自然保护区管理办法》《珠穆朗玛峰国家级自然保护区垃圾（污水）管理制度》《珠峰大本营沿线垃圾收集、转运管理和处理制度》等规章。

在这些规划之下，一些变化在珠穆朗玛峰上悄然发生。过去，登山者们必须依靠柴油发电满足登山过程中必要的用电需求；2017年，国家电网接入了珠峰大本营，一种更为低碳清洁的用电方式扎根在雪山深处。在高海拔地区上厕所一直是困扰登山者的问题，由于缺少专门的厕所，有的登山者只能用垃圾袋或在雪地里凿洞作为临时的厕所。2019年，收集桶里套上垃圾袋以进行排泄物收集的简易环保厕所在海拔7028米的地方出现了。在此之后，垃圾转运车、污水处理车、为登山队配置的移动马桶也越来越多。现在，在珠穆朗玛峰沿线，一共有16辆垃圾转运车、81个垃圾箱，5辆移动式生态环保车，7座固定式厕所。这些垃圾转运车、污水处理车负责收集珠穆朗玛峰上的垃圾、污水、排泄物，再转运至低海拔地区进行科学处理。

"垃圾分类"是一种时髦的生活方式。当在城市里生活的人往往还在为干湿垃圾分类苦恼的时候，分类处理垃圾在海拔5200米的珠峰大本营却成了一种常态化的工作。

每天，登山队需要将产生的生活垃圾按照厨余垃圾、生活污水、烟头等分类收集在配置的垃圾桶、污水处理桶、环保垃圾袋中。到早晨，珠峰大本营沿线的24名环卫工人就穿上橘黄色的环卫工作服，戴着"高山环卫队"的袖标开始工作。他们将垃圾分别收集到编织口袋中，进行打包、封口，在标注这些垃圾的来源后，他们会将装满垃圾的编织口袋送到垃圾站，在这里，垃圾会被分类处理。生态厨余机系统对剩饭剩菜进行处理，然后运走，不会对珠峰环境造成污染；排泄物统一收集，用干粉式除臭剂降解；"全闭环生活污水处理单元"可满足每天200多人次的污水处理需求，做到营地污水零排放、水资源循环使用。

当然，垃圾处理绝不仅仅是环卫工人的事，社会组织和个人也成为治理珠穆朗玛峰的有力推动者，他们的参与使这项工作更为可行。

在珠穆朗玛峰，清理垃圾的难度是随着海拔的攀升而递增的。在珠峰大本营及以下的地方，物资、垃圾尚可以依靠车辆运输，从这里到海拔6500米，牦牛替代了车辆成为运输工具，再往上就只能依靠人力搬运了。而这些人正是西藏自治区登山协会组织的专业登山运动员。

西藏自治区登山协会清理珠穆朗玛峰的传统由来已久。1997年春，登山协会在珠穆朗玛峰北侧发起第一次清扫活动，清理了一批珠穆朗玛峰北侧开放登山初期遗留的氧气瓶等生活垃圾。作为一种公益行为，登山协会在此之后陆陆续续对珠穆朗玛峰进行了多次清扫。现在，这种清扫行动由自发的、零散的活动，逐渐地形成了一种机制。登山协会将高海拔区域的垃圾收集起来，每隔一天，这些垃圾会被运到绒布寺附近的垃圾转运站。沿着219国道一路往下，在白坝镇有专门的垃圾填埋场，从绒布寺垃圾转运站运下来的垃圾将会在这里被集中处置。接收处理后垃圾的是一家环保公司和珠穆朗玛峰沿线农牧民们成立的生态合作社，这些垃圾有的被运往山下的村子，成为农牧民家中的肥料，有的则一路被运往拉萨重新回收再利用。

登山者们也必须对登山产生的垃圾负责。当他们登峰之后，在回程的路上每位登山队员还会被要求携带8公斤的垃圾下山。旧登山绳、旧登山帐篷、旧瓦斯罐、氧气瓶和电池这些登山垃圾由登山向导带下山。

收集转运一体化的工作体系，取得了很大成效。从2018年至2022年2月底，收集处理珠峰大本营垃圾437.8636吨、登山垃圾31.441吨、沿线垃圾812.9395吨，意味着珠穆朗玛峰及沿线至少减少了1282.2441吨垃圾污染。

为这些活动提供资金支持的，除了西藏自治区和日喀则市政府，社会资源也在发挥作用。2018年3月，西藏喜马拉雅高山环保基金会正式成立，这是我国第一个高山环境保护基金会。社会组织、企业、学校、登山爱好者的资源通过基金会整合起来，共同推动珠穆朗玛峰的环保事业。并且，他们所做的不只是清理垃圾和提供资金，一种影响更为深远的方式在同时进行。他们希望可以通过教育与培训来树立人们的观念，营造保护珠穆朗玛峰的氛围。

5月和6月，既是珠穆朗玛峰的登山旺季，也是联合国鼓励全球居民提高环保意识和采取环保行动，保护和可持续利用生物多样性的纪念日所在的月份。每年 5 月 22 日"国际生物多样性纪念日"和 6 月 5 日"世界环境日"，一系列宣传活动就会在这里展开。经过高山环保知识和技能培训的当地居民们手持珠穆朗玛峰环保宣传手册，向沿途的游客和登山者们发放并耐心讲解。当然，保护珠穆朗玛峰的宣传和教育并不只在珠峰大本营。经过 318 国道的长途跋涉，游客和登山者们来到嘉措拉山口，会看见写有"珠穆朗玛峰国家级自然保护区"的大门与石碑，写在路边"初见山，山不是山，是内心深处最无比的向往"的告示牌，还有来自自然保护区的温馨提示。进入珠穆朗玛峰国家级自然保护区，游客的手机就会收到提示短信——"您已进入珠穆朗玛峰国家级自然保护区，请维护她的原貌"。当游客们找到住处时，打开房门就会看到房间里的环保日历和知识宣传手册，电视里则播放着关于《中华人民共和国自然保护区条例》的宣传短片。这些活动的意义并不仅仅在于让游客、登山者意识到珠穆朗玛峰需要被保护，更在于引导他们了解、承认并承担守护珠穆朗玛峰的责任与义务。

在珠穆朗玛峰的南北两侧，中国、尼泊尔两国间的合作也在进行。2019 年，尼泊尔政府发起"清扫高山运动"，动用军队清除山上的垃圾，还采取向登山者收取垃圾押金的方式，保证登山者自觉清理登山途中产生的垃圾。中尼双方在珠峰环境治理方面的共同目标和行动，也进一步从降低污染程度扩展到科学研究和应对气候变化的合作上。

珠穆朗玛峰的环境治理，也成为中尼两国友谊的桥梁。过去，在珠穆朗玛峰海拔高度测量结果标准上，中国采用岩石表面高度，而尼泊尔采用雪盖高度，两国在珠穆朗玛峰的海拔高度上并未达成一致。2020

年，中尼两国采用全球高程基准作为最终确定珠穆朗玛峰海拔高度的标准，开启了重新测量山峰高度的工作。中方的科研人员在收集、检核、计算得到数据后，与尼泊尔的专家对数据进行联合处理，最终确定了基于全球高程基准的珠穆朗玛峰峰顶雪面海拔高度。2020年12月8日，习近平主席和尼泊尔总统班达里共同宣布珠穆朗玛峰的海拔高度为8848.86米。两个国家达成一致，为全球第一次建立了在珠峰地区的高程基准，为世界范围内的科学研究提供了可靠的依据。

2022年春，在新一年的登山季开始时，珠穆朗玛峰迎来了一个新地标，中国科学院珠峰科考队员在珠穆朗玛峰海拔8300米处架设了世界上海拔最高的自动气象站。而在珠穆朗玛峰的南侧，在距离峰顶大概相同的位置，尼泊尔境内也架设起一座气象站。高原气候是全球气候的敏感区，气象站对高海拔冰川和积雪监测获得的气候记录将反映全球温度和天气模式的长期变化。而这种变化将对全球的自然生态系统、社会经济发展产生影响，进而关联到每个人的健康、粮食生产能力、住房、安全和工作。中国和尼泊尔在珠穆朗玛峰上的气候行动为全球气候应对分担责任。

珠穆朗玛峰的环境治理行动，将山脉两侧的政府、社会和个人联系在一起，一种紧密而深入的伙伴关系在喜马拉雅山脉间形成。在这里，治理成为一种有效、合法和可持续的行动，清洁和充满活力的珠穆朗玛峰正在从承诺变为现实。

四、黑颈鹤：雪山之下何以为家？

珠穆朗玛峰顶因为极寒和缺氧，往往被看作是生命的禁区，但褪去顶峰的神秘冷酷，在雪山之下是森林、江河与峡谷。垂直的生态环境造就了珠穆朗玛峰区域多样的生态系统。

11月,青藏高原渐渐褪去绿色。沿着拉日高速一路向西,穿过原野和村庄,就是日喀则。日喀则,在藏语中是指"土质最好的庄园",母亲一般的雅鲁藏布江从顶峰流下,孕育着河谷的丰饶。深秋时节的雅鲁藏布江,脱去了汛期时的惊涛骇浪,江面宽阔、澄澈、静谧。在江的两岸,青杨、红柳、云冷杉、侧柏、苜蓿用片片金黄、红色、绿色和零星紫色点缀着一望无际的河谷。喜好群居的羊和牦牛,往往上百只结伴在雪线附近觅食。藏野驴、藏豺、高原狐、雪豹等一些珍稀动物在谷地悠然自得。矫健伶俐的藏羚羊、岩羊在山谷外的草原上纵情奔跑。生命的静美、灵动与多样在雅鲁藏布江河谷交织,增添了秋季的诗意。

每年这个时候,居住在日喀则的人们知道,"冲冲"会带着他们新生的孩子回来过冬了。"冲冲"是藏语里黑颈鹤的名字。这种美丽的生物头顶皮肤裸露呈血红色,除眼后和眼下方有一小块白色或灰白色斑外,头的其余部分和颈的上部为黑色,所以被称为黑颈鹤。黑颈鹤身形修长,除了用于飞行的羽毛呈黑色以外,全身羽毛呈灰白色,显得纯洁优雅,在藏族文化中象征着吉祥神圣,仓央嘉措在诗歌里将黑颈鹤称为"仙鹤"。作为一种大型的候鸟,黑颈鹤要经历越冬和繁殖两次迁徙。11月中旬开始,黑颈鹤从藏北往南迁,一些由色林措飞到拉萨,一些则是飞到雅鲁藏布江河谷,日喀则一带。等严寒的冬天过去,第二年3月中旬,他们再向北飞回色林措。

海拔2500至5000米的沼泽地、湖泊及河滩是黑颈鹤栖息的地方,因此它们非常依赖湿地的环境。在藏语地区,有这样一句俗语:"冲冲飞走,湿地干掉。"如果栖息地湿地枯竭,依赖这种环境的黑颈鹤数量也会越来越少。过去,日喀则的许多地方,气候非常恶劣,荒滩戈壁,寸草不生,冬春时节沙尘暴不断。在农区,仅有的适合种植的土地被用来种植维持村民们生活所需的作物,在气候不好的时节,哪怕是土豆、青稞这些作物的收成甚至都不能满足基本生活。在牧区,原本脆弱的草场蓄草已经成为问题,但牛羊必须要吃草,牛羊一啃草就更难长出来了,草场养护似乎是一个死循环。这样的环境,给人和动物的生存生活都带来极大的影响。

黑颈鹤的家在哪里?找出这个答案或许可以解决黑颈鹤濒危的问题。

2013年,在雅鲁藏布江北岸,植树造林开始兴起。一开始村民们并不能接受,因为他们的祖祖辈辈为了改善生活的环境,都尝试过植树,总是无功而返。但或许是自然的眷顾,也或许是科学的必然,这一批不被看好的树竟然活了,海棠、沙棘、榆树、槐树,更多的树在村旁、宅旁、路旁和水旁种下。

造林当然要护林。为了维护这些林木草场,护林员这样的生态公益岗位应运而生,德庆村的达瓦就是这些护林员中的一员。他很喜欢自己这份护林员的工作,不仅可以解决温饱,每天的林间工作也让他觉得自己的生活很有意义。过去,达瓦是村里的贫困户,而现在,达瓦夫妻俩已经用劳动脱离了贫困,一家五口过着平静温馨的生活,最大的孩子在拉萨上学,小的两个孩子可爱、活泼。晚间忙完农活,他和妻子盘算着将家里的土豆用拖拉机运到镇上去卖,顺带着把邻居家的土豆一起运去,拖拉机是达瓦当上护林员后家里添置的。

在德庆村,在艾玛乡,在南木林,在定日、聂拉木,像达瓦这样的人还有成百上千个。他们有的是像达瓦这样的家门口的护林员,有的是自然保护区里监测物种变化、制止破坏行为的管护员，有的是草场湿地边上的野生动物保护员，而他们每天的工作都是有价值的。这种价值并不仅仅在于家里的电视、拖拉机、小货车，在他们的工作中，守护家园、保护动物和赋权赋能被结合在一起，而他们就是那个被赋予了能力去守护家园、保护动物的人，他们就是那个被赋予能力为黑颈鹤寻找家、筑起家和维护家的人。家、动物和人在这里相守相融，和谐共生。

五、人鹤相守：自然与人类和谐共生

雅鲁藏布江以南，定结县是夏尔巴人和黑颈鹤共同生活的地方。

陈塘，这个定结县悬崖边上的小镇是夏尔巴尔人聚居的村落。2018年，一段不到100公里的公路将陈塘镇和外界连通，夏尔巴人在这片一直生活的土地上迎来了新生活。最大的变化就是外面的人能进来，里面的人能出去。过去从定结县到陈塘镇，必须要先经过日屋镇再翻越一座大山，花上一天才能到，而现在从日喀则市里到陈塘也不过七八个小时。交通的便捷带来了逐渐增多的游客和更易获取的生活物资，也给世代居住在陈塘镇的夏尔巴人带来了商业和致富机会，让这个看似与世隔绝的边陲小镇重新与世界联结。

陈塘镇内的雪山、冰川、温泉、古寺吸引了大批的游客，夏尔巴人在街边开起了特产店、旅馆。农民们自己组织成立的藏鸡养殖合作社也是他们创造新生活的积极尝试。村民们以土地、藏鸡、现金入股的形式参加合作社。到了养殖的藏鸡出栏的时候，500多只鸡，2000多个鸡蛋，可以给合作社的人带来11万收入，入股的人还会获得额外的分红。崭新的商业模式给夏尔巴人带去了进步与发展，同时也是夏尔巴人面向传统的回归，在这个边境的小镇上，贸易已经是多少年来形成的人与人之间交往的传统方式。不同的是，过去，夏尔巴人的贸易往往只能是人驮着东西从距离中尼边境30公里外的聂拉木跋山涉水运到尼泊尔去，然后从那边换回大米，现在贸易的路途更轻松，对象也更多样。陈塘镇的夏尔巴人在故土上传承祖辈的生活方式，又迎来了更为丰富的、富足的新生活。

从陈塘镇的公路驶出，沿着嘎定线向北是定结湿地。那里有蜿蜒的河流，星罗棋布的湖泊。这样平静柔和的氛围是黑颈鹤喜爱的。在这里，或是更广阔的水域与天地，黑颈鹤排着"一"字和"V"字队伍回来了。2020年，世界自然保护联盟将黑颈鹤从"易危"等级降为"近危"，摘掉其"受威胁物种"的帽子。2022年4月，在日喀则市境内越冬的黑颈鹤成鸟数超过8400只，比2003年成立黑颈鹤自然保护区初期数量增长了3000多只。这意味着夏尔巴人耕种的环境也变好了，来年春天又是一个播种的好时节，他们在田间大显身手，而这正是流淌在他们血液里的从祖先那里传承下来的技能。

在迁徙的途中，黑颈鹤的胆小天性往往也让它们非常警惕。它们会在空中盘旋一段时间才会选择一个安全地带慢慢降落。但在漫长的岁月里，当穿过万米高空，如果其中一只黑颈鹤忽然瞥见林间有人戴着红袖章脱下自己的衣服给树系上，或是看见穿着素布袍子背着孩子下山去田间湖边劳作的妈妈，它们就会放心地停下，因为它们知道，这就是年年都在此守候它们的老朋友。

在这里生活的人们结束了一年的田间劳作，这时候，老朋友"冲冲"快要回来了，他们会在田间散落一些成熟的青稞、麦子碎粒和种子。在他们眼中，或许这就是人与鹤之间相互守护的方式。

六、结语

人类的活动曾经给雪域高原带来气候变化、环境污染、生物多样性丧失等三重危机。但同时，通过不断了解雪域高原和反思自身行为，人们也不断地意识到"万物各得其和以生，各得其养以成"。从征服伤害到治理保护再到相守共生，人类在与大自然合作这条进路中，在雪域高原上携手共建了人与自然和谐共生的美丽世界。珠峰的环境治理，是中国为保障环境权利所做努力的集中体现，但绝非孤例。新时代以来，中国将生态文明建设纳入国家发展"五位一体"总体布局，倡导"绿水青山就是金山银山"的绿色发展理念，严守生态保护红线，坚决打好污染防治攻坚战，推进美丽中国建设，切实地保护了公民环境权利，积极地肩负起构建人类命运共同体的责任担当。

主要参考文献和素材来源

1. 中华人民共和国国务院新闻办公室：《青藏高原生态文明建设状况》，载《人民日报》，2018 年 7 月 19 日，第 11 版。

2. 中华人民共和国国务院新闻办公室：《西藏的发展与进步》，载《人民日报》，2013 年 10 月 23 日，第 14 版。

3. 中华人民共和国国务院新闻办公室：《西藏的生态建设与环境保护》，北京：五洲传播出版社 2003 年版。

4. 日喀则市人民政府：《以习近平生态文明思想为引领切实整治好珠峰垃圾问题》，http：//www.xizang.gov.cn/xwzx_406/ztzl_416/cxzt/jsstwmxgd/mtjj_4437/202204/t20220408_292540.html（访问日期：2023 年 1 月 31 日）。

5. 徐驭尧:《守高原生态 护大河奔腾》,载《人民日报》,2022年2月24日,第14版。

6. 杨续超、张镱锂、张玮等:《珠穆朗玛峰地区近34年来气候变化》,载《地理学报》,2006年第7期,第687—696页。

7. 李海东、陈斌、叶尔纳尔·胡马尔汗等:《西藏雅鲁藏布江流域植物物候变化及其海拔效应》,载《生态与农村环境学报》,2017年第12期,第1102—1108页。

8. 范久辉:《珠峰:陈塘夏尔巴人的信仰之巅》,载《中国西藏》,2017年第6期,第58—63页。

9. 于凤琴:《冲冲哈拉木 藏族人心中的神鸟》,载《旅游纵览》,2016年第7期,第32—35页。

10. 范梵:《寻访夏尔巴人的服饰》,载《中国西藏》,2014第3期,第64—59页。

11. 唐荣尧:《夏尔巴人的猜想》,载《中国西藏》,2006年第6期,第34—37页。

12. 温文:《8848.86m——珠穆朗玛峰的最新高程》,载《自然杂志》,2020年第6期,第498页。

13. 庞无忌:《地球之巅"新身高"公布8848.86米如何得来?》,http://scitech.people.com.cn/n1/2020/1209/c1007-31960164.html（访问日期:2023年1月31日）。

14. 格桑边觉、普布扎西、孙瑞博:《喜马拉雅山脚下的守望——西藏日喀则陈塘镇夏尔巴人的新生活》,http://www.news.cn/local/2021-12/23/c_1128194299.htm（访问日期:2023年1月31日）。

15.《走访樟木夏尔巴人：从"高山背夫"到"外贸老板"》，http：//tibet.cctv.com/20090911/110523.shtml（访问日期：2023年1月31日）。

16.《西藏珠峰环保20年：生活垃圾清理从公益走向常态化》，http：//news.cnr.cn/native/gd/20170511/t20170511_523750190.shtml（访问日期：2023年1月31日）。

"组团"赴高原,守护雪域百姓健康

——医疗援藏的故事

青藏高原被誉为"世界屋脊""地球第三极""亚洲水塔",环境优美,但这里平均海拔超过4000米,高寒缺氧,气候恶劣,一度被认为是"世界上最不适合人类居住"的区域。青藏高原是许多人心中的旅游向往地,特殊的气候环境可能引发的身体不适却又令一些人望而却步。对于生活在青藏高原的人民而言,更是要常年面对恶劣气候可能引发的各类疾病,保障身体健康权成了需要解决的头等大事。在高原上工作,最稀缺的是氧气,最宝贵的是精神。为落实中央政府关心西藏、全国各地支援西藏的对口援藏政策,来自全国各地的援藏医生,发扬"缺氧不缺精神、艰苦不怕吃苦、海拔高境界更高"的优良作风,一批批接续奔赴西藏,成为青藏高原的靓丽风景线和高原人民身心安康的守护者,为解决西藏各族人民疾病之苦,保障其身心健康作出了卓越贡献。

一、生命无保障的旧西藏:这里没有"香格里拉"

歌手郑钧在他耳熟能详的歌曲《回到拉萨》中唱道:"回到拉萨,回到了布达拉宫,在雅鲁藏布江把我的心洗清,在雪山之巅把我的魂唤醒，爬过了唐古拉山遇见了雪莲花，牵着我的手儿我们回到了她的家，你根本不用担心太多的问题。"但对于曾经生活在旧西藏的人们来说，他们需要担心的太多，健康地活着就是首要的问题。

1951年和平解放前，封建农奴制下的旧西藏，极度缺医少药，没有一所现代医疗卫生机构，整个西藏只有三所医疗设备极其简陋、规模十分有限的官办藏医机构和少量私人诊所，从业人员仅百余人，加上民间藏医在内也只有400余人，平均每千人口拥有的医务人员不到0.4名。这些仅有的藏医机构和人员主要为贵族和官家服务，广大农奴和奴隶生病后既没有钱，也没有地方治疗，求神拜佛是大部分人医治疾病的主要办法。旧西藏天花、霍乱、性病、斑疹、伤寒、猩红热、破伤风等各类传染性疾病和高原肺水肿、棘球蚴病、大骨节病等地方病多发频发，严重威胁人民生命健康。据史料记载，西藏和平解放前的150年间，曾发生过四次天花大流行，其中1925年的天花大流行，仅拉萨地区就有7000人丧生。1934年和1937年的两次伤寒流行，导致拉萨5000余人死亡。当某些传染病暴发时，原西藏地方政府不但不采取措施救治病人，反而将病人赶进深山峡谷，派兵把守山口，将病人困死。旧西藏人均寿命只有36岁，人口增长长期处于停滞状态。

病有所医，对和平解放前的西藏人民，尤其是广大农奴而言，是不敢奢望的梦想。83岁的次巴玉珍老人回忆说："在旧西藏最怕生病，那时候穷人看不起病。"她幼年时亲眼看到父母被疾病折磨去世，而自己却无能为力。因疾病产生的生死别离场景，在旧西藏比比皆是。

除了因疾病而遭受折磨，旧西藏人民还要饱受因极端野蛮统治带来的身体和心理上的伤痛灾难。旧西藏的《十六法典》《十三法典》等法律将人分成"三等九级"，大贵族、大活佛和高级官员被认为是天生高贵的人，处于最上等地位，而广大农奴则被划为下等人。上等人"命价为与尸体等重的黄金"，屠夫、铁匠等下等下级人，"命价仅值一根草绳"。不同等级的人触犯同一刑律，量刑标准和处置方法也不相同。仆人使主人受伤的，要砍掉仆人的手或脚；主人打伤仆人，则不付给任何赔偿费。农奴主拥有对农奴和奴隶的生杀予夺权，他们用剜目、割肉、割舌、断手、剁脚、抽筋、戴铐等野蛮刑罚，来维护对农奴和奴隶的统治。遭受了野蛮刑罚的农奴，得不到任何救治，往往只能在痛苦中死去。

1933年，英国作家詹姆斯·希尔顿在小说《消失的地平线》中将西藏和四省涉藏州县相关地区描绘为"香格里拉"（藏语喻指人间天堂），由此西藏逐渐被塑造为西方人精神上的乌托邦和人类最后一片净土。但对于缺医少药、病无所医，生命健康权无法得到基本保障的旧西藏广大人民而言，这里根本不存在"香格里拉"，如美国藏学家谭·戈伦夫所言，没有证据证明旧西藏是一个乌托邦式的理想世外桃源。

二、医疗援藏：从"病无所医"到"病有良医"

1950年，中国人民解放军第十八军进藏时，便选派医务人员随军入藏，沿途为各族群众治疗疾病。西藏自治区当雄县乌玛塘乡纳龙村83岁的索朗多吉老人是为数不多仍健在的十八军进藏的见证人。1951年冬天，时年12岁的索朗多吉见到了翻越觉孜拉山进入纳龙村的十八军独立支队，独立支队的女医生免费治好了索朗多吉生病的父亲，这件事给索朗多吉留下了足以感动一生的记忆。

1951年5月23日，中央人民政府和西藏地方政府的代表就西藏和平解放的一系列问题达成协议，签订了《中央人民政府和西藏地方政府关于和平解放西藏办法的协议》，自此，西藏的发展掀开了新的历史篇章。

1952年6月，在党和政府帮助支持下，西藏历史上第一所公立医院昌都人民医院建立。此后，中央从内地抽调大批医疗人员援建西藏，到1959年，西藏七个地市都建立起医疗机构，普遍实现患者分科诊疗。从20世纪60年代起，西藏消灭了天花病，其他一些危害较大的传染病、地方病也得到了有效控制或被消灭。

1973年，鉴于西藏医疗卫生发展水平仍严重滞后于人民需求，国务院转批国家卫生部《关于加强西藏自治区医疗卫生事业建设的报告》，要求从藏族青年中抽选人员到其他省市医学院校培训，并且由上海、江苏等省市组织8个医疗队到西藏开展每批为期两年的援助工作。此后7年，国家卫生部先后派出5批共2216名医务人员入藏支援。1983年8月，中共中央组织部、劳动人事部推出《关于为西藏选派专业技术干部的通知》，随即正式提出了"卫生援藏"。

1994年，党中央召开第三次西藏工作座谈会，作出了中央政府关心西藏、全国各地支援西藏，"对口支援、分片负责、定期轮换"的重大决策。卫生部推出了《关于加强卫生援藏工作的决定》和《卫生援藏管理办法》，旨在集中央和各省市之力，通过卫生援藏提高西藏医疗、预防、保健、教学、科研综合能力，逐步形成一支以藏族为主的医疗卫生骨干技术队伍，保障西藏人民的健康。2001年召开的中央第四次西藏工作座谈会将卫生援藏纳入各省（市）党委、政府统一组织的对口支援西藏范围。2002年，中共中央组织部、人事部、卫生部发布《关于将卫生援藏纳入对口支援工作有关问题的通知》。

自1994年中央第三次西藏工作座谈会决定开展对口援藏以来，在卫生援藏领域，中央和各对口支援省（市）投入了大量人财物，为西藏建成了中、西、藏医结合，以拉萨为中心、遍布全区城乡的医疗卫生网，以免费医疗为基础的农牧区医疗制度覆盖全体农牧民。截至2014年底，西藏全区医疗卫生机构发展到1430所，每千人病床数和卫生技术人员数分别达到3.79张和4.08人，建成了覆盖县乡村三级的医疗卫生网络。基本遏制住了鼠疫、结核病、麻风病、大骨节病、碘缺乏病，麻疹、白喉、百日咳、破伤风、脊髓灰质炎等传染病，发病率大幅度下降。来自西藏山南桑日县的达瓦卓玛10多年前患上大骨节病，平时只能拄拐杖行走，多走一会儿路就疼得直哭，失去了劳动能力，一家人的收入也直往下掉。2021年11月，达瓦卓玛在援藏的湖北武汉协和医护团队帮助下，入住武汉协和医院金银湖院区，接受髋、膝关节置换手术和康复治疗，成功治好了困扰她多年的大骨节病。从医疗费用到交通食宿，达瓦卓玛和同行家属没有掏一分钱。

三、组团"出道"：医疗人才"组团式"援藏开创援藏新局面

2015年，是西藏卫生健康事业发展的新起点。在国家对西藏开展对口援助工作21周年之际，一个崭新名词——"医疗人才'组团式'援藏"开始出现。

2015年8月24日，中央召开第六次西藏工作座谈会，在总结过去援藏工作的基础上，党中央作出在教育和医疗人才领域实施"组团式"援藏的决定。2015年8月，中共中央组织部、人力资源和社会保障部、国家卫计委联合发出《关于做好"组团式"援藏医疗人才选派工作有关

事项的通知》，正式开启医疗人才"组团式"援藏。

医疗人才"组团式"援藏要求改变过去短期化、分散化的医疗援藏模式，实现从"单兵作战"向"组团作战"的转变，由国家卫健委和有关对口援藏省市指派医院，成批次组团选派医疗骨干，开展周期性的持续援助，支持西藏受援医院的科室建设和医疗人才队伍建设。中组部和国家卫计委要求每个省(市)明确一家牵头医院实施"以院包院"，负责受援医院整体规划、基础建设、制度建设、重点科室援建任务，其他参与医院负责"以院包科"，援助受援医院一个或几个科室，确定结对关系，精准发力，发挥不同医院特色学科优势，打造受援医院特色学科专科。医疗人才"组团式"援藏最大的特点是实行"以院包科"和人才"组团式"选派，形成团队优势、发挥整体效应，避免"木桶效应"。目的是要通过一个周期接一个周期的持续支持，为西藏培育一批好医院，造就一支高水平的医疗队伍，使各族群众不出西藏就能得到较好的就医服务，有效保障群众的生命健康权，不断增强群众的健康获得感、幸福感、安全感。

2015年启动医疗人才"组团式"援藏工作时，确立了"三不出""两降一升""一个增加"以及"一个重点"的整体发展目标。

"三不出"要求到2020年基本实现"大病不出自治区、中病不出地市、小病不出县区"的目标。

"两降一升"要求实现孕产妇死亡率降到80人/10万人以下，婴儿和5岁以下儿童死亡率分别降到12‰和16‰以下，孕产妇住院分娩率提升到95%以上的目标。

"一个增加"的目标是"十三五"期间西藏自治区人均期望寿命提高2岁。

"一个重点"要求着重加强"1+7"医院建设，带动74个县区医院水平提升。"'1+7'医院建设"由北京协和医院、北京友谊医院、复旦大学附属中山医院、重庆医科大学、安徽省立医院、广东省人民医院、大连医科大学附属医院、陕西省人民医院，采取"以院包院"形式分别对口援助西藏自治区人民医院、拉萨市人民医院、日喀则市人民医院、昌都地区人民医院、山南市人民医院、林芝市人民医院、那曲地区人民医院、阿里地区人民医院，国家卫生健康委直属医院及7个对口支援省市65家医院选派上千名骨干医生以"以院包科"形式支援受援医院重点科室建设，目标是到2020年实现西藏自治区人民医院达到西部省会城市医院"三甲"平均水平、拉萨等6市（地）人民医院创建"三甲"、阿里地区人民医院创建"三乙"的目标。

医疗人才"组团式"援藏工作开展后，各援助单位纷纷亮出"十八般武艺"，出人出钱出物，竭尽所能，毫无保留。如3年援藏期间，北京友谊医院援藏干部、北京市第七批"组团式"援藏医疗队队长孙树学协调北京优质医疗资源，增加骨科、神经内科、呼吸内科、神经外科、普外科5个"以院包科"科室，让拉萨市人民医院"以院包科"科室增至9个，拉萨市人民医院利用北京市选派的专家团队和优质资源，重点加强妇产科中心、儿童医疗中心两个中心和呼吸与危重症、脑卒中重症两个重点专科建设。重庆援藏医疗队在昌都大力开展"渝藏情深、脱贫攻坚"活动，在3年多时间内免费开展白内障手术400多例，骨关节手术60余台，先心病手术40余例，免费为学生配制并发放眼镜500余副，各类健康体检受益群众超过9000人。通过多年不懈努力，"组团式"援藏医疗专家和资源从最初在"1+7"医院派驻，到如今向13家县级人民医院延伸，内地省市优质资源逐级下沉到西藏基层的格局基本形成。

统计数据显示，截至 2022 年上半年，来自祖国各地的 7 批 1300 余名"组团式"援藏医疗人才和广大本地医务人员的接续奋斗，西藏的卫生健康事业在短短 7 年间取得了跨越几十年的历史性进步。"1+7"受援医院的诊疗能力和管理服务水平大幅跃升，实现从量到质的飞跃，自治区人民医院强"三甲"提质升级；拉萨、日喀则、山南、林芝、昌都、那曲 6 市人民医院创成"三甲"；阿里地区人民医院创成"三乙"；13 所受援县人民医院加快发展。截至 2021 年底，西藏已实现 400 多种"大病"不出自治区、2400 多种"中病"不出市地、常见病易发病不出县区就能治疗，全区人均预期寿命从 2015 年的 68.2 岁提高至 72.19 岁。

四、从"输血"到"造血"：留下一支带不走的队伍

授人以鱼，不如授之以渔！

周期性的组团式援助固然重要，但更为重要的，是为高原培养一批人才。

从一开始，"留下一支带不走的队伍"就是医疗人才"组团式"援藏的重要内容。"组团式"援藏采取"团队带团队、专家带骨干、师傅带徒弟"模式进行结对帮扶，根据"组团式"援藏专家的业务特长，结合目标科室的实际，确立导师制培养模式，援藏专家团队通过临床教学、科室小课堂、疑难病例讨论、全院学术交流等形式毫无保留地把自己掌握的专业知识和技能传授给当地医务人员，不断提高当地医务人员的医疗技术水平。

2019 年 7 月，援藏医疗队临行前，重庆医科大学附属第一医院胸心外科副主任、重庆市医疗人才"组团式"援藏队领队、昌都市人民医院院长蒋迎九便定下了"造血"目标：在援藏的 3 年里，开展师带徒

"1+2+2"模式,即每位老师指导 2 名骨干医生及 2 名初入职医生,每名队员都要带出 4 个徒弟。针对当地部分医生基础知识薄弱、记忆力和理解力较差等客观问题,王永明通过反复提问的互动式教学方法,提高徒弟学习的积极性;通过采取形象比喻等教学方法,使徒弟理解知识点更加容易;通过举一反三、类比方法等教学方法,让徒弟将多个知识点连贯起来记忆。在重庆医疗队帮助下,2021 年,昌都市人民医院开展新技术项目 129 项,3 年来开展新技术 357 项。许多高新技术如动脉夹层覆膜支架腔内隔绝术、心脏介入等技术,均能在昌都由当地医生独立成功开展。

湖南采取中医与藏医结对、湖南医院与藏医科室结对、援藏医生与藏族医生结对等多种形式开展医疗援藏,为山南培养带不走的人才队伍。山南市藏医医院外科主治医师边巴元旦在援藏医生、湖南中医药大学第二附属医院针灸科医生谭涛的带领下,已经可以熟练掌握针灸、针刀技术,并且自己还带了 5 个徒弟,由于疗效好,每天来做针灸的病人比起之前翻了一番。

不只是"请进来","走出去"也是培养人才的有效方式。昌都先后选派 100 多名医务人员前往重庆学习进修。湖南不仅先后支持 40 多位医学骨干入湘培训,还每年投入 65 万元,支持对口市藏医院骨干入湘培训、县医院骨干到湖南或山南市藏医院培训、乡村卫生骨干到县医院培训,促进市县乡村四级卫生人才的培养。

数据显示,截至 2022 年上半年,来自祖国各地的"组团式"援藏医疗人才,通过"团队带团队、专家带骨干、师傅带徒弟"的模式,为西藏培养了不同层次医疗骨干 2400 余名。与此同时,西藏各级医院选派 1800 名本地医务人员赴对口支援省市和单位学习进修。"引进来育种"和"走出去取经"两种模式双管齐下,助力雪域高原医疗服务水平稳步提升。

五、从身体到心理:为患者带来全方位改变

旧西藏实行政教合一的封建农奴制度,野蛮、残酷、落后。1904年到过拉萨的英国随军记者埃德蒙·坎德勒在《拉萨真面目》描述到:"人民还停留在中世纪的年代,不仅仅是在他们的政体、宗教方面,在他们的严厉惩罚、巫术、灵童转世以及要经受烈火与沸油的折磨方面是如此,而且在他们日常生活的所有方面也都不例外。"

历史上的政教合一制度和全民信仰藏传佛教的传统,一度对藏族群众关于身心健康和医学知识的认知产生了长时间的偏差性影响。一些群众在出现了病痛后,不是积极去医院求医问诊,而是到寺庙去寻求僧尼帮助,或者把大量时间花在转山、转水、转湖上,有病打卦问卜现象极为普遍,既浪费了精力和财力,还可能会错过最佳救治时间,导致不可挽回的损失。帮助民众树立现代科学技术观念,也是医疗援藏队伍的一项重要工作。援藏医生常通过下乡义诊、举办讲座、发放宣传册等方式积极宣传医学文化知识,引导民众有病求医,以科学态度对待疾病伤痛。

西藏和平解放前,孕产妇主要依靠土法接生,"儿奔生、娘奔死"是旧西藏孕产妇分娩的真实写照,全区孕产妇死亡率达5000/10万、婴儿死亡率达430‰。西藏和平解放后,经过不懈努力,孕产妇死亡率和婴儿死亡率大幅度下降,但仍有部分孕妇没有定期到医院做产检的习惯,导致了一些悲剧性事件的发生。大连医科大学第一附属医院援藏医生、那曲市人民医院妇科主任刘洋成曾在日记中有这样的记载:

"41+周,死胎,HELLP,胎盘早剥。患者多器官功能受损,血小

板极低，凝血功能也不好。没有血小板，没有卡孕栓、欣母沛等宫缩药，剖宫产术中极易大出血、脑出血、心脑血管意外等，风险很大，但转院到拉萨时间长，延误救治，患者面临的风险更大。权衡利弊，我们只能承担风险硬着头皮上。在大家的努力下顺利完成手术，第二天患者下肢出现散在出血点，想想也是后怕。哪怕是早一天胎儿的结局可能就完全不一样，如果定期产检，患者就不会把自己置于如此凶险的境地。"

令人欣慰的是，刘洋成发现，近年来，在党和政府的大力宣传下，孕产妇的保健意识和卫生观念有了非常大的变化，产妇到院生产率非常高，产检率也大幅提升，越来越多的人认识到定期到医院做产检的重要性。今天，西藏已初步形成婚前、孕前、孕期、产后、儿童五个时期全周期服务链，越来越多的妇女儿童享受到优质的妇幼保健服务。

在卫生健康事业发展历程中，西藏各族群众已学会摒弃落后观念，接受科学理念，信任现代医学，不断培养起健康生活方式和良好生活习惯。

六、永不相忘："医"与"患"的一生之谊

很多藏族人民将援藏医生称作"拉吉"，意思是神医，这是对医生的最高赞誉。

2022年初，西藏山南市妇幼保健院接诊孕期仅29周的临产孕妇曲珍。在援藏妇产科专家和当地医护人员共同努力下，曲珍最终成功诞下一名男婴。经过47个日夜的专业诊疗和精心护理，新生儿逐渐渡过危险期。这个早产儿的救治案例，刷新了山南市妇幼保健院低体重儿成功救治的纪录。曲珍激动地说："多亏援藏医生，现在宝宝体质好多了，感谢他们给了我一次当妈妈的机会。"

2021年3月26日，小洛桑（化名）在昌都市人民医院产科出生，

随后出现进行性加重的腹胀、呕吐，并伴有发热、精神不好等严重感染症状，随时有消化道穿孔、感染性休克的风险。由于当地手术条件有限需转院救治，来自重庆医科大学附属儿童医院新生儿诊治中心的援藏医生王永明立即与重庆医科大学附属儿童医院联系转院事宜，通过不懈努力，成功架起西藏昌都与重医儿童医院的高空转运绿色生命通路，小洛桑被转运至重医儿童医院胃肠新生儿外科进行手术，术后小洛桑腹胀症状明显缓解，恢复正常饮食。

西藏隆子县小女孩扎西央宗在湖南常德援藏医生、隆子县人民医院副院长闫振升的帮助下，两次前往湖南常德，完成了双眼的角膜移植手术，恢复了光明。闫振升每隔两三个月都会前往扎西央宗家或学校看望她。2022年六一儿童节，闫振升下乡路上经过加玉乡小学，再次去看望扎西央宗，并告诉她因为3年援藏工作进入倒计时，这可能是最后一次来看她了，小女孩眼角泛起泪花，对闫振升说自己长大后想当一名医生，跟善良的他一样。

2017年8月底，在那曲市双湖县人民医院，巴桑怀孕的妻子突然腹痛，医生说孩子胎位不正，母子可能都有生命危险，建议立即去拉萨进行剖宫产。但双湖县离拉萨大约700公里，半路上极有可能会出问题。正巧中石油援藏医疗队在双湖开展义诊活动。医疗队闻讯后马上成立手术队，由妇产科医生霍志平主刀。为了避免因缺氧影响动作的精准性，手术队边吸氧边手术。手术进行了一个半小时，母子平安。这是我国首次在海拔5000米以上的地区开展剖宫产手术。巴桑夫妇喜极而泣，为了表达感激之情，他们决定让孩子随主刀大夫霍志平姓，取名霍党生。巴桑说霍大夫就是他们全家的救命恩人，希望孩子永远不会忘记。

这样的事例还有很多……

深受感动和记忆深刻的不只是患者，还有援藏医生。

2022年6月27日，结束援藏的前一天，沈阳援助那曲市安多县的医生白琰在微信日记中写道："独自一人走在回公寓的路上，短短几分钟的路程，却感觉走了好久好久。一年半援藏生活的一幕幕再次浮现眼前，刚来时的身体不适应，队友们的鼓励和帮助；接诊时，藏族同胞那质朴的笑脸；顶风冒雪星夜翻越唐古拉山，3天行程1000公里到北部乡镇义诊……在这里，我们哭过，笑过，拼搏过，付出过；在这里，我们结识了那么多好朋友，好兄弟。明天，就要离开，仰望星空，一股暖流划过脸庞。我……哭了吗？没有吧，应该不过是安多的风很大而已吧！"

2022年6月30日，援藏即将结束时，刘洋成医生在日记中写下了这样一段话："最后一次走在高原上班的路上，最后一次跟小伙伴们查房。就要跟这方土地说再见，却又难说再见。留下我的一份热血，感谢给我的所有经历。带着不舍和留恋，踏上新的人生征程。希望再次相遇故人，也希望遇见更好的自己！"

北京协和医院援藏医生申乐结束援藏后在文章中动情地写道："一年援藏，一生藏缘，既是责任，更是荣誉。"

七、结语

2019年，中国歌手韩红为坚守在西藏的全体医务人员创作了歌曲《白衣的天使》，歌中唱道：

你像那远处的云朵
悬挂在悠悠的山窝

无声地 日夜地 守护生命之火

……

为生命背负嘱托

换大地平安祥和

2020年8月,中央第七次西藏工作座谈会召开。会议强调,必须把改善民生、凝聚人心作为经济社会发展的出发点和落脚点,中央支持西藏、全国支援西藏,是党中央的一贯政策,必须长期坚持,认真总结经验,开创援藏工作新局面。

2022年7月至8月,新一批"组团式"援藏医疗人才从全国各地出发,奔赴青藏高原。因为有他们,青藏高原各族人民的生命健康权才有了强力保障。

主要参考文献和素材来源

1. 中华人民共和国国务院新闻办公室:《西藏和平解放与繁荣发展》,载《人民日报》,2021年5月22日,第5版。

2. 《"坐着轮椅来,走着回家乡",7名患大骨节病的藏族同胞来汉免费手术》,载《长江日报》,2021年11月24日。

3. 王泽昊、李键:《"组团式"医疗援藏:开创高原医疗新局面》,载《新华每日电讯》,2022年5月25日,第5版。

4. 罗布次仁、张京品、格桑朗杰、王泽昊:《刻录在名字里的雪域巨变》,载《新华每日电讯》,2022年5月30日,第2版。

5. 新华社:《为了雪域百姓的健康——医疗人才"组团式"援藏七年观察》,载《新华每日电讯》,2022年8月15日,第1版。

6. 石亨：《重庆援藏医疗队蒋迎九：在雪域高原，留下带不走的队伍和医疗财富》，https：// www.sohu.com/a/580058613_120388781（访问日期：2023 年 2 月 1 日）。

7. 何超、朱丽萍：《医疗援藏：白衣执甲高原路，每一步都算数》，https://hn.rednet.cn/content/2022/07/06/11497130.html（访问日期：2023 年 2 月 1 日）。

青山一道同云雨,明月何曾是两乡

——中国援非抗击埃博拉的故事

"埃博拉",一个令人谈之色变的名字。自1976年在苏丹南部和刚果(金)被首次发现后,由于其极高的传染性和致死性,迅速被认定为生物安全等级最高的4级病毒——高于SARS、艾滋病以及新冠病毒。过去几十年中,埃博拉一直是对人类社会威胁最大、最致命的传染病之一,经接触传播,一旦感染,患者即会出现呕吐、腹泻、体内外出血、发烧等症状,并导致心肌梗死、低血容量休克或多发性器官衰竭,若干预不及时,死亡率可高达90%。根据世卫组织的统计,自1976年以来,埃博拉病毒至少已在世界范围内暴发了41轮次,造成了超过1.5万人死亡。2014年,几内亚、塞拉利昂和利比亚三国暴发了人类历史上有记录的最大规模埃博拉疫情,感染人数28610,死亡人数11308,平均死亡率40%[①]。

2014年,西非多国再次暴发埃博拉出血热疫情。在边境关闭、国际航线停飞、各国人员纷纷撤出时,中国却前赴后继派出了一批又一批医务人员赶往疫情最前线,陪伴疫区人民抗击到最后一刻。2014至

---

① 数据来源:世界卫生组织官网,埃博拉专页,https://www.who.int/news-room/fact-sheets/detail/ebola-virus-disease。

2015年，中国累计向疫区国家派出近1200名医疗卫生工作者，提供了4轮共计7.5亿元的人道主义援助物资，在当地援建了现代化生物安全实验室、传染病留观中心及诊疗中心，并率先投入试验性药物和疫苗，为西非各国战胜埃博拉病毒提供了最强力的支持，充分展现出"推动构建人类命运共同体"的责任担当和人权理念。

一、悄然来临的死神

"Joyeux Noël[①]，这是今天我们的祝福语，明年再说一遍的时候我们就快回家了。时间一纵即逝，两年后等我们回首的时候，这里的酸甜苦辣都将会给我们所有队员留下深刻的印象。我相信那时候我们所有人都会把这段旅行放在心里最美的地方。"

——曹广，中国援助几内亚第23批医疗队队员，

2012年12月25日微博

2014年3月25日的几内亚首都科纳克里，温暖湿润。新建成开放不久的中几友好医院（又称吉贝医院）内部，却充斥着"山雨欲来风满楼"的焦灼气息。中国援助几内亚第23批医疗队的19名队员在队长孔晴宇的主持下，依照惯例，集合在会议室准备召开周一通报会。而显然，今天的例会有些不同寻常——就在前一天，几内亚卫生部正式对外公布，当地出现严重埃博拉出血热疫情，病毒已造成了至少59位感染者死亡，并且，最初仅发生在几内亚森林地区的疫情，似乎正逐渐向科纳克里市区蔓延。

更令队员们不安的是，就在前一周，医院中似乎曾经收治过几位症

---

① 法语，意为"圣诞快乐"。

状异常、病因不明的病人。队员后来接受《新京报》采访时回忆，第一位是3月18日接诊的一名奇怪的男性病人，呕血、便血，入院伊始便出现难以解释且逐渐加重的出血倾向，医生为他查体，发现左眼眼白部分已全部变成血红色，护士给他翻身时，看到他左臀部的臀大肌注射点像泉水一样往外渗血，浸湿了裤子和床单；第二位是一名孕妇，症状也十分类似，送到医院的时候已经奄奄一息；第三位是3月22日收治的一名男性病患，最初的诊断是脑出血，医疗队里的医生还参与了手术，然而术后脑出血的情况一直没有改善。

埃博拉是人类历史上发现的最可怕的病毒之一，平均死亡率50%，有时高达90%，感染者可出现致命的出血热。迄今为止，埃博拉的暴发都主要集中在非洲地区，对于中国医生来说，这是个只在书本和新闻上听说过的陌生病毒。"当时我们对'埃博拉'病毒都一无所知。但凭经验——多年前我们安贞医院作为抗非典的主力医院，我立即作出了自己的判断：这事绝不能粗心大意，科纳克里可能已经有了'埃博拉'袭击，我们医院也就是袭击的第一个目标。那么我们的医生呢？我们的医院有没有人感染上了？当时我最紧张的就是这个……"医疗队队长孔晴宇后来在采访时描述了当时的心情。作为有多年丰富临床经验的医生，孔晴宇的直觉告诉他，或许危险已经在所有人都尚未察觉之时悄然来临。

曹广是中几友好医院普外科仅有的三名医生之一。18号当天，正是他接诊了那位症状怪异的病人，一同接诊的还有普外科主任盖斯姆（Gassimou）医生。22日，曹广与盖斯姆一起为该名病人动了手术，然而，盖斯姆医生也在手术前出现了发烧、乏力的症状。除了曹广外，队里的胃病内镜专家吴素萍也与18日进来的那位患者有过近距离接触——当时患者出现严重呕吐，吴素萍与几方胃镜专家盖卡一起为患者做了胃镜，并且也参与了第二天的抢救。

二、危险就在身边

"在这里根本没有什么传染病报告制度，至少我没有看到，在我们吉贝医院根本就没有传染科。医院的防护安全意识更是低下。"

——曹广，中国援助几内亚第 23 批医疗队队员，
2014 年 3 月 25 日微博

医疗队所面临的是未曾预料到的严峻情况。要知道，虽然中几友好医院已经是当地条件最好、设施最完备的医院，但即便如此，在医疗资源极为匮乏的几内亚，医生为患者查体、做手术时的防护措施仍旧是极为不足的。"刚到中几友好医院胃镜室，心理落差很大。一个小房间，一条胃镜。胃镜镜头模糊，操作部按钮不灵活。没有消毒液，没有清洗消毒胃镜的水池，只有一个家用小洗手池，胃镜无法放进去冲洗……尽管如此，这也是当地为数不多提供胃镜检查的医院之一"。吴素萍接受采访时说道。"我们手术室的手术巾就是那一条，早已经是血肉模糊了，还在用，有时候上手术我们都没有手术衣，光膀子，穿日常服装手术，我都经历过"。曹广于 3 月 25 日在个人微博中写道。

在此前，曹广也多次提道医院手术条件的欠缺。

"我是穿着自己的衣服和鞋，外面披上无菌手术衣，用肥皂洗了一次手直接上台，弄的我身上都有病人的血了"。

"急诊手术条件同样简陋，没有吸引器，没有足够的通路，没有全麻药物，没有足够的血，一肚子的血和饭全用手往外掏"。

"电刀没有。没关系，我们用止血钳和纱布。开了腹，里面有很多的脓性渗出，赶紧接吸引器，结果同样因为用蒸汽消毒，管子坏了，没办法，用机织密度极低的纱布开始沾吸腹腔积液。洒得满地都是血水"。

"不过我今天向他们提出了手术安全措施。这里上手术是没有护士上台的，东西由医生胡抓，纱布乱扔"。

就是在这样极端简陋的医疗环境中，医疗队极有可能在毫无防范的状态下与高度疑似埃博拉感染者有了暴露性接触。"24日那天晚上我根本没有睡着觉，因为我基本判断我们医院已经有3例埃博拉患者了，可怕的是这几天里我们谁都没有防范，我们的医生和几方的医生及护士等，也完全成为埃博拉的袭击对象"。孔晴宇在接受采访时说道。

基于对疫情感染风险的初步判断，或者说更多的来自身为医生的直觉，孔晴宇当即要求医疗队全体成员保持高度警惕，就诊及手术时严格执行防护和清洗。第二天，孔晴宇以中方院长和中国援助几内亚医疗队队长的名义召集了中几友好医院的全体医护人员，宣布医院进入紧急状态，所有的接诊、收治及后勤环节都必须严格依照防治埃博拉的要求开展。同时，医疗队及所有与疑似患者有过接触的人都全部进行隔离监控。

然而，与中方医生的高度紧张不同，几方政府及医务人员却似乎对可能正在不断蔓延的埃博拉不甚在意。曹广在微博里记道："昨天我和盖斯姆说了这件事，他应该已经知道，但确实没什么太大反应，非常平静，连医生都是这样，那就很危险了。我已经正式跟他说了问题的严重性，所有可疑病人一律暂停收治，死亡病人的病房，要严格消毒。""我们病房目前也是比较危险的地方。这家医院没有消化内科，没有传染科，所有腹痛发热出血患者，都会收到我们病房，而这些都是该疾病的常见症状，提高医生的认知度，提高病房管理迫在眉睫，但话好说事难办，真正执行我觉得还是有相当大的阻力，因为他们本身的意识不强，希望通过我们的努力，他们能有改善。"

三、直面死亡的日子

"那些日子，几内亚在煎熬，我们所在的医院在煎熬，我们两位被隔离的队友在煎熬，我们医疗队的全体队员也在跟着煎熬。"

——孔晴宇，中国援几内亚第 23 批医疗队队长

事实证明，医疗队的当即决断是无比正确的。3 月 27 日，几内亚卫生部部长黑密·拉玛（Remy Lamah）正式宣布科纳克里出现了第一批确认的埃博拉病毒感染病例，而中几友好医院 18 日收治后死亡的那位病人，正是科纳克里确诊埃博拉的"第一例"。中几友好医院因为接诊了确诊病例提高了预防级别。医疗队驻地迅速推行了相应的防护措施，对驻地进行了彻底清理和管控，对于处在隔离观察期的队员指派了专人负责送饭，并随时观察情况。每个队员都领取了体温计，每天监测自己的体温并汇报。

医疗队中与确诊病例有过近距离接触的两名高危队员——曹广和吴素萍——按照要求，需要进行 21 天的隔离。这 21 天，是充满了紧张、焦虑、悲伤、不安，但同时又怀抱希望和责任的 21 天。"据几内亚新闻网消息，目前几内亚发病人数 103，死亡 66，我们所在的科纳克里一共 5 例，全都和我们吉贝医院有关。我们医疗队也无疑成了最前沿阵地，全体队员正面对着这场没有硝烟的残酷战争。根据历史资料，凡是在非

洲确诊的病例，几乎无一存活，这103例患者看来都是前途黯淡，随后而来的又会有多少呢？"3月28日，正在隔离中的曹广写道。随着每日通报感染病例数及死亡人数的爬升，处在疫情中心的医疗队队员们，也感受到了深深的无力。

3月31日，是几内亚官方公布"埃博拉"疫情的第8天。这一天，几内亚总统首次在国家电视台对疫情发表了讲话，对死难者表示哀悼。同样处在隔离期的5名医院的几方医护人员中已经有2人被确诊感染，虽然症状暂时没有出现恶化，但在疫情持续蔓延的情况下，这个消息无疑使所有人心里都有所惶惶。

更糟糕的事情发生在4月1日。这一天，与医疗队一起工作的几方普外科盖斯姆医生和Madamu护士，因感染埃博拉病毒死亡。这个消息对整个医疗队来说无疑是晴天霹雳。盖斯姆是一位有着近10年中国留学经历的医生，年纪轻轻凭借高超的医术成为中几友好医院的普外科主任。盖斯姆性格开朗，中文说得很好，时常与同为外科医生的曹广搭档完成高难度的手术，与医疗队的成员们之间关系亲如兄弟。在队员们的回忆中，盖斯姆是一个工作狂，自从在中几友好医院工作以来一天也没休过假，周末也常常来探望病人。盖斯姆可以说是中几友好医院普外科的顶梁柱，从最开始病人寥寥到后来住院率能达到70%，这一切都离不开盖斯姆和医疗队的共同努力。Madamu也是一位非常可爱、对医疗队十分友好的女士，曹广初到几内亚时收到的第一件礼物就是Madamu送给他的一瓶易拉罐饮料。一年半时间接触下来，盖斯姆和Madamu都成了医疗队工作中不可缺少的伙伴、朋友，他们的突然离世，对医疗队的队员来说，都是难以接受的沉重打击。

"Gassimou还有很多的理想没有实现，他希望自己还有机会回中国学习，他希望自己多挣钱让自己的老婆孩子生活更好，他希望自己手术技术再上一层，他希望以后能出国行医。哎，可惜这些愿望都没法实现了。为他惋惜。也为自己失去这样一个同事感到伤心。小盖，走好。他喜欢中国人管他叫小盖"。

"我们的 Madamu 是一位非常可爱的女士。对中国人的友好也是让我很高兴……去年她老公因病去世，今年再次结婚，并让我挑选一张婚庆照片作为纪念，没想到这张照片成了她送给我的最后一件礼物。我送她的那件白大衣不知道她最后一次穿是在哪天，那是她特别喜欢的礼物。就在 2 月份，她才刚刚买了一辆漂亮的标志牌汽车，那个高兴的样子我现在依然记得。我还做（坐）过一次呢。这样一个对生活充满热情的人也在这次灾难中倒下了。我只有在心理（里）祝福她能继续保持对生活的希望，在安拉的指引下去那个更加美好的世界。我在这神奇的大陆上，祝我这些失去的朋友们，一路走好！"

这些是曹广 4 月 5 日在自己的微博中悼念两位好友的话。

四、遗憾与感怀

"援非任务说到得失，我觉得是得似乎更多一些……在这里的人生体验是我工作以来从未有过的。他让我更多的理解了什么叫做团队，什么叫做奉献，什么叫做热爱，什么叫做朋友，什么叫做亲人……"

——曹广，中国援助几内亚第 23 批医疗队队员，

2014 年 8 月 17 日微博

幸运的是，4 月 11 日至 14 日，中方医疗队的隔离人员平安度过了隔离观察期。不幸的是，中几友好医院已经先后有 9 人确诊感染了病

毒，其中 5 人死亡。所有人的感染链都与上个月 18 日医院接诊的科纳克里"第一例"埃博拉患者有关。恰逢清明节，曹广和吴素萍自发一起给逝去的同事烧了些自制的纸钱。虽然清明是中国特有的传统节日，甚至曹广本人也坦言并不十分相信这些朴素的民俗，但当人在万里之外，或许也只有通过这样的形式来表达对自己共同经历了生死磨砺的同事与朋友的怀念。

继 3 月 24 日通报的 4 例确诊病例后，埃博拉在加速蔓延，开始从几内亚扩散至邻国利比里亚以及塞拉利昂境内。多家航空公司宣布停飞进出疫情蔓延三国的航班以及食品货运飞机，塞内加尔、南非发布了疫区航空禁令，非洲多个国家下令封锁边境，防止埃博拉病毒传播入境，大量国家及国际机构撤离驻地外交人员及志愿者，一时间，在非的各国工作人员陷入恐慌，人人自危。解除隔离之后，医疗队并没有停止手头的工作或启程离开这病毒肆虐之地，作为中国官方派驻在几内亚的医疗队，他们不仅仅需要继续完成手上的日常工作，还是在几华人的心理支柱。大家制定出一套疫情应急方案，并向几方工作人员和广大华侨华人广泛宣传，普及防控知识，告诉大家埃博拉并不是不可战胜的。

5 月份，几内亚进入了雨季。7 月底，医院普外科迎来了一位新的外科主任，接替了盖斯姆此前的工作。这名新医生也曾在中国留学 8 年，这是一个好消息，意味着因为主要负责人病逝而被迫关闭的中几友好医院普外科总算又能恢复接诊了。

同时，在北京，第 24 批援几医疗队的队员也早就组建筹备完毕。在接替的医疗队员到达之前，中国援助几内亚的抗疫器械物资就已通过专机送达，经过对当地医务人员进行基础性的操作培训后，这些援助物资被陆续分发到几内亚全国各个救治中心。8月16日,新一批的医疗队成员顺利到达科纳克里。这一次大家都是有备而来,除了10名先遣常规医务人员外,医疗队还加配了3名疾控专家。

新队员的到达,意味着在几内亚坚守了两年的第23批援几医疗队的非洲之行也到达了尾声。2012年初到科纳克里时,中几友好医院刚刚建成开放不到半年,病人非常少,队员们还沉浸在到了新环境的新奇和兴奋之中。当时大家都不会想到,自己竟然会成为非洲最大规模的埃博拉暴发事件的亲历者。对于援非这两年的经历,曹广觉得有得有失,他在微博中写道:"当然我也有很多的遗憾留在这里,医院的工作还有很多缺憾,自己的法语还没有炉火纯青,在大西洋的海钓一直没钓到梦想中的巨物。最让我遗憾的还是失去了因公牺牲的黑人同事,就在前几天,他的老婆给他生了第三个孩子,可惜这家伙没看到。他要是知道一定会开心。"

8月29日下午,中国第23批援几医疗队全体成员顺利返回北京。虽经历了几内亚埃博拉病毒暴发的第一线,全队无人感染。2015年9月26日,联合国授予中国援助几内亚第23批医疗队"南南合作奖",表彰他们在几内亚埃博拉肆虐时期和当地医务人员及几内亚人民共同奋斗,携手抗击埃博拉疫情长达6个月之久的卓越功勋。接替他们的第24批医疗队在几内亚一直坚守到了2015年底世界卫生组织宣布西非埃博拉疫情解除之日。其间,医疗队深入疫区协助病毒防控和调查研究,累计为约1700名几内亚人员进行公共卫生培训,指导他们如何进行基本的医疗救助、如何应对紧急突发状况、如何实施更合适的公共卫生安全策略,这些人成了几内亚抗击埃博拉的中坚力量。

五、一路向西

"虽然我们没有处在战火纷飞的战场,但这和上了战场又有什么区别?这是一个没有硝烟的战场,敌人看不见摸不着,但敌人真真切切地存在,而且异常凶狠。"

——秦玉玲,解放军首批援塞医疗队防控组队员

塞拉利昂,西非濒临大西洋的一个700万人口的小国,气候湿热,遍布雨林和沼泽,北部及东北部被几内亚紧密包裹。2014年5月下旬,几内亚境内暴发的埃博拉疫情蔓延到了与其接壤的塞拉利昂,并在当地迅速扩散。2014年7月17日,短短不到两月,塞拉利昂的埃博拉确诊病例数飙升到了442例,超过了几内亚和利比里亚。7月底,塞拉利昂首都弗里敦沦陷。疫情彻底失控,塞拉利昂成为整个西非受疫情影响最为严重的国家。

塞拉利昂的民间流传着一句谚语:"身上一块布,吃饭要上树,经济靠援助。"这就是当地民众日常的生活状况。多年的内战和动乱摧毁的基础卫生设施、闷热潮湿的气候加上泥泞脏乱的城市卫生、完全没有防范意识的民众、防范准备和应急能力都严重不足的当地政府、漏洞百出的边境管理,以及根深蒂固的文化传统,导致长久以来塞拉利昂就一直是疟疾、艾滋病、肺结核、伤寒、霍乱等传染病肆虐之地。埃博拉的袭来更使得当地的境况雪上加霜。

"首都弗里敦有100万人,既没有污水管道,也没有红绿灯,全国唯一的一条等级公路是我们中国援建的","老百姓对疫情没概念,连'害怕'这个基本要求都做不到,疫情最厉害的时候,满大街也都是人,

再加上基本医疗条件缺乏，死亡率才那么高"。这是解放军首批援塞医疗队队长、解放军第302医院（现为解放军总医院第五医学中心）传染病防治专家李进接受观察者网采访时回忆的对塞拉利昂首都弗里敦的直观感受。就在2014年7月底，救治了100多位埃博拉患者、被塞拉利昂誉为"国家英雄"的舍克·汗（Sheik Umar Khan）医生因感染去世，他也是全国唯一专攻出血热病毒的专家。在此之前，塞拉利昂已经有数十名医务人员牺牲。致命凶猛的病毒、极高的生命风险、稀缺的防护物资加上超负荷的工作压力在塞拉利昂医务人员体系内形成了连锁反应，舍克·汗的死亡引发了各地数百名医护人员的罢工，本地医护们闻"埃"色变，"往往是一个埃博拉患者入院，全院的医生护士立刻一哄而散"。整个国家的公共卫生体系已经彻底崩溃，外国的援助成为唯一的希望。

中国人民解放军第302医院就是在这样的背景下接到了援非的指令。9月12日当天，李进接到命令，担任中国人民解放军首批援塞医疗队的队长，带领30名队员即刻开始筹备，4天后启程飞往塞拉利昂首都弗里敦。"说实话，接到命令后，我心里忐忑不安，面对从未接触过的'埃博拉'，不知道病毒来源，不知道发病机理，没有防治疫苗和药物，没有任何经验可供借鉴，而且病例数还在呈'指数式'增长，我感觉是带领30个兄弟姐妹在黑夜里的悬崖边上探路，随时都有可能掉进万丈深渊。"李进接受新华网采访时回忆。李进是传染病学博士，在302医院工作了18年，在2003年抗击"非典"中积累了丰富的防疫经验。除李进外，医疗队还抽调了来自医院感染性疾病科、重症医学科、感染管理科、临床检验科等科室的资深医护人员。

想起启程的那天，李进还记得当时的心情："作为军人我是义无反顾地要去，但是作为领队我确实压力很大。医院给我们30个队员送行的时候,所有的家属、院部领导都在,当时我说了一句真心话:既然把每个队员带出去,就一定会把他们安安全全带回来,如果有一个人有个三长两短,我肯定不回来了,我就留在那个地方守着他!"不仅是李进,每一个接受召集的队员都做好了最决绝的心理准备。

9月16日,解放军第一批援塞医疗队的30名队员搭乘专机,从首都机场起飞,穿越三大洲两大洋,一路向西。

六、从零开始

"在西非疫区,我们再现了当年'小汤山'的速度,也创造了同类医院改建的速度和质量之最。"

——李进,中国人民解放军首批援塞医疗队队长

医疗队到达弗里敦后的第一个任务,就是重启中塞友好医院(当地又称Jui Hospital)——这座中国2012年援建的医院可以说是塞拉利昂最好的综合性医院,占地16000平方米,有两幢医疗楼和一幢行政楼,医院内配备了多个科室和大型自动化医疗设备。然而就在不久前,因为收治的一位埃博拉病人死亡,医院的所有医务人员都被吓跑了,只留下了院长卡努一人留守,医院不得不被迫关闭。

初到中塞友好医院时,队员们看到的是一派荒芜的景象。失去了医护和病人的医院,就像是一座海中的孤岛,院子里都是齐腰深的野草,办公楼的大门在日晒雨淋下结了一层深厚的铁锈,办公室里堆积着碎玻璃、尘土和破碎的纸张,凌乱不堪。

而医疗队医疗组组长秦恩强提出了更严峻的问题:"中塞友好医院目前的结构和布局根本不符合收治传染病患者的要求。如果直接按照普

通综合医院接收普通病人的标准来接收传染病患者,结果只有一个,那就是清洁的与污染的混在一起,会迅速引起医院内部人员的交叉感染。"

医院的结构改造和清洁整顿迫在眉睫。医疗队迅速作出决定,依照中国过去防控"非典"等流行病的医院"三区两带两线"方案来将中塞友好医院改造为埃博拉留观中心。"我们改建的中塞友好医院,原来的结构是三栋平行的楼房,可以看作一个'三'字。我们把最外面的那栋楼改造成接诊、安置病人的病房,就是污染区;把最后面那栋楼改造成办公休息区,就是清洁区;中间那一栋则是缓冲区,用来逐件穿脱防护服,隔离污染。垂直于三栋楼的走廊,我们将它封闭起来安装喷淋设备,也是缓冲区。这个缓冲走廊和三栋楼房正好构成一个'王'字。医护人员每天两个一组进入污染区,互相协助穿脱防护服,也互相检查监督防护服的完好程度。"

除了区域划分外,医院改造还涉及极多复杂繁琐的细节。例如,改造需要用到的三合板、铝合金板在塞拉利昂又贵又少,最后还是依靠大使馆和中方在塞建筑公司原本计划用来装修房子的材料进行拼凑;之前的医护人员离开时并没有留下钥匙,只能找各种工具把门强行撬开,改造完成之后又怎么都买不到新锁,最后是卡努院长动用私人关系找到的锁匠,东拼西凑才勉强把所有房间的锁配齐,最后交出来的是一串"千奇百怪"的钥匙;塞拉利昂时常断水断电,极大地影响施工进度,只得自己买来储水箱和发电机备用。医疗队还发动队员自己安装了视频监控系统和体温远程监测预警系统,以便更高效地观察病人的情况。"安装这两套系统,都是由我们自己完成的,这个过程中我们费了不少劲儿。弗里敦白天的气温一般都在35℃左右,像我们北京的桑拿天,就是拧一颗螺丝钉,也会让你大汗淋漓。我们一会儿爬上,一会儿爬下,汗会顺着你的裤子,直接流进你的鞋子里,所以鞋子总是湿漉漉的"。

此外,在医院改造时还预留了一个第四病区,有15张床,一旦医疗队队员中出现感染,就会住在此处隔离。"大家心里都清楚,万一医疗队有人感染了,我们不可能请求让别人来救我们,也不希望被运回国内接受治疗,只能自己救自己。每次路过第四病区,看到那一张张病床,仿佛就是我们自己给自己准备的一张张棺材板似的,塞拉利昂没有殡仪馆,也没有火葬场,如果哪个队友牺牲在这里,可能连人带床板一起直接被抬走烧了。所以,每次路过这里,都会提醒我任何时候都不能放松警惕,决不能让队友感染埃博拉。幸运的是,那悲壮的一幕最终没有发生。"

在中国驻塞拉利昂使馆的积极协调下,北京城建集团、中土公司、河南国际公司等中资企业承担起了医院改建的重任,医疗队全体成员以及中塞友好医院院长卡努也加入了如火如荼的筹备工作中。9月24日,可容纳40名病人集中隔离的中塞友好医院留观中心改建完成,距离医疗队到达弗里敦总共才过去了7天时间。

26日,塞拉利昂总统科罗马来到医院参加了落成典礼。典礼上,总统发表了讲话:"今天是中塞友谊史上重要的一天,中塞友好医院留观中心的建成再次见证了中塞牢固的友谊。中国不但践行了积极支持塞拉利昂经济建设的承诺,而且在我国面对疫情的危急时刻,中国又再次伸出援助之手,提供物资、人员和现金,和塞拉利昂站在一起共同抗击埃博拉。这体现了中国急塞方之所急的深情厚谊,再次表明中国的确是塞拉利昂的特殊朋友,中国是塞拉利昂的患难之交。"

医院改造的完成,意味着中塞友好医院接收埃博拉患者的"硬件"

设施条件已经达标。然而，更令医疗队员们苦恼的，是"软件"的极度匮乏。当时，塞拉利昂全国有600万人口，只有不到2000名护士，100多名医生，医护人力资源极其紧缺，其中绝大部分都没有接受过正规的护理和医疗培训。而显然，中国医疗队里仅有的5名医生和8名护士根本无法承担同时治疗、照顾40名患者的工作。于是，经过协调，塞拉利昂卫生部从当地给医院调配了47名护士和40名保洁员。在如此凶险的病毒面前，缺乏基本防护知识的人员在医院内部流动，无异于"定时炸弹"，随时可能导致整个医院发生重大交叉感染事件。

对塞方的87名医护人员进行防控标准程序和意识培训，成了医院正式开诊前最重要的任务。面对感染率和致死率都极高的埃博拉病毒，防护的流程也十分的繁琐：全身的防护用品有11层，从穿到脱需要经过36道程序，过程中还必须接受"安检五查"。对于几乎零基础的塞方人员来说，要接受、掌握并牢牢记住这些程序简直难如登天。培训队只能分组一步步示范、一遍遍重复、手把手教学，把每个动作都进行详细的拆分和讲解，反复强调原则和重点。更令培训队焦灼的是，塞方的工作人员绝大多数都有虔诚的信仰，下班后时常参加各种聚集性的礼拜、葬礼和社区活动，意味着任何一个人都随时有可能被潜藏在弗里敦各处的病毒感染，进而传染给其他的工作人员。培训队员只能尝试"动之以情"，告诉他们如果你防护不到位被感染了，转头传染给你自己的伴侣和孩子，是毁了你的整个家庭。

就这样，经过不断地沟通与磨合，中塞工作人员之间慢慢建立起了信任感，加上一遍遍不厌其烦地示范和训练，终于，塞方87名工作人员逐一通过了流程规范考核。

同一时期，中方医疗队队员制定了68类、243条相关的规章制度和流程，覆盖了接诊流程、感染控制、药品供应、病案书写、垃圾管理、突发情况处置等全部环节细节。医院所有区域都进行了彻底的消毒，塞方安排的两名司机也接受了防护安全的培训。万事俱备。

七、生死都在一线之间

"很多经验都是用生命换来的，由此可见，我们天天都是行走在死亡线上。"

——秦恩强，中国人民解放军首批援塞医疗队医疗组组长

10月1日，中塞友好医院埃博拉留观中心正式启用。高效、安全——两个关键词构成了医院工作的核心原则。"救治流程其实不复杂，就是先和塞方疫情转运中心的人员交接，把病人接过来。然后问接触史，查体征，抽血，每个人先暂时作为疑似病人收容。检查结果出来后，一般疾病的分到一边，过几天就送出去，埃博拉阳性的就留下来接受治疗"。队员们回忆，"我们医护人员每天进病房三次，上午、下午和晚上，每次一到一个半小时。当地温度30多摄氏度，防护服不透风，时间长了体力跟不上。刚开始的时候，我们像在国内一样查房治病，后来发现几个小时都做不完，有的队员体力消耗大了，退出污染区休息，但活没干完，还得花几十分钟穿脱防护服再进去，所以后来我们就一起研究了新流程，把所有不穿防护服就能做的工作都留在外面做好，再进病房"。

尽管做足了充分的思想准备，一旦工作起来，总会出现这样那样的状况。弗里敦每天都会发生的停电、极低的物流效率、干净水源的短缺、有限的转运车辆和司机、时不时出现的工作人员罢工等问题，都给

医疗队的工作带来了不少麻烦。

其中最令队员们头疼的是对于病人的管理问题。李进回忆，病人们大多对交叉感染没什么概念，虽然医疗队给每个人都安排了单人居住的病房，但爱热闹的病人们往往不会老实地住在病房里，更喜欢到走廊、门诊大厅四处溜达，或是聚集在大树底下聊天。"因为病人很难管理，交叉感染的概率太高了。我们的医院算是硬件条件比较好的，还是管不住病人往一块凑。病人们不肯老老实实住在病房，从监控里看，他们经常半裸，甚至裸体到处游荡，哪里凉快就在哪里睡，我们查房经常要跑到大树下面。有的时候病人忽然就会少了一个，哪里也找不到，查监控也找不到，然后第二天就冒出来了。还有一次，病人莫名其妙多了一个，那么高的墙，不开门，也不知道怎么就多了，然后这个人过几天又莫名其妙出去了，我们都怀疑自己数错了。后来才知道，一个小伙子翻墙进来看他的弟弟，然后又翻墙出去了"。"他们时不时会呕吐在地板上，或是随地大小便，这些污物里面都有病毒，都容易造成感染。我们通过监控系统看到后，就赶快让保洁人员穿上防护服去处理"。

对于医疗队来说，每一天生死都在一线之间。在工作人员当中，塞方有一位叫提摩斯的留观中心协调官，定期会到医院里巡回检查病人的情况。"提摩斯还比较年轻，有股不太在乎的劲儿"。队员秦恩强记得，一天傍晚下着大雨，提摩斯只穿着隔离衣、带着一只手套就将病人从院子里运到了病房，在与病人进行密切接触后也没有进行细致的消毒，"跟他在走廊聊天的时候，我叮嘱他得小心一点儿，这样做很危险。可是提摩斯摇摇头，当时并不在意"。7天后，秦恩强接到了提摩斯去世的消息。"从那之后，我们就更加强了防控，很多经验都是用生命换来的，由此可见，我们天天都是行走在死亡线上"。

当然，最令大家难过的，莫过于目睹送来的病人救治无效而去世。10月1日医院启用当天，一个名叫卡比亚的8岁男孩和妈妈一同被送到医院救治。队员们回忆，母子俩从救护车上下来时，瘦小的卡比亚已经虚弱得无法站立。"这孩子很特别，就是因为他有一双'非洲大眼睛'，所以我们所有的队员都对他印象深刻"。护士长刘丽英回忆。然而就在4天后，医务人员查房时发现，卡比亚的妈妈瘫坐在地上，而卡比亚蜷缩在一边，眼睛中悲哀、痛苦的神色尚未褪去，就像是一尊静止的雕像一样离去了。仅仅隔了一天，卡比亚的妈妈也走了。"查房时我亲眼看见那个可怕的场景：那个小孩就躺在地上，鼻子里有血迹"。秦恩强说，"记忆最深的那一次是我们留观中心开诊的第四天早上。我一进病房，迎面就见地板上躺着一位全身赤裸的男患者。他的身边尽是呕吐物与排泄物……埃博拉患者最后的时刻，有个共同点，就是脏，上下呕吐、排泄、七窍出血。"而这样残酷可怕的场景，队员们每天都在经历。

2014年11月10日、16日，解放军第二批援塞医疗队的41名队员分两批到达弗里敦，接替首批医疗队的任务，延续在塞拉利昂的抗疫行动。从10月1日启用到11月10日向解放军第二批援塞医疗队交接工作，第一批医疗队在这40天里共收治了274个病人，其中145例被确诊为埃博拉患者。在中塞友好医院工作的双方医务人员无一人感染。从2014年9月到2015年3月，中国人民解放军先后派出三批医疗队、总计114名专业医务人员前往塞拉利昂援助抗击埃博拉疫情。185天，前后共培训塞方工作人员500余人次，收治疑似感染者773例，将死亡率从70%以上拉低到了48%。这样的成果无论从哪一个角度来说，放在20多个援塞国家医疗队中，都是首屈一指的。

八、留在非洲大陆的中国痕迹

"我们改变的不仅是他们的技术,还改变了他们的生死观。"

——贾红军,中国人民解放军首批援塞医疗队防控组组长

2015年8月,塞拉利昂疫情渐缓,最后一名埃博拉感染者痊愈出院,全国进入了42天无病例倒计时。记者林晓蔚时隔一年再次到达塞拉利昂。上一次来时,正处在塞拉利昂疫情的高峰期,林晓蔚记忆深刻的是漂浮着各种垃圾和排泄物的被污染的水域,是街头空空荡荡、如同一座死城般的城市,以及拥挤、喧闹、流淌着污水、被虚弱的病人填满的医院。

而这一次,林晓蔚看到的是不同的景象:

"这座城市以及这个国家正在复苏,已经没有人戴手套和口罩了,人们明显变得更有精神,脸上挂着更多微笑……弗里敦的街头,又响起了震耳欲聋的音乐,沙滩足球进行得如火如荼;新修的海滨人行道上,各种肤色的人们在夕阳的余晖中慢跑;咖啡馆、餐馆个个开张,工人们正在合力翻修此前废弃的旧屋。一个本地小孩冲着飞驰而过的机场接驳巴士笑着大喊'Hello! Chinese!'——而车里其实只有我一个是亚洲面孔。去年8月,我们把车开进了重疫区凯内马中心医院,帐篷里挤满了病人,隔离区里一个病人虚弱得连裤子都提不起来;今年8月,我隔着玻璃窗看生物安全3级实验室里中国疾控中心的高手们在检验可能带有埃博拉病毒的血样,心底竟觉得无比轻松。"

2015年11月7日,世界卫生组织宣布塞拉利昂埃博拉疫情正式结束。12月29日,世卫组织宣布几内亚埃博拉疫情结束。次年1月14

日，世卫组织宣布利比里亚复燃的埃博拉疫情结束。至此，始于 2014 年暴发的埃博拉病毒传播链在西非地区全部终结。此后各国虽然仍旧零星出现了确诊病例，但在有力的遏制下并没有形成扩散传播。此次西非埃博拉疫情共计吞噬超过 1.13 万条生命，确诊和可能感染病例超过 2.85 万例。

西非埃博拉疫情暴发后，中国累计向疫区三国及周边七国派出近 1200 名医疗卫生工作者，为疫区国检测样本近 9000 份，留观诊疗相关病例 900 余例。累计提供了 4 轮总价值约 7.5 亿元的紧急人道主义援助，是提供援助医疗物资最多的国家之一。此外，中国共向 11 个国家派遣了 30 多批公共卫生、临床医疗和实验室检测专家组，培训当地医护及公共卫生人员 1.3 万人次，在当地建设了现代化生物安全实验室、传染病留观中心及诊疗中心，率先投入试验性药物和疫苗，并深度参与了各国疫情后公共卫生防控体系和能力建设。

在得知疫情结束的消息后，曹广在微博中记录下了感慨的心情："可怕的病毒终于不再肆虐了。眼看就又是一年了，这年我每天都过得很充实……前几天和几内亚的兄弟联系了一下，让我看了看现在的医疗队小院儿，院子多了几棵树，但依然是不能再熟悉的那个小院儿。人也真有趣，看着这一切，真想能回去一下看看呢。"

九、结语

人权，是属于全人类的共同事业，"推动构建人类命运共同体"，是站在"全人类"的宏大格局上为全球人权治理提出的中国方案和宏伟愿景。中国对非洲的医疗援助，正是中国践行这一人权理念的鲜活现照。

2023 年将是中国对非医疗援助的第 60 年。自从 1963 年向阿尔及利亚派遣第一支医疗队以来,中国已经先后无中断地向非洲派出医疗队员2.3万人次,治疗患者2.3亿人次。截至2021年底,中国在非洲45国设立了98个工作点,派驻医疗队员近千人,协助18个非洲国家建设了20个专科中心,培训各类医务人才2万人次。2020年新冠疫情暴发后,中国第一时间驰援非洲,向非洲53国和非盟提供了超过1.8亿剂新冠疫苗以及120批检测试剂、防护服、口罩、隔离眼罩、呼吸机等紧急抗疫物资援助,并承诺将再向非洲提供10亿剂新冠疫苗,其中6亿为无偿援助。中国与非洲的情谊,是建立在生与死、血与肉上的命运与共。

如诗言:青山一道同云雨,明月何曾是两乡。

主要参考文献和素材来源

1. 中华人民共和国国务院新闻办公室:《新时代的中非合作》,载《人民日报》,2021年11月27日,第6版。

2. 何建明:《死亡征战——中国援非抗击埃博拉纪实》,成都:天地出版社2018年版。

3. 王锦秋、洪建国:《大国担当——中国人民解放军援塞医疗队抗击埃博拉疫情纪实》,长春:时代文艺出版社2017年版。

4. 张建波:《面对埃博拉,中国医疗队在西非坚守》,载《人民日报》,2014年8月8日,第3版。

5. 王锦秋、洪建国等:《打胜仗,零感染——我军第三批援塞医疗队抗击埃博拉疫情纪实》,载《中华灾害救援医学》,2015年第3期,第179—180页。

6. 孙梦:《为非洲留下"不走的中国医疗队"》,载《健康报》,2017

年4月17日,第1版。

7.戴轩:《离家2万里,中国医生的几内亚之行》,https://m.bjnews.com.cn/detail/165499973614422.html(访问日期:2023年1月31日)。

8.文浩、张曼:《中国为几内亚抗击埃博拉疫情"雪中送炭"》,新华社特稿,http://www.gov.cn/xinwen/2014-08/16/content_2735475.htm(访问日期:2023年1月31日)。

9.林晓蔚:《我触摸到了埃博拉的凶险和覆灭》,https://www.workercn.cn/435/201512/29/151229085655280.shtml(访问日期:2023年1月31日)。

10.《30名中国军人 拯救一个国家——观察者网专访解放军援塞医疗队》,https://www.guancha.cn/Third-World/2015_01_12_306084_s.shtml(访问日期:2023年1月31日)。

人权教育与研究,大有可为

——国家人权教育与培训基地的故事

自2011年以来,我国已分三批在有关高校累计设立14家国家人权教育与培训基地。这些基地从事着理论研究、教育培训、资政建言、交流合作、人才培养等多方面工作,以自己的力量助力中国人权事业的发展,也以特别的方式书写着中国人权故事。

一、揭开神秘面纱

2011年,南开大学人权研究中心、中国政法大学人权研究院和广州大学人权研究与教育中心经教育部批准成为第一批国家人权教育与培训基地。这是中国政府落实国家人权行动计划规定、加强人权建设的一项重要举措,也是中国人权发展的一个重要的标志性事件。当时在国内外引起强烈反响,中外媒体广泛报道。在联合国人权理事会对中国人权状况进行的定期审议中,各国在肯定中国人权事业发展中多次提及中国制定了国家人权行动计划,以及根据行动计划建立了国家人权教育与培训基地。

2011年11月9日,在第三次全国人权研究机构工作经验交流会上,中国人权研究会会长罗豪才建议人权研究机构,从单纯重视理论研究转为对关系国家人权事业发展的重大理论与现实问题并重，积极塑造和传播人权文化，广泛参与国际人权交流，积极推动人权理念的传播。一言以蔽之，人权基地的研究是要经世致用的。

三个基地的成立，只是一个开始。2012年，《国家人权行动计划（2012—2015年）》再次提出："发挥国家人权教育与培训基地的作用。到2015年，至少新增5个国家人权教育与培训基地。"2013年，在第五次全国人权研究机构工作会上，时任中宣部人权事务局局长鲁广锦表示，为贯彻落实《国家人权行动计划（2012—2015年）》，第二批全国人权教育与培训基地的遴选工作已经全面启动。2014年，中国人民大学人权研究中心、武汉大学人权研究院、山东大学人权研究中心、复旦大学人权研究中心、西南政法大学人权研究院获批为第二批国家人权教育与培训基地。在第二批"国家人权教育与培训基地"遴选评审会上，罗豪才主席作为研究会会长表达了对人权基地建设的关心与指导。他说："这次参与申请的10所研究机构这几年我都去过、走访过，有些还去过不止一次。应该说每个机构都有自己的特色和优势。这次再听下来，又看了材料，感觉进步都很大。"通过这次申报遴选，他提出几点希望：一是要正确看待基地遴选工作。评选基地本身并不是最终目的，而是要以此为契机，推动地方人权研究机构的建设和发展，让各地人权研究机构在申报评选中不断提升，在对比中不断进步，看到不足，互相学习、相互促进。二是要加强对现有基地及各地人权研究机构进一步发展的整体规划和布局。这一方面要求各地机构要继续坚持自身发展特色，另一方面在宏观上要有大局意识和整体意识。三是注重整体发展，加强团队建设。四是加强力量整合，拓宽视野、拓展思路。因为人权研究、人权教育和培训并不是哪一家、哪一个学科的事，这是一个综合性的、跨专业、跨学科的大题目、大课题。时任国务院新闻办公室副主任崔玉英在授牌仪式上指出:"尊重和保障人权,已成为我党治国理政的重要原则和主要任务。人权教育与培训,是人权的基础性工作,在我国人权事业发展和人权宣传中起着重要作用。成立国家人权教育与培训基地,是我国向国际社会作出的郑重承诺,也是推动我国人权事业发展的一项重要举措。"

2016年制定的《国家人权行动计划(2016–2020)》继续提出:"规范国家人权教育与培训基地工作。到2020年,再增加5家人权教育与培训基地。规范基地管理,创新基地运作模式,加强人才队伍建设,加大资金投入,建设中国特色新型高端人权智库。"2020年12月29日,中宣部、教育部联合下发通知,批准华中科技大学、吉林大学、中南大学、东南大学、北京理工大学、西北政法大学成为第三批国家人权教育与培训基地。截止到目前,我国分三批共设立14个国家人权教育与培训基地。这三批人权基地,作为人权教育、培训、学术研究的重要阵地,所起到的作用已经超出了预期。它们不仅引发了学界对中国人权思想和人权理论的热烈探讨,也培养了一批愿意投身于国家人权事业发展建设的人才,在普及人权知识、传递人权理念等方面扮演了重要角色。

二、心之所系,民生与国计

国家人权教育与培训基地,是人权研究的高地,也是助力党和政府制定、实施、完善人权政策的重要智库,它们关心环境、就业、贫困、法治、弱势群体等各项国计民生议题,它们以多种形式、通过多种渠道针砭时弊和献策进言。研究者们也用自己的脚丈量祖国大地,观察和呈现民众的所思所想。2012 年，西南政法大学人权研究院主持开展了"中国大众人权观念调查报告"这一课题，这是我国第一次也是迄今为止最大规模的一次对中国大众人权观念的调查。为了获得最多最真实的一手数据，课题组带领师生团队深入全国各地调研，调查范围覆盖了全国 30 个省、自治区、直辖市的 125 个城市，累计发放问卷两万余份，较为全面地展示了中国大众心目中的人权观念。

国家人权教育与培训基地由"国家人权行动计划"孕育，它们也参与制定后续的"国家人权行动计划"，并成长为监督"国家人权行动计划"实施的第三方专业力量。尽管最核心的评估数据依然主要来自国家统计局和国家人权行动计划联席会议机制成员单位自己所提供的资料，但最新一期的行动计划——《国家人权行动计划（2021—2025 年）》已明确提出要"逐步完善第三方评估机制，开发并建立量化评估指标体系"。目前吉林大学人权研究中心等基地已着手参与研究设计相关指标体系。

在严峻复杂的国际形势下，国家人权教育与培训基地在国际人权传播领域开始扮演越来越重要的角色。一方面，各个人权基地坚持以调研和社会实践为主，主张用鲜活的事例、真实的访谈来讲述中国人权故事，向国外介绍中国的人权状况和观点，真实展现我国人权事业的发展和进步；另一方面，各个基地也在用事实驳斥国际敌对势力对我国人权状况的歪曲指责和攻击，揭露美国等西方国家在人权问题上搞双重标准和霸权主义的虚伪实质。2021 年 3 月，知名服饰快消品牌 H&M 发布声明，宣布由于"中国新疆维吾尔自治区存在针对少数民族的强迫劳动""新疆棉花是沾染了中国劳动人民鲜血的棉花"，因此将"不再与位于新疆的任何服装制造工厂合作，也不再采购来自新疆的原材料"。但事实果真如此吗？

说来也巧，在事件发生时，西南政法大学人权研究院的一个课题组正在新疆进行另一项调研。他们看到相关报道后即刻分出一部分力量，对新疆阿克苏、喀什等南疆地区部分种植棉花大户、采棉工人进行了实地调研，期望能让国际社会了解新疆棉花采摘的真实情况。他们在调研中有一系列重要的发现。首先，南疆的棉花种植户在雇用工人采棉时采取公斤计价的模式，陆地棉一般为1.5至2.2元每公斤，长绒棉为2.5至2.8元每公斤。一般来说跨地区全职采棉工人每天采棉可达100至160公斤，少数采棉工人每天采棉可达200公斤。在陆地棉70天左右的棉铃开放期里，即使采棉工人仅工作50天，至少可有10000元的采棉收入，多的收入则可达到20000余元。同村或同乡全职采棉的工人，即使有着来回通勤时间与家务事的影响，一个采棉期也可以采棉2500公斤以上。兼职采棉也可为采棉工带来数千元不等的收入。如果存在"强迫"，那么强迫别人赚钱的逻辑总是与老百姓的生活逻辑不太吻合。其次，在南疆，机械采棉已成趋势。棉花生产大户购买农具时均可享受由政府财政兜底的"折上折"，一台百余万的大型采棉机工作三四年就能回本。机械化生产成本比人工成本低很多，用受访人的话来说就是"经济成本放在这里，任何人都会想大力推广机采棉"。因此，在不少地方，越来越稀缺的棉花采摘岗位还需要工人们去"抢"。如果存在"强迫"，那么他们究竟在强迫谁呢？恐怕是在"强迫"经济学家重构经济学原理。此外，这个课题组还发现了一个奇特现象：由于棉花采摘的高收入，南疆地区很多工厂的产业工人在棉花采摘期会请假去采棉花，不少工人宁可放弃全勤奖也要请假！是的，你没听错，他们采棉花一个月的收入往往可以达到工厂月工资的2到3倍。可以想象，工厂的老板和管理者每年9、10月份有多慌，如果真有"强迫"动机，那恐怕也是这些工厂们有动机联合起来"强迫"工人们别去采棉花。有前面这些"奇特"现象做铺垫，课题组的另一个发现就是情理之中的了。每个采棉季，不止新疆本地工人会从工厂请假回家采棉，还有来自山东、河南、甘肃等全国各地的采棉工人不远万里参与到新疆棉花的采摘工作中去。试问哪个国家会有这么多民众前赴后继地"上赶着"去被"强迫劳动"？

有些研究拆穿了谎言，有些研究则对于谎言制造者充满了好奇和兴趣。2021年12月，吉林大学人权研究中心发布了一份研究报告，名为《美国干涉阴云下的世界人权困局》。研究报告介绍了美国当政者的五种"行为习惯"：一是以捍卫民主为名的干涉侵犯他国主权，前有安哥拉，后有格林纳达，接着是尼加拉瓜和巴拿马，无法计数的劣行都是对人权的无视和践踏。二是以人道主义为名的干涉酿成人道灾难，最典型的一桩就是20世纪90年代对南联盟的干涉，直接激化了该国的民族矛盾和相互之间的仇杀，波黑战争与科索沃战争导致近30万人死亡，近300万人沦为难民。2018年美国联合英国和法国，以"维护联合国的权威和原则"与"维护世界和平"为由，在绕开安理会授权的情况下对叙利亚发动了空袭，导致近2万人死亡，其中大约有6500人是平民。三是反恐怖主义为名的干涉引发安全危机，美国先是发动了针对基地组织和塔利班政权的阿富汗战争，给阿富汗人民带来了至今未能抹平的战争伤痕，然后又以反恐为名对伊拉克进行干涉引发了历时近9年的战争，造成伊拉克数十万人死亡，但事后美国却承认并没有找到所谓的大规模杀伤性武器，也没有任何证据能证明萨达姆政权与国际恐怖组织有联系。此外，美国还以单边制裁呈现的干涉阻碍世界发展，依据国内决议的干涉挑战国际法原则。最后，研究报告也呼吁美国改掉这些坏习惯。其实，它说出了很多人的内心想法：美国作为世界上最大的发达国家，应该放下政治博弈与霸权思维，能够秉持维护世界和平与发展的宗旨，停止干涉他国内政，并为促进人类整体的人权发展与进步贡献力量。

三、在国际交流中寻求共识

国家人权教育与培训基地在从事理论研究的过程中也在不断寻求国际交流，尝试在充满纷争和偏见、甚至有些嘈杂的国际舆论环境里找到共识。

"北京人权论坛"是创立于2008年的全球性人权论坛，已成为国际人权领域的重要交流平台。"南南人权论坛"自2017年首次举办以来，一直致力于为来自不同国家、不同文化背景的各界人士提供沟通交流、共谋合作的平台。来自各个人权基地的专家学者成为这些论坛上传播中国人权理念、介绍中国人权理论的主要代表。与此同时，一些人权基地也积极承办重要的学术研讨会，扩大同外界的交流。创立于2015年的"中欧人权研讨会"，是中欧在人权领域交流合作的机制化学术平台，至今已举办了七届，国家人权教育与培训基地是最主要的承办单位。在历届"中欧人权研讨会"上，我们总能听到学术争鸣，捕捉到真知灼见。与此同时，与嘈杂的舆论纷争不同，这个研讨会上总会有共鸣和共识。

2019年的中欧人权研讨会在奥地利举办，主题是"东西方人权价值观比较"。主题之中似乎已经蕴含了"分歧"，但讨论的结果终究是存异而求同。奥地利前总统、奥中友好协会主席海因茨·菲舍尔仍然指出，人权是全人类共同珍视的价值，虽然各国对人权的理解或有不同，促进和保障人权的路径也各有选择，但实现人人充分得享人权的目标是一致的。荷兰学者汤姆·茨瓦特则坦陈，没有哪一个民族或国家的价值体系优于其他民族或国家，各国应秉持"和而不同"的价值观，相互尊重、平等相待。

2021年的中欧人权研讨会在中国重庆和意大利罗马同时设立了主会场，会议聚焦了一个同样看起来会有理念争议主题——新冠病毒感染疫情与生命健康权保障，但讨论中仍不乏共识。在一些来自国际组织和国外学术机构的专家的发言中，我们会发现，中西价值观并非截然相反。葡萄牙里斯本大学研究员热苏斯很直白地提到，正是在疫情的背景下，我们看到最近某些国家对中国的妖魔化举动，这会错过可能的人权对话，欧洲应该尊重每个国家的文化和传统，避免将人权作为攻击他人的武器。西班牙知华讲堂副主席维克托·科尔蒂索先生主张，避免用地缘政治来分析疫情，避免以疫情为借口攻击其他国家。我们要有高度的政治自觉，注重国与国之间的和谐共处，相互理解，同时尊重国家和地区各自的优先事项，避免不必要的干涉，寻求全球问题的共同答案。联合国人权高专办干事什亚米·普维玛拉辛认为，在新冠病毒感染疫情下，当我们的公共健康卫生系统没有办法处理这些大量的病例时，我们就需要实施政策干预，这个政策干预必须要以人为本，人类应该是我们所有政策的中心。

"人类应该是我们所有政策的中心"，诚哉斯言！如果我们将人、人类本身而非政治的、军事的或者其他别的什么考量置于中心位置，我们必定会共识大于分歧。

四、培养人才，面向国际

人权培养，重在经世致用。国家人权教育与培训基地培养的学生并不将目光局限在国内，他们也致力于成为熟悉国际规则、会讲中国人权故事的人才。

中国人民大学法律硕士郝同学于 2015 年 2 月 1 日至 5 月 1 日，在联合国人权事务高级专员办事处（人权高专办）进行为期 3 个月的实习。在这 3 个月期间，她接触了最新的人权信息；聆听了联合国人权理事会会议；直接参与撰写了为特别报告员提供的关于尼日利亚反恐和伊拉克"伊斯兰国"（ISIS）国家评估报告，以及与美国、突尼斯政府的沟通信函（communications）草拟等工作。经过一个星期的相关材料学习与阅读后，她被分配到"反恐"和"法外处决"两个专题任务下。她的工作内容主要分为两类：为特别报告员撰写国家评估报告以及撰写与政府沟通的信函。每次接到任务后最重要的是搜集大量的信息，将工作中要处理的问题与现状了解清楚。她为法外处决作了伊拉克"伊斯兰国"国家评估报告。在反恐主题下她作了针对尼日利亚恐怖组织 Boko Haram 的国家评估报告。她的另一项工作是负责草拟与美国以及突尼斯政府进行沟通的信函。信函的主要目的是向政府表达人权高专办对所涉及国家发生的违反《国际人权法》的事实的关切与担忧，就特定的问题要求政府提供说明并且采取积极措施履行保护人权的国家义务。她参与的第一份政府沟通信函是与美国政府进行沟通，处理 2015 年 2 月发生的 3 起美国警察采取超过合理限度的武力枪杀墨西哥移民的问题。

虽然实习时间不长，但是她很幸运地赶上了每年 3 月份在万国宫举行的最大规模的人权理事会以及周边会议。整个 3 月份，在万国宫多个会议室，各国代表团、主要民间团体以及非政府组织都纷纷前来参与第

28 届人权理事会以及其他周边会议。周边会议在各个分会场中讨论针对各国特定主题的人权问题。她也会抽空到万国宫旁听会议，例如伊拉克向普遍定期审议作的国家报告、尼日利亚 Boko Haram 主题会议、宗教信仰自由主体会议，等等。会议期间，各国代表团纷纷就所探讨的问题发表意见，充分说明本国的相关政策以及对所探讨问题所持的态度。选派青年学者去联合国实习，这是一个难得的了解世界范围内人权发展情况的机会，也是一个了解联合国人权实施机制的机会，有利于培养提升国际人权话语权所需的高端人才。

2022 年，西南政法大学人权研究院的欧阳同学通过国家留学基金委员会与联合国难民署的合作实习项目，来到了联合国难民署肯尼亚办事处难民甄别办公室实习。去国际人权机构实习是欧阳同学一直以来的愿望。她本科期间就读于国际法学院，这让她对国际公法产生了浓厚的兴趣。硕士期间她选择攻读人权法专业，毕业论文是以国际难民法为主题。基于此，她非常希望在国际人权法实践方面有亲身的体验和锻炼。她之所以在留基委提供的诸多岗位中选择这一岗位，是因为她得知"位于肯尼亚东北部的达达布（Dadaab）难民营，曾一度是全球容纳人数最多的难民营"。而非洲大陆，历来是全球包容、庇护难民人数最多的地区。抱着想对国际难民法的实践现状一探究竟的想法，她选择了内罗毕。这里是联合国环境署和人居署的全球总部，也是联合国驻非洲总部的所在地，驻内罗毕的联合国实体多达 23 个。肯尼亚的寻求庇护者/难民主要分在达达布难民营，卡库马（Kakuma）难民营和一些城市和地区，而首都内罗毕聚集了大部分城市寻求庇护者/难民，因此位于内罗毕的联合国难民署内罗毕办事处日常也需要接纳难民。每个工作日，联合国难民署与肯尼亚难民事务服务部（Department of Refugee

Services）一同办公的联合难民服务中心（Joint Refugee Service Center）门口都会有很多寻求庇护者/难民聚集，等待进入办公区域进行难民甄别或第三国安置的面试，领取相关文件或寻求保护等。

欧阳同学说："2016年以后，肯尼亚政府已经全面接管了难民甄别工作，联合国难民署在难民甄别事务上扮演建议性角色，组织和参与难民甄别方面的培训，在难民署内部其他部门与政府难民甄别部门之间进行沟通协调，以及特别处理政府不愿意受理的LGBTI案件。因为案件堆积，人手不够，难民署偶尔也会像政府难民甄别部门一样，参与个案的甄别工作。"而她的主要工作是协助准备培训内容，参与培训，整理难民来源国局势信息以协助个案甄别，回复难民署热线电话和邮件，与政府协调甄别面试安排、文件领取等事项。

在这段实习经历中，让她印象特别深刻的是，在难民服务中心门口"安营扎寨"的寻求庇护者们，在东非高原十几度的低温和绵绵细雨里，他们拖家带口，身下铺的是碎纸板，身上盖的是破塑料布，日夜期待尽快得到救济。同时，也有在难民服务中心门口举牌抗议的难民，他们不满难民营的生活状态，要求在城市地区获得生活援助。这让她更深刻地认识到难民法在实践中遭遇的困境，难民法不仅关注人道主义救济，更是一套权衡公平与救济的精密法律体系。她相信，参与联合国难民署的实习，深入研究难民法理论及实践机制，能够为我国在难民法领域增强话语权贡献智慧与力量。

五、课堂内外传播人权理念

作为国家人权教育与培训基地之一，教育与培训是主要任务。时任教育部部长李卫红指出："广泛开展人权教育和培训，抓好教材建设……要努力建设适应不同层次、不同要求的人权教育和培训教材体系。"根据《国家人权行动计划（2021—2025）》的目标要求，鼓励开展人权通识教育和专业人才培养，持续支持高等院校开设人权相关专业课和通识课，编写人权相关教材，加强人权学科建设和人才培养。努力提高公民的人权意识和维权能力，在全社会形成尊重和保障人权的文化。

广州大学人权教育与研究中心通过对公安、法官、检察官等进行的人权培训，对公务员人权培训进行的实证调查，编写了《人权知识读本》。南开大学人权研究中心编写《中国人权在行动》《中国人权事业发展报告》（蓝皮书），开展人权实证科研项目，推进人权知识培训和知识普及。中国政法大学人权研究院参与制定人权行动计划和相关立法，为全国师生提供人权培训机会，以多种形式服务社会公众，传播人权理念。吉林大学人权研究中心正在积极进行人权学科的建设。首先是在法学院内部建立人权学的博士点，让同学们通过法学院进行跨学科的研究。同时，吉林大学也在设计、规划和制作中国人权指数，这个"中国人权指数"是属于中国的人权指数，却不限于中国的人权指数。这是要拿出一个具有中国特色的人权的尺度，来观察和思考世界各国、中国各地，在人权领域所进行的实践、所取得的成就，还存在着哪些不足，应当如何取得进步。华中科技大学人权法律研究院坚持不懈地将人权教育融入到卓越法治人才培养体系，创设了人权法硕士研究生专业方向和博士研究生专业方向，开设人权法概论和人权法专题研究课程，努力培养具有国际视野、彰显中国特色的高层次人权法治人才。西南政法大学人权研究院设有"人权法学"二级学科、博士点，独立招收博士、硕士研究生、外国留学生以及博士后研究人员。2014年学校将人权课程作为全校所有专业学生必修的通识课程——人权概论。以往的人权教材及课程设置基本上都以"人权法学"冠名,都是从法学的角度对人权进行阐释。但这些教材对于"人权教育作为全民的事业"而言,还远远不够。于是,一本讲述着世界与中国的人权故事的《人权之门》在学院教师团队的通力合作下诞生了。每年有近5000名新生接受人权通识课程,并为这本教材点赞。

通过开展人权教育,人权概念不再抽象。

本科生冯同学在谈及人权教育时说:"在没有接受人权教育之前觉得人权是一个特别空洞,离我们很遥远的概念。经过系统的人权学习之后,形成了一个比较完整的人权知识体系。"本科生陈同学还有了进一步思考,他说:"人权保护既有普遍性保护,也有特殊性保护。普遍性保护,更多的是那种被大家所意识到、所公认的人权,而特殊性保护的人权,则是一些不被人所意识到和重视的权利。那么,对于人权的保护不能只是停留在表面的口号上,而是需要国家、社会、个人进行有条理的保护。"王同学作为人权专业的硕士生,他从专业的视角对人权有了更深的理解,他认为:"在接受人权教育前,对人权的了解更多聚集在零散的观念或者语词上,诸如中国的'有教无类''仁''为政以德',等等,舶来词汇'自由''民主''平等',等等。经过人权教育后,对古今中外的人权思想史的了解更为系统。"

拨开云雾,原来人权与现实生活息息相关。

大部分同学对妇女人权很感兴趣。尤其是网络上对所谓的男权、女权的争论越来越激烈,到底什么是女性权利,如何合理地捍卫女性权利而避免社会矛盾激化是学生迫切想研究的课题。王同学则提出,当前社会有一部分妇女面临着就业歧视问题、家暴问题。身边也出现过妇女倾心付出却得不到家庭的关怀体谅,甚至遭受丈夫的暴力以待;在外就业也受到不公正待遇,这两方面的问题应当得到更多社会的重视。相较于本科生同学对具体人权问题的关注,硕士生王同学则更关注国际社会对我国的人权评价,并善于运用国际人权法去驳斥这些污蔑和指责。硕士生刘同学主要研究特定群体权利,他说:"人权不应成为纸上谈兵。大部分群众对人权的认识仅仅停留在抽象的概念,而妇女权益、老年人权益、残疾人权益、性少数群体权益等实际上与每个人息息相关,应得到关注与重视。"此外,还有学生在新冠疫情的社会背景下,看到了中西方人权思想的差异,也逐步理解了人权理论之下的实践差异。人权教育的目的,就是要拨开云雾,揭开人权的神秘面纱,化解学生或民众内心的困惑。同时,通过人权教育,可以跨越原有的学科藩篱和刻板观念,去观察和思考人权。

除了通过课堂内的人权教育揭开人权的神秘面纱之外,还有课堂外的人权教育,那就是充分创造机会,让更多的学生参与国际间的人权实践。"纳尔逊·曼德拉世界人权模拟法庭大赛"就是一个学院进行国际化教育、创新教育、跨学科教育的典型项目。这是由联合国人权高专办和南非比勒陀利亚大学共同举办的大赛,被称为"人权的奥林匹克竞赛"。2018年,复旦大学派出的代表队在比赛中获得亚太地区第3名、全球第12名的成绩;2019年,中国高校再创佳绩,西南政法大学打败了哈佛、耶鲁、剑桥等国际知名大学,获"全球最佳文书三等奖";经过两年沉淀之后,2022年,中国政法大学以进入亚太赛区前十的成绩再次代表中国高校成功晋级全球赛。各个人权基地都很珍惜每一次代表国家参加人权赛事的宝贵机会,充分向世界展示中国人权青年正积极参与到国际人权事业的发展与讨论中来。

六、结语

国家人权教育与培训基地是中国人权事业发展的见证，14家国家人权教育与培训基地经过不懈努力与奋斗，已成为人权教育、培训、研究的重要舞台和支点，关于它们的故事和中国人权的精彩故事都还将继续。

主要参考文献和素材来源

1. 中华人民共和国国务院新闻办公室：《国家人权行动计划（2009—2010年）》，载《人民日报》，2009年4月14日，第7版。

2. 中华人民共和国国务院新闻办公室：《国家人权行动计划（2012—2015年）》，载《人民日报》，2012年6月12日，第14版。

3. 中华人民共和国国务院新闻办公室：《国家人权行动计划（2016—2020年）》，载《人民日报》，2016年9月30日，第13版。

4. 中华人民共和国国务院新闻办公室：《国家人权行动计划（2021—2025年）》，载《人民日报》，2021年9月10日，第10版。

5. 罗豪才：《以基地建设为龙头，把人权工作越做越好——在第二批"国家人权教育与培训基地"遴选评审会上的发言》，载《人权》，2014年第2期，第2—3页。

6. 崔玉英：《打造中国特色人权研究智库——在第二批国家人权教育与培训基地授牌仪式上的讲话》，载《人权》，2014年第4期，第7—8页。

7. 李卫红：《人权基地建设任重而道远——在第二批国家人权教育与培训基地授牌仪式上的讲话》，载《人权》，2014年第4期，第9—10页。

8. 吉林大学人权研究中心:《美国干涉阴云下的世界人权困局》,https：//www.humanrights.cn/html/llyj/1/6/2021/1213/62206.html（访问日期：2023年1月31日）。

9. 西南政法大学人权研究院:《中国战"疫"中的基本人权保障》,https：//www.swupl.edu.cn/pub/rqyjy/xzzx/wxyzlxzzx/280872.htm（访问日期：2023年1月31日）。

10. 西南政法大学人权研究院:《新疆棉花不容抹黑——新疆棉花生产是否存在"强迫劳动"的调研报告》,https：//hri.swupl.edu.cn/docs/2021-06/20210614192333467698.pdf（访问日期：2023年1月31日）。

11. 郝万媛:《联合国人权高专办实习报告》,http：//humanrights.ruc.edu.cn/gjjl/gjjlej/7c5c1094f51d4a86ad80ed6d6e2d2672.htm（访问日期：2023年1月31日）。

实现人权，我们是有计划的

——中国的人权发展计划

人权是一个"伟大的名词"，但是，人权不能只是一个伟大的"名词"，而是必须落实为人民的具体权益，转化为人民的美好生活。因此，人权是个好东西，关键是如何实现它。中国共产党领导中国人民开辟了一条中国式人权发展道路，创造了尊重和保障人权的伟大奇迹。中国政府在坚持依法保障人权的同时，还致力于通过计划促进人权，既坚持实施了十四个"五年规划"的整体计划，又连续制定实施了四个"国家人权行动计划"的专门计划，既设定阶段性的人权发展目标，又将这些人权保障目标落实在经济社会发展的具体事务当中，形成了非常独特的通过计划来促进人权的人权事业发展方式。

一、人权是个好东西，关键是怎么实现它

人权是人类文明进步的标志。呵护人的生命、价值和尊严，实现人人享有人权，是人类社会的共同追求。但是，由于各国历史、文化、制度、发展水平不尽相同，对于怎么实现人权，可能会形成不同的认识，走上不同的道路。

在人权实现方式上，各国有一些普遍的做法，如通过法治保障人权就是中西方社会的基本共识。中国一贯坚持依法保障人权，特别是十八大以来，中国政府将尊重和保障人权工作置于社会主义法治国家建设的突出位置，把尊重和保障人权原则贯穿立法、执法、司法、守法的各个环节，通过完善权利公平、机会公平、规则公平的法律制度，更好地保障公民人身权、财产权、人格权，保障公民参与民主选举、民主协商、民主决策、民主管理、民主监督等基本政治权利，保障公民经济、文化、社会、环境等各方面权利。

在人权实现方式上，中西方社会也有一些重要差异，特别是在计划问题上。计划一词，我国古已有之，与计画通用，指对行动的预先谋划与安排，古人计事必用手指画，使其事易见，故称计画。凡事预先计划，是人之所以有别于动物的重要属性。不但个人需要计划，企业和政府组织，甚至一个城市也需要计划。但是，对于经济社会发展乃至人权事业等国家事务，是否需要计划，是否能够计划，却成为一个引发激烈争论的问题，至今仍然悬而未决。

计划曾被认为是社会主义的基本特征和核心优势的体现。20 世纪 30 年代，当西方国家纷纷陷入严重的经济危机之时，苏联却通过两个五年计划的实施从一个农业国一跃成为新兴的工业化强国，建立了独立完整的工业体系。苏联计划的成功使得发展计划被许多发展中国家视为国家发展的必由之路。社会主义国家普遍实施发展计划，计划不但成为东西方两大阵营之间发展竞争的工具，也成为体制优越性竞争和较量的焦点。然而，20 世纪 60 年代以后，计划体制普遍出现了危机。同时，西方思想界开始对计划模式展开大肆批判，许多人宣称对于国家进行全面的计划，既不可行，也无意义，是"致命的自负"。20 世纪 80 年代之后，随着社会主义在世界范围内遭遇重大的挫折，西方世界抛出了"历史终结论"的观点，认为采取计划模式的社会主义制度已经失败，以哈耶克为代表的"自发秩序"理论成为主导性的国家治理理论，认为国家的目标是分散主体自主努力的结果，而不是国家主动谋划的结果。

计划模式在全球遭遇失败的浪潮中，中国几乎是唯一的例外。中国并没有出现西方学者所预言的不可逆转的计划体制的大崩溃现象，也没有像大多数转向市场经济的国家那样彻底抛弃原有的计划体制，而是通过自我调整，使得五年计划持续活跃在发展政策舞台的中心，成为中国国家治理的基础性手段。计划在中国之所以能够始终保持活力，是因为中国政府对计划模式进行了适应性和创造性的调整，使得中国的计划克服了早期计划模式中的诸多弊病。如国家计划不再介入微观经济活动，而是为经济社会发展提供总体框架，即"规划森林，让树木自由生长"。计划经济时期的计划，大多数是实物量指标，包括钢、煤炭、原油、粮食、棉花等实物产品的产量，改革开放以来，逐步取消了实物量的指标，到"十五"计划以来就完全取消了实物量指标，今天五年规划的指标都是宏观量指标。此外，计划指标从经济类为主转变为非经济类为主。"六五"是改革开放之后的第一个五年计划。经济类指标与非经济类指标是六四开，经济类指标占60.7%，非经济类指标占39.3%。而到"十二五"经济类指标只占12.5%，"十三五"规划经济类指标只占16%，绝大部分的指标是教育科技、资源环境、人民生活等非经济类指标。

总而言之，中国的计划已经由经济计划转型为国家公共事务治理规划。其基本运作模式就体现为，通过系统研究设定科学目标，然后引导、调动各种主体和资源去实现这一发展目标。它不同于行政指令，并不是简单的自上而下的行政管理，而是中央、地方、企业、公民等多元主体共同参与，通过行政方式、社会网络、市场机制等渠道共同作用来实现公共事务的治理。计划治理方式是与我国国家制度和治理体系相生相伴的，从一开始就是新中国国家治理体系的重要组成部分，它伴随着社会主义建设一同起步，为推动中国从站起来、富起来到强起来的伟大飞跃发挥了重要作用，也是中国在不同的阶段能够实现自己人权发展目标的重要保障机制。

二、如果一种计划不够，那就两种

人权保障是一项系统工程，不能仅仅依靠单一手段，只有通过有意识地运用整体知识，制定国家规划，引导资源配置，才能推动人权保障水平的提升。从这个意义上说，五年计划就是一种人权计划。"一五"计划奠定了我国工业化的初步基础，"三五"至"五五"期间建立了比较完整的工业体系和国民经济体系。改革开放以后，"六五"至"七五"期间基本上解决了温饱问题；"九五"期间，人民生活总体达到小康，人均GDP达到850美元，进入下中等收入国家行列；"十一五"期间，我国从下中等收入国家行列跨越到上中等收入国家行列；而"十三五"期间，我国全面建成小康社会，并为开启社会主义现代化建设新征程奠定了坚实基础。编制和实施五年规划，有力推动了经济社会发展、综合国力提升、人民生活改善，创造了世所罕见的经济快速发展奇迹和社会长期稳定奇迹。五年规划见证了人民生活水平从解决温饱到总体小康、再到全面小康的持续改善和质的飞跃，也见证了中国人民从实现翻身解放和当家作主到各项基本权利日益得到尊重和保障。

不过，总体而言，五年计划是一种间接的人权计划。"八五"之前的"五年规划"直接涉及人权的内容并不多。自"九五"计划开始，人权及其法治保障目标开始被纳入国家"五年规划"体系当中，每一期五年规划都有大量关于人权保障的内容。如"十三五"规划就明确将"人权得到切实保障"列为发展目标，并以第十八篇专篇规定了"加强社会主义民主法治建设"的建设任务。2021年3月审议通过的"十四五"规划明确了经济、政治、社会、文化、环境等各项事业发展的具体目标，在人权保障上主动担当作为，重视人权的平等保障和赋能，积极回应人权保障新议题，提出了"促进人权事业全面发展"的要求，明确了"全面加强人权司法保护"等各个方面的具体任务，成为开启中国人权事业全面发展的新篇章。

"五年规划"中虽然有与人权保障相关的内容，且是人权目标实现的重要保障机制，但归根结底还不是专门的人权计划。为了更好地促进人权发展目标的实现，中国政府自2009年开始连续制定实施四期专门的国家人权行动计划。

2009年4月，国务院批准并授权国务院新闻办公室正式发布了《国家人权行动计划（2009—2010年）》，这是中国政府制定的第一份以人权为主题的国家规划，标志着中国人权事业进入了有计划、全面推进的新阶段。2009年底，国家人权行动计划联席会议机制开展了对第一期国家人权行动计划的中期评估工作，2010年11月又启动了终期评估工作，于2011年7月发布了《〈国家人权行动计划（2009—2010年）〉评估报告》。2012年6月，国务院新闻办公室正式发布了《国家人权行动计划（2012—2015年）》，"表明了中国政府坚定不移地促进中国人权事业全面发展的决心，标志着中国人权事业已进入了有计划、持续稳健、全面推进的新阶段"。2014年下半年，国家人权行动计划联席会议机制对行动计划的执行情况开展了中期评估，2015年7月又启动了终期评估,并于2016年6月由国务院新闻办公室发布了《〈国家人权行动计划(2012—2015年)〉实施评估报告》。2016年9月,国务院新闻办公室发布了《国家人权行动计划(2016—2020年)》,"显示了中国政府推进人权保障的坚定信念,标志着中国人权事业继续向更高水平健康发展"。2021年9月,受国家人权行动计划联席会议机制委托,中国人权研究会、西南政法大学人权研究院对第三期国家人权行动计划实施情况开展评估,并形成了《〈国家人权行动计划(2016—2020年)〉实施情况评估报告》。2021年9月,在总结前三期国家人权行动计划执行情况和实施经验的基础上,国务院新闻办公室发布了《国家人权行动计划(2021—2025年)》。它"结合《中华人民共和国国民经济和社会发展第十四个五年规划和2035年远景目标纲要》,立足促进人权事业全面发展",确定了"2021—2025年尊重、保护和促进人权的阶段性目标和任务"。在连续制定和实施四期国家人权行动计划的过程中,从科学规划目标,到全面落实实施,再到严格考核评估,中国的国家人权行动计划成功创造了一种通过计划全面推进人权事业快速稳步发展的制度模式。

"五年规划"与"国家人权行动计划"之间形成了相互支撑、相互保障、相辅相成的关系。人权保障不能只是"就人权论人权",人权无法摆脱政治、经济、社会、文化、环境等直接具体事务而存在,人权发展规划只有在落到政治、经济、社会、文化、环境等直接具体事务之上才能获得真正的实现。联合国人权事务高级专员办公室在《国家人权行动计划指导手册》中就曾提示:人们需要密切注意国家行动计划与现有的国家全面发展框架以及保健、教育、法律实施等方面政策规划过程良好的衔接,以避免人权问题在无意中被孤立成一个单独的"部分"。"国民经济和社会发展五年规划"强调结合经济、政治、社会、文化、生态"五位一体"的社会主义现代化建设，提出未来五年国民经济和社会发展的总体战略。而"国家人权行动计划"则围绕政治权利、经济权利、社会权利、文化权利、环境权利设定未来若干年的具体人权保障指标。"国家人权行动计划"中的目标任务指标体系既有自主设定的，也有对五年规划以及人权保障有关部门工作规划的吸纳。"国家人权行动计划"吸纳了"国民经济和社会发展五年规划"中与各项权利保障相关的任务指标，并将其转化为经济、社会和文化权利，以及公民权利和政治权利等人权发展目标任务。

"国家人权行动计划"对"国民经济和社会发展五年规划"的目标任务吸纳并不是简单地将"五年规划"中的相关内容转录或摘抄到"国家人权行动计划"中，而是要经过一个指标属性转化过程。"国家人权行动计划"在吸纳其中涉人权内容的同时，必须以人权标准和人权参数作为准则、以人权理论和人权话语作为依托，将其转化为在相应各项权利保障方面的人权属性的要求。譬如，"五年规划"规定了国家未来五年的脱贫攻坚任务，而"国家人权行动计划"则将相应的发展目标转化为"基本生活水准权"等权利话语，并落实为相应的权利保障指标；又如，"五年规划"规定了立法机关、司法机关和行政机关未来五年在国民经济和社会发展中的各项任务，而"国家人权行动计划"则对立法机关、司法机关和行政机关履职过程中如何更好地保障公民的知情权、参与权、表达权和监督权等政治权利提出了具体的目标要求。

第一期和第二期国家人权行动计划一个以两年为期，一个以四年为期，尚未与国民经济和社会发展五年规划形成有效对接，自第三期国家人权行动计划开始，国家人权行动计划与五年规划在时间跨度上衔接了起来，自此开始，国家人权行动计划实现了与五年规划在时间上的对接和在目标上的契合。

三、怎么制定科学的目标？

习近平总书记指出，"规划科学是最大的效益"。作为一种目标治理模式，国家发展规划是否科学，关键在于目标体系设计的科学性。中国的国家人权行动计划坚持问题导向与目标导向相结合，科学规划中国人权发展事业的目标与任务体系。由50多家国家机构和社会团体组成的国家人权行动计划联席会议机制，以及来自多个知名高校和研究机构的人权专家组成专家小组，广泛征求各社会团体、非政府组织、高等院校、研究机构，以及社会各界的意见，从而保证国家人权行动计划目标体系制定的科学性和可操作性。

国家人权行动计划的制定一般需要经过几个步骤：首先，准备阶段。在制定国家人权行动计划的准备阶段，联席会议机制要求各成员单位和专家小组对相关文献、资料进行研究，研究的内容主要包括：党和国家在中国人权事业发展方面的大政方针；有关人权的法律法规；联合国人权高专办制定的《国家人权行动计划指导手册》；有关国家已经制定的国家人权行动计划；国家经济和社会发展五年规划纲要中涉及的人权事项。其次，起草阶段。第一步是联席会议机制各成员单位结合本部门的具体工作，提供促进人权保障的具体规划、目标和指标。为制定国家人权行动计划，国务院新闻办公室多次组织召开国家人权行动计划联席会议，研究部署制定国家人权行动计划的有关工作。第二步是在汇总联席会议机制各成员单位的人权保障规划、目标和指标的基础上，由专家小组起草国家人权行动计划的初稿。再次，修改阶段。在计划制定过程中广泛征求意见，反复协商。在制定计划的过程中，牵头单位多次组织召开联席会议、专题会议和各种形式的座谈会，组织有关单位和专家学者调查研究，并通过信函、电话等方式广泛征求社会各界的意见和建议，使其能够广泛反映政府各部门和社会各界的集体智慧和要求。最后，审定阶段。最终形成的文本送交中央批准。前两期国家人权行动计划的表述都是"经国务院批准"并授权国务院新闻办公室予以公布。第三期国家人权行动计划的表述改为"经国家人权行动计划联席会议机制审核同意"并授权国务院新闻办公室发布。

以《国家人权行动计划（2009—2010年）》为例。为了制定和实施《国家人权行动计划（2009—2010年）》，包括全国人大常委会法制工作委员会、全国政协社会和法制委员会、最高人民法院、最高人民检察院、国家发展和改革委员会、教育部、国家民族事务委员会、民政部、司法部、人力资源和社会保障部、卫生部、中国残疾人联合会、中国人权研究会等53家单位的国家人权行动计划联席会议机制正式形成。同时，联席会议机制还邀请了来自南开大学、上海社会科学院、山东大学、中国政法大学、中国社会科学院、北京大学、武汉大学、中国人民大学、中央党校等高校和研究机构的专家组成专家小组参与本计划的起草制定工作。此外，在行动计划起草制定过程中，联席会议机制多次召开联席会议，与政府各有关部门进行反复研究；多次召开座谈会，邀请中国法学会、中华全国律师协会、中国法律援助基金会、中华环境保护基金会、中国教育学会、中国妇女发展基金会、中国扶贫基金会、中国残疾人福利基金会、中国人权发展基金会等20多个单位参加，广泛征求各社会团体、非政府组织、高等院校、研究机构，以及社会各界的意见，反复讨论和修订。

计划目标制定过程的大众参与确保了人权发展目标符合最广大人民群众的权利诉求和普遍共识。权利归根结底是利益诉求，但人们的利益诉求往往并不一致。中国是一个大国，幅员辽阔、人口众多，发展程度各不相同，人们的权利需求也有差异。城乡之间需求不一样，东部跟西部需求不一样，高收入人群和低收入人群的需求也不一样，受教育程度高的跟受教育程度低的需求还是不一样，这就是我们面临的国情现实。人权发展规划编制所要做的，就是站在各方利益的基础上，力图形成绝大部分人都可以接受的公共利益。因此，无论是五年计划还是国家人权行动计划，在制定过程中都会广泛征求内外部意见。规划纲要根据党中央精神制定、经全国人民代表大会批准后向全社会公布实施，规划编制过程中的调查研究、衔接协调、公众参与、专家论证等环节，为集众智、汇众力、凝共识提供了重要平台。如 2020 年 8 月 16 日至 29 日，"十四五"规划编制工作开展网上意见征求活动，累计收到网民建言超过 101.8 万条。

四、有了目标就一定要实现

自 2009 年第一期国家人权行动计划开始，中国政府就建立了国家人权行动计划联席会议机制，既负责组织制定行动计划，也负责统筹协调本行动计划的执行、监督与评估工作。国家人权行动计划联席会议机制及其活动成为计划目标实现过程的中心环节。

国家人权行动计划联席会议机制是一个非常设性的议事协调机构，成员单位大体可以分为六类：第一类是党的工作机关，包括中共中央组织部、中共中央宣传部、中共中央统战部、中共中央对外联络部、中共中央政策研究室等；第二类是国家立法机关和政治协商机关，包括全国人大常委会办公厅、全国人大常委会法制工作委员会、全国政协办公厅、全国政协社会和法制委员会等；第三类是国家司法机关，包括最高人民法院、最高人民检察院等；第四类是国家行政机关，包括外交部、国家发展和改革委员会、教育部、科学技术部、工业和信息化部、国家民族事务委员会、公安部、民政部、司法部、财政部、人力资源和社会保障部、自然资源部、生态环境部、住房和城乡建设部、交通运输部、水利部、农业农村部、文化和旅游部、国家卫生健康委员会、审计署、国家市场监督管理总局、国家广播电视总局、国家新闻出版署、国家体育总局、应急管理部、国家统计局、国家知识产权局、国家宗教事务局、国务院新闻办公室、国家互联网信息办公室、国家信访局、国务院妇女儿童工作委员会、全国老龄工作委员会等；第五类是人民团体，包括中华全国总工会、中华全国妇女联合会、中国共产主义青年团中央委员会、中国残疾人联合会等；第六类是社会组织，包括中国人权研究会、中国人权发展基金会等。

联席会议机制推动了各组成部门积极实现人权发展目标。联席会议机制是部门之间共同商定的工作制度，致力于充分协同各部门之间的工作，其目的在于及时沟通和交换信息、协调不同意见和利益，以更好地发挥各职能部门的作用，顺利推进某项工作任务的落实，具有资源密集度低、权限约束性小、灵活性高的特点。以党和国家中央机构为主的联席会议机制成员单位能够将相应的人权发展目标通过条线业务领导的方式下达到地方，并在相应的阶段对目标任务的完成情况进行考核监督，乃至进行评比奖惩，为地方政府和相应地方部门在完成相应人权任务指标上投入更多的时间和精力。同时，国家人权行动计划明确规定"中央和国家机关各有关部门、各级地方政府应高度重视，结合各部门工作职责和各地区特点，采取切实有效的措施完成《行动计划》确定的各项目标任务"，从而将国家人权行动计划的目标任务投射到地方党政领导机构的政治任务清单当中，地方党政领导机关在压力之下会将相应的人权目标任务向本地区的中心工作靠近，会有相对更多的人力和其他资源被安排用于完成相应的目标任务。

同时，国家人权行动计划吸纳了"五年规划"中的人权指标，也就同时吸纳了"五年规划"的权威性。与国家人权行动计划相比，"五年规划"的制定实施评估有着明显的权威性特征。从编制来看，一般由国务院牵头编制，从"十一五"规划开始，纲要起草小组由国务院总理担任组长，国务院副总理担任副组长。到"十三五"规划，更是由总书记亲自担任组长，国务院总理和一名国务院副总理担任副组长。在审批上，基本制度化为由中共中央五中全会通过、由全国人大四次会议审议批准。在实施与评估上，与干部政绩考核直接挂钩。如"十一五规划"第一次引入约束性指标，就将保护耕地、节能减排和减少污染三项指标纳入干部考核体系。因此，与国家人权行动计划相比，"五年规划"具有高度的政治权威和严格的法律性质，在实施上也呈现出典型的强制性压力型执行格局。"五年规划"的权威和压力，确保了各级党政部门切实把国家人权行动计划落实好。

计划模式的一个基本特点就是一步一个小目标，一任接着一任干，这使得我国的人权事业发展目标呈现出了一大鲜明特色，即"不折腾"。不少国家因政党轮替而频繁出现短视政治，上台之后彻底推翻前任政府的政策，或者把失败甩给前任。因此，有西方政要对中国的五年规划羡慕不已，放在自己的国家简直难以想象，毕竟任期届满后，谁来接手还未可知，又怎么去考虑五年后、十年后的事呢？因此，通过计划的人权目标实现模式也确保了我国人权发展目标与政策的延续性。

五、干得好不好，评估说了算

国家人权行动计划的评估是对联席会议机制成员单位人权保障义务的履行情况进行考察评价的重要活动。行动计划的评估分为中期评估和终期评估两种，每一期行动计划的评估一般都包括自评、调研、总结几项工作。

中期评估一般分为自我报告、针对性调研、会议评估三个阶段。如2009年末，国家人权行动计划联席会议机制对第一期国家人权行动计划的执行情况进行了中期评估。联席会议机制责成各有关部门和单位对行动计划颁布以来的执行情况作出报告，并组织有关单位和专家学者有针对性地进行了调查研究。在此基础上，联席会议机制召开了为期三天的《国家人权行动计划（2009—2010年）》执行情况中期评估会，50多个中央国家机关有关部门和单位的200多位有关方面负责人和专家学者参加会议，47位有关部门和单位负责同志就本部门、本单位执行该行动计划情况作了发言。会议对该行动计划的执行情况进行了全面的总结，对执行过程中存在的问题作了认真的分析，对下一阶段如何进一步执行好该行动计划提出了意见和建议，作出了相应部署。

终期评估工作一般分调研、评估、总结三个阶段。如2010年11月，联席会议机制启动了对第一期行动计划终期评估工作。2010年11—12月，国务院新闻办公室组织新闻单位、人权专家赴上海、四川等地进行调研，听取各界人士的意见和建议，形成了调研报告。中国人权研究会先后五次组织人权专家和非政府组织代表赴北京、天津、山东、广东、福建、浙江等地,就行动计划的落实情况进行实地调研,提出意见和建议。在此基础上,联席会议机制责成各有关部门和单位对各自所涉行动计划任务的执行、落实与完成情况进行自我评估,提交了书面评估材料。联席会议机制组织中央国家机关有关部门和单位、人民团体、非政府组织以及南开大学、上海社会科学院、中国社会科学院、中央党校等高校和科研机构的人权专家成立了评估小组,汇集各方面资料,对行动计划的执行情况进行认真的评估总结。在评估过程中,联席会议机制和评估小组多次召开工作会议,对照行动计划中各项指标,对各部门、各单位的自我评估情况进行逐条核实和研究,并通过信函、通话等多种方式广泛征求联席会议机制成员单位和社会各界的意见和建议,最后形成了《〈国家人权行动计划(2009—2010年)〉评估报告》。

2021年,《国家人权行动计划(2016—2020年)》到期需要开展评估,有关部门第一次将评估工作委托给第三方机构中国人权研究会和西南政法大学人权研究院进行。2021年9月,受国家人权行动计划联席会议机制委托,中国人权研究会、西南政法大学人权研究院对第三期国家人权行动计划实施情况开展评估,并形成了《〈国家人权行动计划(2016—2020年)〉实施情况评估报告》。该评估报告显示,第三期国家人权行动计划"得到全面实施,168项目标和任务全部完成,其中很多指标和任务提前或超额完成"。与此同时,该评估报告也指出:"作为最大的发展中国家,中国人权事业发展不平衡不充分的问题依然存在。与国家人权事业总体发展要求相比,与人民群众的期待相比,有的权利的保障工作具有长期性,需要持之以恒地推进;有的权利的保障和落实工作还有进一步加强和提升的空间。"具体来说,在经济、社会和文化权利方面,"在落实带薪年休假制度、保障非正规就业劳动者权益、严格规范特殊工时制度等方面还有待进一步提高";在公民权利和政治权利方面,"在全面贯彻证据裁判原则、建立刑事被害人救助制度等方面尚有进一步改善空间";在特定群体权利保障方面,"在落实男性职工带薪陪护分娩妻子的假期制度、发展针对0—3岁幼儿的托幼机构、老年社会组织发展等方面还需进一步提高";在人权教育和研究方面,"人权知识在社会中的普及水平还需进一步提高";在国际条约履行和国际人权交流合作方面,"在批准《公民及政治权利国际公约》的准备工作方面还需进一步加强"。第三方评估提升了评估信息的专业性和可信性,使得评估结果能够转化为对相应人权保障责任主体的有力约束。

计划评估是一种重要的激励和反馈机制。一方面,评估为人权计划相关责任主体提供了正面或负面的激励。每一期国家人权行动计划的评估,有关部门都会采集执行行动计划的代表性素材,挖掘行动计划实施中的亮点性成果,并调动宣传系统各种媒介进行广泛报道。如召开"实施成果吹风会"对外界展示行动计划实施的基本情况,在《人民日报》《光明日报》等权威媒体推出系列性"评估成果摘登",邀请执行计划有出色表现的相关负责人在评估总结大会上介绍经验,对行动计划执行中的一些代表性案例进行深度报道,等等。而对于人权保障不力的部门和地方,宣传部门也会进行监督性报道,或以相对委婉的方式予以个案批评或负面提示。此外,还可能通过不公开或有限公开的内参渠道和要报形式指出人权保障某些方面存在的问题,或提出加强人权保障的意见建议。另一方面,评估也为接下来人权计划的进一步完善提供了信息反馈,有助于调整目标实施的偏差,促进目标实现。如果出现了与规划重大的偏离,可以根据规划评估情况对规划进行调整。未来可以考虑开始引入年度监测,动态掌握规划实施情况,根据需要对规划作出动态调整。以在制定之后,通过中期评估+终期评估+年度监测进行适应性调整和总结性评估,进而将适应性信息和总结性发现反馈到新一轮国家人权行动计划的制定当中去,依此形成制定—实施—评估—制定的良性循环。

六、结语

从"伟大的名词"到"手中的权利",不但需要国家自我克制,需要国家惩罚侵害行为,更需要国家采取积极措施、调动可能资源促进人权的真正实现。而计划正是中国政府科学设定人权发展目标并积极调动人权保障资源实现人权发展目标的重要方式。习近平总书记指出:"用中长期规划指导经济社会发展,是我们党治国理政的一种重要方式。"2022年2月25日,中共中央政治局就中国人权发展道路进行集体学习,习近平总书记在主持学习时特别强调,"我国是世界上唯一持续制定和实施四期国家人权行动计划的主要大国",并要求"各级党委(党组)要担负起推动我国人权事业发展的历史责任,加强组织领导,主动担当作为,切实把国家人权行动计划落实好"。从"五年规划"到"国家人权行动计划",通过计划的人权促进和实现方式在未来中国人权发展事业中必将发挥更大的作用。

主要参考文献和素材来源

1. 习近平:《坚定不移走中国人权发展道路 更好推动我国人权事业发展》,载《求是》,2022年第12期,第4—10页。

2. 付子堂:《以目标治理全面推进中国人权事业发展》,载《光明日报》,2016年10月2日,第2版。

3. 常健:《国家人权行动计划联席会议机制研究》,载《人权》,2019年第2期,第1—15页。

4. 许尧:《各国人权行动计划的制定、实施与评估研究》,上海:上海三联书店2021年版。

5. 鄢一龙:《目标治理:看得见的五年规划之手》,北京:中国人民大学出版社2013年版。

后 记

在充分保障人权、积极应对人权问题的挑战上,中国坚持和主张走出一条适合本国国情的人权发展道路。中国特色社会主义进入新时代以来,中国人权事业取得了重要成就,中国特色社会主义人权发展道路更加清晰。向世界阐释中国人权理念、展示中国人权形象、传播中国人权声音,讲好中国人权故事尤为重要和关键。期望本书选取的20篇人权故事,能够令各位读者了解新时代中国人权事业的成就,并透过这些故事理解中国特色社会主义的人权理念。

本书由西南政法大学人权研究院(人权学院)张永和教授担任主编,李超群、郑若瀚任副主编。

本书写作方案和总体框架由张永和教授设计,各章作者如下:

第一章:郑若瀚,西南政法大学人权研究院(人权学院)教师、法学博士;张若雨,西南政法大学人权研究院(人权学院)硕士研究生。

第二章:达璐,西南政法大学人权研究院(人权学院)教师、法学博士。

第三章:李超群,西南政法大学行政法学院副教授、人权研究院研究人员、法学博士。

第四章:刘秋岑,西南政法大学人权研究院(人权学院)教师、法学博士。

第五章：饶宁宁，西南政法大学外语学院教师、西南政法大学人权研究院研究人员、法学博士。

第六章：牟倩，山东建筑大学法学院教师、西南政法大学人权研究院研究人员、法学博士。

第七章：尚海明，西南政法大学人权研究院（人权学院）副教授、法学博士。

第八章：李文军，西南政法大学人权研究院（人权学院）教师、法学博士。

第九章：李娟，西南政法大学人权研究院（人权学院）教师、法学博士。

第十章：谭堵埥，西南政法大学人权研究院（人权学院）教师、法学博士。

第十一章：吴汶聪，西南政法大学人权研究院（人权学院）助理研究院。

第十二章：陈凡，重庆市亦格社会发展促进中心理事、西南政法大学人权研究院研究人员；张若雨，西南政法大学人权研究院（人权学院）硕士研究生。

第十三章：张晗，中共重庆市委党校（重庆行政学院）法学教研部教师、西南政法大学人权研究院研究人员、法学博士。

第十四章：朱莉，西南政法大学人权研究院（人权学院）博士研究生。

第十五章：王莎，西南政法大学人权研究院（人权学院）教师、法学博士。

第十六章：简慧敏，西南政法大学人权研究院（人权学院）博士研究生。

第十七章：肖武，西南政法大学人权研究院（人权学院）副教授、法学博士。

第十八章：廖予含，西南政法大学人权研究院（人权学院）博士研究生。

第十九章：伍科霖，西南政法大学人权研究院（人权学院）教师、法学博士。

第二十章：朱林方，西南政法大学行政法学院副教授、人权研究院研究人员、法学博士。

李超群、郑若瀚、张若雨负责了本书的统稿工作。

本书的写作和出版得到了中央编译出版社的大力支持，中央编译出版社张远航副社长对本书出版面世给予了诸多帮助和支持。在此，我们表示由衷感谢！本书存在的不足之处，敬请广大读者批评指正。

张永和

2022年世界人权日